MALHAR SECAR DEFINIR

CB021038

MICHAEL MATTHEWS

MALHAR SECAR DEFINIR

A CIÊNCIA DA MUSCULAÇÃO

Um guia sobre treinos, alimentação
e suplementos que realmente funcionam

Tradução
TUCA FARIA

FARO EDITORIAL

COPYRIGHT © WATERBURY PUBLICATIONS, INC.
COPYRIGHT © 2017 FARO EDITORIAL

Todos os direitos reservados.
Nenhuma parte deste livro pode ser reproduzida sob quaisquer meios existentes sem autorização por escrito dos editores

Título original **BIGGER, LEANER, STRONGER**

Diretor editorial **PEDRO ALMEIDA**
Revisão técnica **BRUNO CRUZ**
Revisão **BÁRBARA PARENTE E GABRIELA DE AVILA**
Capa e projeto gráfico **OSMANE GARCIA FILHO**
Foto de capa © **DUNCA DANIEL | DREAMSTIME.COM**

Dados Internacionais de Catalogação na Publicação (CIP)
(Câmara Brasileira do Livro, SP, Brasil)

Matthews, Michael
Malhar, secar, definir : a ciência da musculação / Michael Matthews ; [tradução Tuca Faria]. — 2. ed. — Barueri, SP : Faro Editorial, 2017.

Título original: Bigger, leaner, stronger.
ISBN 978-85-62409-87-5

1. Condicionamento físico 2. Exercícios físicos 3. Musculação 4. Nutrição 5. Treinamento com pesos I. Título.

16-08597 CDD-613.7

Índice para catálogo sistemático:
1. Condicionamento físico : Educação física 613.7

1ª Reedição brasileira – ampliada e revisada: 2017
Direitos de edição em língua portuguesa, para o Brasil, adquiridos por FARO EDITORIAL

Avenida Andrômeda, 885 - Sala 310
Alphaville - Barueri - SP - Brasil
CEP: 06473-000 - Tel.: +55 11 4208-0868
www.faroeditorial.com.br

Sumário

PARTE II: JOGO INTERNO

PARTE III: NUTRIÇÃO E DIETÉTICA

PARTE IV: TREINAMENTO

PARTE V: SUPLEMENTAÇÃO

PARTE VI: O INÍCIO

PARTE VII: PERGUNTAS E RESPOSTAS - CONSIDERAÇÕES FINAIS

Apresentação

O senso comum não é capaz de grandes realizações. Ele simplesmente se tornou insano e desesperado.

LORDE NAOSHIGE

EU SOU MIKE. Como acredito que cada pessoa pode conseguir o corpo dos seus sonhos eu trabalho duro para dar a todos essa chance, fornecendo conselhos viáveis, comprovados e com embasamento científico.

Venho treinando há mais de uma década e experimentei todo tipo de programa de treino, dieta e suplemento que você possa imaginar. E por isso eu garanto que sei o que funciona e o que não funciona.

Como a maioria dos caras, eu não tinha ideia do que estava fazendo quando comecei. Busquei informação em revistas, dediquei horas à academia todos os dias e gastei centenas de dólares por mês em suplementos inúteis, sem conseguir ganhos concretos.

Foi assim por anos, durante os quais eu saltei de programa de treino em programa de treino. Tentei todos os tipos de atividades e sequências, exercícios, séries de repetições e outros métodos. Claro que fiz alguns progressos nesse período (se você mantiver a disciplina, sempre obterá algum benefício), mas foram lentos e, muitas vezes, limitados.

Meu peso não se alterou por mais de um ano e eu não havia desenvolvido força alguma que pudesse notar. Eu não tinha ideia do que fazer com a minha alimentação além de "comer direito"* e ter certeza de que estava ingerindo uma grande quantidade de proteína. Os vários orientadores aos quais recorri só me trouxeram mais do mesmo.

* "No original, *eating clean*, termo de língua inglesa que ainda não possui um correspondente para nosso idioma, descreve uma alimentação saudável, livre de toxinas e de aditivos químicos."

Eu gostava demais de malhar para desistir, mas não me sentia feliz com o meu corpo e não sabia o que estava fazendo de errado.

Aqui estou eu, depois de quase seis anos de prática regular de levantamento de peso:

Nada muito impressionante. Algo tinha de mudar.

HORA DE ME TORNAR ENORME

Finalmente, decidi que devia começar a me instruir. Assim, joguei fora as revistas, saí dos fóruns, me dediquei a aprender a fisiologia real de crescimento muscular e perda de gordura e a descobrir o que era preciso para construir um corpo maior, magro e forte.

Após pesquisar sobre o trabalho dos melhores treinadores de força e musculação, conversar com dezenas de fisiculturistas e ler centenas de artigos científicos, uma imagem clara emergiu:

A verdadeira ciência da incrível boa forma é muito simples, muito mais do que as indústrias de saúde, *fitness* e suplementos querem nos fazer crer. Ela é o oposto a toda a porcaria que ouvimos na TV, lemos nas revistas e vemos na academia.

Como resultado do que aprendi, eu mudei completamente meu jeito de treinar e me alimentar. E meu corpo respondeu de modo inacreditável. Minha força aumentou vertiginosamente. Meus músculos tornaram a crescer depois de anos. Meus níveis de energia chegaram às alturas.

A foto abaixo é de pouco mais de cinco anos atrás e nela você pode constatar como o meu corpo já havia mudado:

Totalmente diferente.

COMO TUDO COMEÇOU

Ao longo do caminho, meus amigos foram notando as melhorias no meu físico e começaram a pedir conselhos. Assim, tornei-me seu treinador não oficial.

Em um ano, os *hardgainers** que vieram treinar comigo ganharam 13kg. O contrário também ocorreu: indivíduos que treinavam por anos e não conseguiam perder peso viram-se livres de 13kg de gordura e esculpindo músculos perceptíveis ao mesmo

* *Hardgainer* é o termo habitualmente utilizado para descrever os indivíduos que têm dificuldade para ganhar peso e massa muscular. São os magrelos. Algumas vezes, popularmente, também chamados de frangos.

tempo. Com o meu método, pessoas na casa dos cinquenta que acreditavam que sua taxa hormonal não lhes permitiria ver resultados ao realizar exercícios voltaram aos trinta anos em termos de percentual de gordura e definição muscular.

Dediquei-me a ajudar as pessoas desse modo durante anos, até que os meus "clientes" (eu nunca pedi dinheiro, apenas que viessem treinar comigo) passaram a me instigar a escrever um livro. Num primeiro momento, descartei a ideia, mas a possibilidade começou a crescer dentro de mim.

"E se quando comecei a treinar eu tivesse um livro que me orientasse?", pensei. Na certa teria economizado uma fortuna, muito tempo, muita frustração e conseguido o meu físico ideal anos atrás. Eu gostava de ajudar as pessoas com o que aprendera. Se eu escrevesse livros que se tornassem populares, poderia auxiliar milhares ou mesmo centenas de milhares de indivíduos! Isso me animou.

Eu agi por impulso e o resultado foi a primeira edição de *Malhar, secar, definir*, publicado em janeiro de 2012. As vendas foram lentas no início, mas em um mês ou dois comecei a receber e-mails elogiosos de leitores. Fiquei chocado. E imediatamente comecei a escrever meu próximo livro e o projeto de vários outros.

Hoje tenho 10 livros publicados, incluindo esta segunda edição, que vendeu mais de 350 mil cópias. Mais importante ainda: todos os dias eu recebo dezenas de e-mails e mensagens de leitores deslumbrados com os resultados que vêm obtendo. Seu espanto é idêntico ao que experimentei anos atrás, quando aprendi o quão simples é a construção muscular magra e saudável e a perda de gordura sem que a pessoa passe fome ou se sinta infeliz.

É estimulante testemunhar o impacto que venho causando na vida das pessoas, a dedicação de meus leitores e seguidores me inspira demais.

PARA ONDE AGORA?

Eu adoro pesquisar e escrever, por isso estou sempre trabalhando em algum livro, no meu site (www.muscleforlife.com) ou em quaisquer outros tipos de aventuras literárias que possam surgir.

Meu grande plano mestre macabro tem três metas principais:

1. **Ajudar milhões de pessoas a entrar em forma de maneira saudável.** "Um milhão de pessoas" soa muito bem, você não acha? É um grande objetivo, mas eu acredito que posso realizar. E a ideia é ir além de apenas ajudar as

pessoas a ficarem bonitas — eu quero inverter o efeito negativo que os alarmantes modismos têm causado na saúde física e mental dos indivíduos.

2. **Liderar a luta contra a broscience.*** Infelizmente, essa indústria está cheia de idiotas, mentirosos e mercenários que se aproveitam dos medos e das inseguranças alheios e eu quero fazer algo a esse respeito. Na verdade, eu gostaria de me tornar uma referência real, um consultor de fácil compreensão com base na verdadeira ciência e nos resultados.

3. **Ajudar na reforma da indústria de suplementos esportivos.** Aqueles deste meio que mais desprezo são os desonestos empurradores de comprimidos e pós. Os golpes são inúmeros: utilização de componentes inúteis com nomes estranhos; utilização de produtos recheados com substâncias supérfluas como a maltodextrina e até mesmo com farinha e serragem (sim, isso acontece); utilização de marketing ridículo repleto de falsa ciência; subdosagem de ingredientes importantes e encobrimento sob o rótulo "mistura patenteada"; patrocínio de atletas movidos a esteroides para que eles afirmem falsamente que os suplementos são o segredo para seus ganhos; e muito mais.

Espero que você goste deste livro. Tenho certeza de que se você aplicar o que está prestes a aprender também poderá transformar radicalmente seu físico, sem odiar o seu plano de alimentação ou apanhar até a morte na academia todos os dias.

Então, você está pronto? Ótimo. Vamos lá!

* Broscience é a crença popular disseminada em rodas de academia como verdade absoluta, ignorando (ou até contradizendo) comprovação científica. Exemplos: masturbação ou sexo diminuem a testosterona e portanto afetam os ganhos da musculação. É necessário comer de 3 em 3 horas, senão o metabolismo fica lento. O termo vem de "bro" (brother; irmão em inglês) e "science" (ciência).

Aviso dos Editores

Todo capítulo tem, ao final dele, dois textos: O Fundamental e Em Resumo. Alguns capítulos trazem muitas pesquisas e você pode utilizar o livro da seguinte forma: ler estes textos de resumos e, de acordo com o interesse e curiosidade, ler em seguida o capítulo inteiro.

Garantimos que você vai achar tudo realmente importante.

A promessa

Não importa se você acha que sua genética não ajuda. Não importa se você se sente perdido depois de experimentar e abandonar muitos tipos de exercícios. Você — sem sombra de dúvida — pode ter o corpo magro e bem desenhado com o qual sempre sonhou.

E SE EU PUDER mostrar a você como é possível transformar seu corpo de modo radical e ainda mais depressa do que você achava possível?

E se eu lhe oferecer a fórmula exata de exercícios e alimentação que fará você ganhar de 2 a 5 quilos de *massa magra de qualidade*, de modo tão simples quanto respirar, e em somente 2 ou 3 meses?

E se eu mostrar a você como chegar ao corpo enxuto e em forma que você adora investindo não mais do que 5% de seu tempo, todo dia?

E se eu lhe disser que você pode chegar ao físico dos astros de Hollywood sem precisar fazer sua vida girar em torno disso, ou seja, sem ficar horas e horas na academia, nem passar fome, nem se forçar a atividades cardiorrespiratórias torturantes? Vou também mostrar como você pode ficar "sarado" inclusive se permitindo comer aquelas coisas que não alimentam, mas são gostosas e que você curte, como macarrão, pizza e sorvete.

E se eu lhe prometer ficar ao seu lado, ajudando-o a evitar armadilhas que traem sua confiança e outros problemas em que a maioria dos homens tropeça, levando-o sistematicamente a aplicar seu verdadeiro potencial genético e, basicamente, fazendo tudo para levá-lo a alcançar o melhor corpo de toda a sua vida?

Imagine se levantar todo dia de manhã, olhar no espelho e não poder evitar um sorriso de satisfação ao ver sua imagem. Imagine a injeção de autoconfiança que você vai sentir por não estar mais com aquela barriga flácida, nem ser mais o "cara magrelo", mas em vez disso ter uma barriga trincada e um corpo "sarado".

Imagine-se daqui a 3 meses sendo constantemente elogiado por sua aparência e ouvindo as pessoas perguntando *o que* você andou fazendo para conseguir resultados tão surpreendentes. Imagine-se aproveitando o benefício adicional de ter um alto nível de energia e um estado de espírito melhor, não sentir dores localizadas ou generalizadas, e saber que a cada dia está mais saudável.

Bom, você *pode* ter tudo isso e nem é tão complicado quanto a indústria do *fitness* quer que você acredite (já, já, explico isso melhor). Não importa se você tem 21 ou 61 anos, se está em forma ou completamente fora de forma. Não importa quem você é. Uma coisa eu prometo: você pode mudar seu corpo para que ele fique como deseja.

Então, quer minha ajuda?

Sua jornada para ter o melhor corpo masculino possível começa assim que você virar a página.

INTRODUÇÃO

Por que *Malhar, secar, definir* é diferente?

Toda verdade passa por três estágios. Primeiro, ela é ridicularizada. Depois, recebe violenta oposição. E então, ela passa a ser aceita como algo bastante óbvio.

— ARTHUR SCHOPENHAUER

AQUI VOU CONTAR UMA COISA que os reis da indústria multibilionária da saúde e do *fitness* não querem que você saiba: você não precisa de nada daquela porcariada para ficar super em forma e ter a melhor aparência de sua vida.

- Você não precisa gastar rios de dinheiro todo mês com suplementos que não servem para nada, ao contrário do que propagam os viciados em esteroides.
- Você não precisa mudar constantemente suas séries de exercícios para "confundir" seus músculos. Estou seguro de que os músculos não têm capacidade cognitiva, de modo que insistir em fazer isso de forma não planejada é apenas uma boa maneira para deixar você confuso.
- Você não precisa torrar baldes de proteína em pó todo mês, se entupindo todo dia de proteína suficiente para alimentar um povoado inteiro de uma comunidade pobre.
- Você não precisa se matar todo dia na academia, com séries e mais séries de exercícios, numa escalada interminável. (Aliás, essa é uma maneira excelente de você não conseguir progredir ou de não chegar a lugar nenhum.)
- Você não precisa aturar horas e horas de tediosos exercícios para queimar aquela feia gordura abdominal — a "borda recheada" na parte de trás da cintura — e ter o abdome definido. (Com quantas barrigas flácidas de gente caminhando horas numa esteira você já não topou?)

- Você não precisa se abster radicalmente de alimentos que não alimentam para chegar a ter um índice de gordura corporal menor que 10%. Se planejar corretamente as refeições, pode inclusive acelerar seu metabolismo e perder gordura ainda mais depressa.

Essa foi apenas uma amostra das falácias mais prejudiciais em que a maioria dos homens acredita, falácias que levam você para o fundo do poço da frustração e que, inevitavelmente, farão você desistir, porque elas simplesmente não trazem resultados ou, se trazem, são muito poucos.

Na realidade, foi isso que me motivou a escrever *Malhar, secar, definir*. Durante muitos anos tive amigos, parentes, conhecidos e colegas de trabalho que me procuravam pedindo algum conselho sobre condicionamento físico; quase sempre vinham convencidos de algumas ideias estranhas e impraticáveis sobre alimentação e exercícios.

Dando a eles as mesmas informações que estarei daqui a pouco transmitindo a você, ajudei muita gente a dissolver gordura, ganhar músculos fortes e atraentes e não apenas ter uma aparência ótima, mas também se *sentir* muito bem. E, apesar de ajudar amigos, amigos de amigos e parentes seja muito gratificante, quero poder ajudar milhares de pessoas (ou dezenas de milhares, ou centenas de milhares!). Foi com essa intenção que escrevi *Malhar, secar, definir*.

Agora, de onde vêm tantos mitos sobre nutrição e condicionamento físico? Bom, não quero ficar desperdiçando seu tempo com chatices, como a história do universo do halterofilismo, dos suplementos e de fontes de informação, mas em poucas palavras é o seguinte: quando as pessoas se dispõem a gastar vultosas quantias de dinheiro em certos tipos de produtos, ou para solucionar problemas específicos, nunca faltarão coisas novas e "super-recentes" que as ajude a esvaziar a carteira e sempre haverá um batalhão de marqueteiros brilhantes inventando novos esquemas para manter as pessoas gastando.

Na verdade, é muito simples. Basta darmos uma olhada nas fontes que as pessoas consultam para obter conselhos sobre treino e alimentação. Praticamente todo mundo recorre a uma destas três: revistas, *personal trainers* ou amigos. E quase nunca você consegue alguma informação que realmente seja útil depois de consultar qualquer uma delas.

De onde eu tenho base para fazer afirmações assim tão radicais?, você me pergunta. Bem, vamos falar sobre revistas de fisiculturismo por um instante.

Na última vez que verifiquei, havia mais ou menos uma dúzia de revistas sobre condicionamento físico nas prateleiras da livraria Barnes & Noble, todas reluzentes e prontas, esperando a chance de atrair mais vítimas, como verdadeiras plantas carnívoras.

Em poucas palavras, cada vez que você compra uma dessas grandes revistas de condicionamento físico, está pagando para ler mentiras.

Aqui está um fato interessante que talvez você desconheça: a maioria das revistas de fisiculturismo tradicionais são pouco mais que porta-vozes de empresas de suplementos das quais elas mesmas são pura e simplesmente as proprietárias ou tem delas o controle financeiro por comprar todo o espaço de anúncios.

O objetivo básico dessas revistas é vender suplementos dessas empresas e elas fazem isso de maneira realmente magistral. As revistas também promovem produtos de várias outras maneiras. Trazem belos anúncios em diversas páginas, regularmente publicam anúncios disfarçados de artigos informativos, equilibram a torrente de iscas comerciais com alguns artigos legítimos que dão conselhos sobre alimentação e exercício (os quais, em muitos casos, também terminam recomendando alguma espécie de produto).

Com isso, esse é o primeiro golpe que as revistas acertam em você: dão um monte de "conselhos" destinados, em primeiro lugar e principalmente, a lhe vender produtos, e não a ajudá-lo a atingir suas metas.

"Mas espere", você pode estar pensando, "esses suplementos não irão me ajudar a alcançar meus objetivos?"

Bem, nós revelaremos tudo sobre suplementos mais tarde. Neste momento, no entanto, tudo que você precisa saber é: a maioria dos suplementos é um completo desperdício de dinheiro e não contribuirá em nada para ajudá-lo a construir músculos, ganhar força e secar.

Não acredite nem por um segundo que esses comprimidos e pós possam trazer alguma vantagem para os fisiculturistas trincados e modelos *fitness* como se apregoa. Se você soubesse a enorme quantidade de drogas que muitos desses caras ingerem, iria pirar. Os corpos desses caras são basicamente experiências químicas.

As empresas fabricantes de suplementos sabem que basta fazer as revistas chegarem às mãos das pessoas para que continuem a vender seus produtos.

Sendo assim, como é que elas garantem que você continue comprando? Fabricando um fluxo constante de novos conselhos e novas ideias, naturalmente.

E aqui vai o segundo golpe, que provavelmente é o mais prejudicial: elas inundam você com toda espécie de falsas ideias sobre o que é necessário para entrar em forma e ficar ótimo. Se elas dissessem apenas a verdade, todo mês, teriam por aí uns vinte artigos que poderiam permanecer reimprimindo sem parar. Não há muito a se dizer para ficar forte, sarado e saudável.

Em vez disso, manifestam toda a sua criatividade com todas as variedades de sequências sofisticadas (e inúteis) de exercícios, "truques" e dietas (que incluem determinados suplementos para realmente maximizar a eficiência dos exercícios, claro). Embora permitir que as revistas orientem o seu treino e a sua dieta seja melhor do que ficar sentado no sofá comendo torresmo, isso não o fará alcançar o seu objetivo final.

Então, essa é a história das revistas. Agora, vamos passar para uma verdade lamentável sobre os *personal trainers*:

Uma parte considerável deles não têm noção do que está fazendo.

Seus alunos estão pagando um valor alto por hora para fazer trabalhos corporais sem sentido, ineficazes, que normalmente consistem em exercícios errados executados do jeito errado (com pouco ou nenhum resultado).

Além disso, devemos nos lembrar de que muitos *personal trainers* nem estão, eles mesmos, em boa forma física, o que sempre acaba me deixando confuso. Como é que você pode honestamente se vender como especialista em condicionamento físico quando tem um corpo flácido e fora de forma? Quem é que conseguiria acreditar em você? Bom, por algum motivo, esse tipo de instrutor consegue trabalhar o tempo todo e seus clientes quase sempre permanecem igualmente flácidos e fora de forma.

Para piorar o desserviço prestado, muitos desses instrutores nem se dão ao trabalho de oferecer aos clientes um plano de nutrição, o que realmente é uma garantia de resultados mínimos. O fato é que entre 70% e 80% de sua aparência é o reflexo do modo como você come. Gordo, magricela, "sarado", o que for: os exercícios físicos representam no máximo 20% a 30% da equação. Coma errado e você continuará gordo, por mais que se mate de fazer exercícios abdominais. Coma errado e você continuará magro e fraco, por mais que levante peso. Por outro lado, coma direito e você conseguirá extrair o maior ganho possível do treinamento que fizer, obtendo resultados rápidos e duradouros em termos de perda de gordura e aumento da massa muscular, o que fará as pessoas virarem a cabeça para olhar para você e será motivo de comentários entre seus amigos e familiares.

Você sabe que isso é possível. Todos já ouvimos falar da importância da alimentação adequada. Mas calma. Se você está temendo "aquele papo sobre dieta", relaxe. Eu trago boas novas: comer corretamente não significa restringir de forma drástica sua ingestão de alimentos ou cortar tudo o que é gostoso.

Como aprenderá em breve, você pode de fato desfrutar de seu plano nutricional. Sim, é isso mesmo. Você pode comer muitos carboidratos diariamente e jamais deve sentir fome. Agindo assim, seus níveis de energia continuarão altos.

Comer corretamente é tão somente seguir as metas nutricionais simples e flexíveis que lhe permitirão se alimentar daquilo que você gosta enquanto constrói músculos e perde gordura.

Mas deixemos para nos aprofundar nisso mais tarde. Agora, vamos voltar aos *personal trainers*.

Talvez você esteja pensando como é que esses instrutores, sendo profissionais diplomados, sabem tão pouco. Bem, tenho muitos bons amigos que são *personal trainers* e todos eles me disseram a mesma coisa: obter o diploma *não* faz de você um especialista. Isso quer dizer que você pode memorizar algumas informações básicas sobre nutrição, anatomia e exercícios... e pronto. Aliás, essas informações estão todas *on-line*; as respostas que você procura se encontram a um Google de distância.

Existe outro problema que os *personal trainers* têm de enfrentar todos os dias: é preciso que seus clientes estejam convictos da necessidade de mantê-los para que eles continuem pagando por seus serviços.

Embora algumas pessoas fiquem satisfeitas em pagar a um instrutor que as obrigue a ir à sessão de exercícios todo dia, a maioria quer sentir que aquele gasto de dinheiro está valendo a pena. Eles precisam justificar constantemente a própria existência, o que até conseguem, mudando as rotinas de treinamento e falando sobre princípios "sofisticados" de condicionamento físico (sobre os quais leram nas revistas). Depois de tudo dito e feito, seus clientes desperdiçaram *muito* dinheiro para conseguir resultados apenas precários.

Isso posto, certamente existem *grandes personal trainers* trabalhando, exibindo eles mesmos sua excelente forma física, que sabem de fato como colocar os outros rápida e eficientemente em forma e sem dúvida se importam com o que fazem e com seus clientes. Dou meus parabéns a eles, porque estão carregando nas costas o peso de toda uma categoria profissional.

Malhar, secar, definir é diferente.

Não sei quanto a você, mas eu não pratico exercícios para me divertir ou para me encontrar com os meus camaradas. Eu treino para me sentir bem, ter boa aparência e porque quero obter o maior resultado possível do meu esforço. Se consigo melhores resultados me exercitando metade do tempo que os outros, então é isso que quero fazer. Se eu fosse novato em termos de levantamento de peso e tivesse de escolher entre aumentar 5 kg de massa magra em dois meses, fazendo os mesmos exercícios toda semana (feitos de maneira correta, na intensidade certa e com progressão do peso) ou ganhar imediatamente 2 kg fazendo a mais recente rotina dinâmica e fantasiosa de inércia muscular, eu iria escolher o primeiro método.

Este livro é sobre treinar e obter resultados. Ele oferece um programa preciso de treinamento e alimentação que rende o máximo de resultados no menor tempo. Os exercícios não são nenhuma novidade, nem são sofisticados, mas provavelmente você nunca se dedicou a eles do jeito que irei ensinar a você. Não há nada de revolucionário nem de complicado a respeito de comer corretamente, mas a maioria come do jeito errado.

Com *Malhar, secar, definir* você pode ganhar de 5 kg a 7 kg de músculos nos três primeiros meses de treinos. Essa é uma mudança muito drástica. As pessoas vão começar a pedir conselhos de treinamento para você. Mesmo que não seja novato no mundo da musculação, você pode ganhar meio quilo de massa magra por semana, toda semana, até ficar satisfeito com o tamanho que conquistar.

Se o seu objetivo é simplesmente perder gordura, vou mostrar como perder de ½ kg a 1 kg de gordura por semana, com a regularidade de um relógio (e também como manter essa gordura "perdida").

E então, está pronto?

Passo número um: *esqueça tudo o que você "sabe" sobre condicionamento físico.*

Eu sei, isso pode parecer muito radical, mas acredite: é para o seu próprio bem. Deixe todas as suas informações de lado e entre neste livro com a mente aberta. Ao longo da leitura, você perceberá que algumas coisas em que acreditava ou que fazia são certas e outras, erradas.

Tudo bem. Apenas siga o programa exatamente como será apresentado e os resultados falarão por si mesmos.

Então, mãos à obra!

PARTE I

FUNDAMENTOS

1

O que impede que você alcance suas metas de saúde e condicionamento físico

O início da sabedoria é a definição dos termos.

— SÓCRATES

TALVEZ VOCÊ TENHA se perguntado por que tantas pessoas ficam totalmente perdidas a respeito de saúde e condicionamento físico. Se você pedir conselhos a respeito do que fazer para ficar saudável e em forma a várias pessoas, no mesmo dia, o mais provável é que receba toda espécie de opiniões conflitantes e ilógicas.

Contar calorias não funciona. Brócolis têm mais proteína do que frango. Todo carboidrato que você ingerir à noite automaticamente se transformará em gordura corporal. Se comer gordura, você vai engordar. Porém, a "boa" gordura na alimentação não engorda. É preciso fazer diversas pequenas refeições todos os dias para perder peso.

Essas são uma pequena amostra das inúmeras ideias falsas que já ouvi por aí.

Então, o que de fato acontece? Por que as pessoas são tão suscetíveis a falsas informações, mentiras e ideias estapafúrdias? Embora essa pergunta possa dar a impressão de pedir uma resposta profunda e filosófica, no fim das contas a resposta é muito simples.

Na próxima vez que você ouvir alguém dizer que contar calorias não é necessário e não funciona, faça a essa pessoa uma pergunta simples: o que é caloria?

É muito provável que essa pessoa fique ali, plantada como uma estátua, com expressão confusa. Ela não tem noção do que isso quer dizer. E isso é só o começo, claro.

O que é carboidrato?

O que é proteína?

O que é gordura?

O que é músculo?

O que é hormônio?

O que é vitamina?

O que é aminoácido?

Pouquíssimas pessoas podem efetivamente definir essas palavras; portanto, elas não conseguem compreender o assunto e acreditarão em praticamente qualquer coisa que lhes disserem. Como é que você espera atingir um entendimento pleno e adequado de um assunto quando não entende os termos utilizados para explicá-lo?

Bom, é por isso que as palavras são o maior obstáculo oculto e que na prática as pessoas ignoram por completo.

Em termos simples, se você não entende de forma adequada as palavras usadas para comunicar alguns conceitos específicos, não saberá repetir com exatidão o que foi comunicado e consequentemente chegará a conclusões distorcidas, devido a equívocos de interpretação. Se eu lhe dissesse: "As crianças têm de sair ao crepúsculo", você ficaria tentando entender o que foi que eu disse. "Crepúsculo" é simplesmente o momento do dia em que o sol está logo abaixo da linha do horizonte, em especial no período entre o pôr do sol e a noite. Agora a sentença faz sentido, certo?

Na escola, quase todos nós fomos ensinados a apenas deduzir o significado de palavras considerando o contexto em que elas são utilizadas ou comparando-as com outros termos de nosso vocabulário. Claro que esse é um método de estudo nada confiável, porque o autor do texto tinha um conceito específico para comunicar e escolheu as palavras baseadas em conhecimentos específicos. Se você quiser receber essas informações dentro da mesma perspectiva, deve compartilhar o mesmo entendimento das palavras usadas para transmiti-las e não chegar a algum tipo subjetivo de interpretação com base no que você acha que aquelas palavras querem dizer.

É por isso que a primeira parte deste livro consiste em esclarecer os termos principais que serão usados ao longo do texto inteiro. Eu sei que ler definições de palavras é uma coisa meio árida e sem graça, mas pode acreditar no que digo: vai ajudar bastante. É o único jeito de garantir que estaremos falando da mesma coisa e que você entenderá completamente os fundamentos para dar o próximo passo.

Tomei muito cuidado para montar essa lista de palavras-chave para que você aumente seus conhecimentos, indo do conceito mais simples ao mais complexo. Estou certo de que assimilará tudo sem maiores dificuldades e que a lista servirá para acender várias luzes no seu caminho.

Ao final dos próximos capítulos de *Malhar, secar, definir*, você saberá mais sobre saúde, nutrição e condicionamento físico do que quase todos os seus conhecidos. A desinformação é grande por aí.

Além disso, você passará a ter condições de se proteger contra a quantidade absurda e assustadora de falsas informações que surgem de todas as direções. Saber os significados apropriados de muitas das palavras usadas lhe permitirá ponderar de forma muito mais eficaz sobre a veracidade de muitas das opiniões ou ideias apresentadas.

Esta pode ser uma parte chata, mas é importante. Pode ler a qualquer momento. Se preferir, pule agora e vá para o capítulo 5 ou continue a leitura. Vamos, então, à primeira lista de palavras-chave.

2

O que a maioria das pessoas não sabe sobre saúde, nutrição e *fitness*

Ser ignorante não é tão lastimável quanto não estar disposto a aprender.

— BENJAMIN FRANKLIN

PARTE UM: FISIOLOGIA BÁSICA

ENERGIA

1. *Energia* é o poder gerado pela eletricidade, por combustíveis, pela comida e por outras fontes para trabalhar ou produzir movimento.
   Exemplos: Uma usina de força produz energia para a cidade toda; um carro obtém energia quando queima combustível.

2. *Energia* é a força física ou mental de uma pessoa, capaz de ser canalizada para a realização de alguma atividade.
   Exemplo: *Ele não teve energia suficiente para fazer o serviço de casa depois de ter ficado muitas horas no trabalho.*

MATÉRIA

Matéria é qualquer substância no universo que tenha massa e volume.

QUÍMICA

Química é um ramo da ciência que lida com a identificação de substâncias que compõem a matéria; é o estudo das características das substâncias e das maneiras como elas interagem, se combinam e mudam.

QUÍMICO(A)

1. *Químico* é o que tem a ver com Química. Também diz respeito a como as substâncias são compostas e às reações e mudanças pelas quais passam. Exemplo: *Os líquidos nos recipientes no laboratório sofreram reações químicas.*

2. *Produto químico* é qualquer substância capaz de passar por um processo químico ou uma mudança química.
Geralmente, quando as pessoas dizem *substâncias químicas* ou *produtos químicos*, estão se referindo a substâncias fabricadas pelo homem, mas a definição não se limita a elas.

ORGANISMO

Organismo é uma entidade viva única, como uma pessoa, um animal, uma planta.

CÉLULA

Célula é a unidade básica de todos os organismos vivos. Alguns organismos existem como uma célula única. O homem de tamanho médio tem entre 60 e 100 trilhões de células. Elas se mantêm vivas, produzem energia, trocam informações com células vizinhas, multiplicam-se e acabam morrendo quando chega a hora.

TECIDO

O *tecido* é um material orgânico de animais e plantas, constituído por um grande número de células similares em termos de forma e função.

MÚSCULO

Os *músculos* são tecidos no corpo que, em geral, estão ligados a algum osso e podem se contrair ou relaxar para produzir movimento.

MÚSCULO ESQUELÉTICO

O *músculo esquelético* está ligado ao esqueleto para formar parte do sistema mecânico que movimenta os membros e outras partes do corpo.

GORDURA

1. A *gordura* (ou lipídios) é composta por óleos e gorduras normais que na sua maioria consiste em triglicerídios. Essa camada adiposa se concentra sob a pele e órgãos internos.

2. *Gordura* é uma substância desse tipo produzida a partir de elementos vegetais para uso culinário. Algumas gorduras são nutrientes importantes para o corpo na constituição de células e na realização de outras atividades corporais.

GORDURA SATURADA

A *gordura saturada* é uma forma de gordura encontrada em produtos de origem animal — nata, queijo, manteiga, banha, carnes gordas etc. — e em certos produtos de origem vegetal — óleo de coco, óleo de semente de algodão, óleo de semente de palma, chocolate etc.

A gordura saturada se solidifica à temperatura ambiente. Por muito tempo acreditou-se que ingerir alimentos ricos em gordura saturada aumentava o risco de doença cardiovascular, mas as mais recentes pesquisas mostram que essa é a afirmação falsa número 1.

GORDURA INSATURADA

A *gordura insaturada* é uma forma de gordura encontrada em alimentos como abacate e nozes e óleos vegetais como o de canola e o azeite. Derivados da carne contêm ambas as gorduras, saturadas e insaturadas.

A gordura insaturada se torna líquida à temperatura ambiente.

GORDURA TRANS

As *gorduras trans* são gorduras insaturadas que não existem na natureza; portanto, são criadas artificialmente. Esse tipo de gordura é encontrada em alimentos processados, como cereais industrializados, produtos de panificação, *fast-food*, sorvetes e refeições congeladas. Qualquer coisa que contenha "óleo parcialmente hidrogenado" contém gordura trans.

Autoridades em nutrição, como a Administração de Alimentos e Medicamentos norte-americano (FDA), a Autoridade Europeia para a Segurança dos Alimentos e o Comitê Científico Consultivo sobre Nutrição do Reino Unido, consideram as gorduras trans prejudiciais para a saúde humana e recomendam a redução de seu consumo a quantidades baixíssimas.

ÓRGÃO

O *órgão* é uma parte do organismo constituída por um grupo de dois ou mais tecidos que atuam juntos para realizar uma função específica.

Exemplo: *Os pulmões, o coração, o estômago e o cérebro são todos órgãos vitais. Os olhos e os ouvidos são órgãos dos sentidos, e a pele é o maior órgão do corpo.*

Observação: o músculo não é um órgão, porque é constituído de apenas uma espécie de tecido, e um *órgão* deve consistir em pelo menos dois tipos de *tecidos* para ser assim considerado.

GRAMA

O *grama* (g) é a unidade de peso do sistema métrico. Uma libra tem mais ou menos 454 gramas.

Exemplo: *Uma bola de futebol pesa em torno de 400 g.*

QUILOGRAMA

Um *quilograma*, ou quilo (kg), equivale a mil gramas.

CALORIA

Uma *caloria* é uma unidade de medição do potencial energético.

No que diz respeito à perda de calor de um organismo ou ao valor energético dos alimentos, as calorias são a energia necessária para elevar a temperatura de 1 quilograma de água em 1 grau Celsius. Isso também é conhecido como quilocaloria ou grande caloria.

NUTRIENTE

Nutriente é a substância que dá ao corpo vivo algo de que ele precisa para viver e crescer.

ALIMENTO

Alimento é o material introduzido no corpo para fornecer-lhe os nutrientes necessários para ter energia e crescer. O alimento é o combustível do corpo.

ELEMENTO

Elemento (também chamado *elemento químico*) é a substância que não pode ser dividida em partes menores por uma reação química. Há mais de 100 elementos detalhados na tabela periódica, e são os elementos essenciais que constituem a matéria.

MOLÉCULA

Molécula é a menor partícula de uma mesma substância. Se você a decompusesse mais um pouco, ela se dividiria em seus elementos constitutivos (o que significa que não existiria mais como a substância original).

PROTEÍNA

As *proteínas* são compostos de ocorrência natural utilizados para o crescimento, a reparação no corpo e para construir células e tecidos.

AMINOÁCIDO

Os *aminoácidos* são unidades muito pequenas do material que constitui a proteína.

CARBONO

O *carbono* é um elemento químico não metálico comum, encontrado em grande quantidade na Terra e em todas as formas de vida.

OXIGÊNIO

O *oxigênio* é um elemento químico que é um gás incolor e inodoro, necessário à sobrevivência da maioria das coisas vivas.

HIDROGÊNIO

O *hidrogênio* é um gás incolor e inodoro altamente inflamável. É o elemento mais simples e mais abundante no universo.

CARBOIDRATO

Um *carboidrato* é uma molécula composta de carbono, oxigênio e hidrogênio e funciona como fonte de energia para os animais.

DIGESTÃO

Digestão é o processo de decompor alimentos para que possam ser absorvidos e utilizados pelo corpo.

ENZIMA

Enzima é uma substância produzida pelos organismos e que participa de reações químicas específicas.

METABOLISMO

Esse termo se refere a uma série de processos por meio dos quais as moléculas dos alimentos são decompostas para liberar energia que, a seguir, é utilizada como combustível pelas células do corpo e também para criar moléculas mais complexas que entrarão na formação de novas células.

O metabolismo é necessário à vida e é como o corpo cria e mantém as células que o constituem.

ANABOLISMO

Anabolismo, ou metabolismo construtivo, é o processo metabólico no qual é utilizada energia para criar substâncias mais complexas (como tecidos) a partir de substâncias mais simples.

CATABOLISMO

Catabolismo , ou metabolismo destrutivo, é a produção de energia por meio da conversão de moléculas complexas (como músculos ou gordura) em moléculas mais simples.

Muito bem, aqui termina a nossa primeira lista de palavras-chave. Bastante simples, não?

Dedique alguns minutos para rever suas dúvidas, pois a próxima lista lhe trará a compreensão do significado dos termos acima.

3

O que a maioria das pessoas não sabe sobre saúde, nutrição e *fitness*

Existe uma circunstância notável na nossa história que parece ter escapado à observação (...) o efeito pernicioso da aplicação indeterminada dos termos.

— NOAH WEBSTER

PARTE DOIS: NUTRIÇÃO

NUTRIENTE

Nutriente é uma substância que fornece a nutrição essencial à vida e ao crescimento.

NUTRIÇÃO

Nutrição é o processo de obter nutrientes, especialmente o processo de ingerir comida e utilizar seus nutrientes para permanecer saudável, crescer e formar e substituir tecidos.

MACRONUTRIENTE

Um *macronutriente* é todo componente nutricional fundamental na alimentação, que deve ser ingerido em quantidades relativamente elevadas.

Os macronutrientes são, especificamente, as proteínas, os carboidratos, as gorduras e os minerais, tais como cálcio, zinco, ferro, magnésio e fósforo.

DIETA

1. *Dieta* é a comida e a bebida que a pessoa consome normalmente.
2. *Dieta* é um programa especial de ingestão controlada ou restrita de comidas e bebidas tendo em vista um objetivo específico, como perda de peso, preparo para exercícios, manutenção médica.

AÇÚCAR

O *açúcar* é uma classe de carboidratos de sabor doce que vem de várias plantas e frutas, do mel e de outras fontes.

GLICOSE

A *glicose* é um açúcar muito simples e uma importante fonte de energia para os seres vivos. A maioria dos carboidratos é decomposta no corpo até se tornar glicose, que é a principal fonte de combustível para todas as células.

Não importa se você come alface ou um doce; as duas coisas terminam se transformando em glicose no corpo. A única diferença é que a alface demora mais tempo para se decompor em glicose do que o doce.

FRUTOSE

A frutose é um açúcar encontrado em diversas fontes vegetais, como mel, frutas, flores e raízes.

SACAROSE

A *sacarose* é o tipo de açúcar mais comumente chamado "açúcar de mesa", e é composta por glicose e frutose.

Em geral é obtida de fontes naturais, mas também pode ser produzida artificialmente.

GLICOGÊNIO

Glicogênio é uma substância encontrada nas células que funciona como um reservatório de carboidratos.

O corpo mantém reservas de glicose no fígado e nos músculos na forma de glicogênio, que se converterá novamente em glicose quando houver necessidade de energia.

AÇÚCAR NO SANGUE

O nível de *açúcar no sangue* indica a quantidade de glicose em seu sangue. A glicose é transportada pelo sangue e liberada nas células para poder ser decomposta, e a energia será então armazenada ou utilizada.

CARBOIDRATOS SIMPLES

Carboidratos simples são uma forma muito simples de carboidrato, geralmente de sabor doce, que se decompõem muito depressa em glicose.

Exemplos de carboidratos simples são a frutose encontrada em frutas, a lactose encontrada em laticínios e a sacarose adicionada a muitos alimentos como adoçante.

CARBOIDRATOS COMPLEXOS

Os *carboidratos complexos* são compostos de muitas moléculas de "carboidratos simples" unidas. Por isso, o corpo leva mais tempo para decompô-los em glicose.

Exemplos de carboidratos complexos são os açúcares encontrados em grãos integrais, feijões e vegetais.

AMIDO

O *amido* é um carboidrato complexo encontrado naturalmente em muitas frutas e vegetais; às vezes é adicionado a outros alimentos para engrossá-los.

Embora o amido seja um carboidrato complexo, alguns alimentos com alto teor de amido se decompõem rapidamente em glicose, assim como os carboidratos simples.

HORMÔNIO

Hormônios são substâncias químicas produzidas pelo corpo e transportadas pelo sangue e por outros fluidos corporais até as células e os órgãos a fim de induzir uma ação ou surtir um efeito específico.

INSULINA

A *insulina* é um hormônio produzido no pâncreas que é liberado no sangue quando nos alimentamos, o que leva os músculos, os órgãos e o tecido adiposo a absorver os nutrientes do alimento, que também são liberados na corrente sanguínea, e usá-los ou armazená-los como gordura corporal.

ÍNDICE

Índice é um sistema de listagem de informações a fim de facilitar comparações com outras informações.

ÍNDICE GLICÊMICO

O *índice glicêmico (IG)* é uma escala que mede o efeito de diferentes carboidratos no nível de açúcar no sangue. Os carboidratos que se decompõem devagar e liberam glicose no sangue lentamente (carboidratos complexos) têm um IG baixo.

Carboidratos que se decompõem depressa e liberam glicose para o sangue rapidamente (carboidratos simples) têm um IG alto. Um IG abaixo de 55 é considerado baixo e acima de 70 é alto. Glicose pura tem IG = 100.

PÃO BRANCO

O *pão branco* é feito com a farinha de trigo de onde foram removidas algumas partes do grão e que depois foi alvejada para assar mais facilmente e durar mais tempo. A maioria dos nutrientes é removida ou inutilizada no processo de fabricação do pão branco, transformando-o em um carboidrato simples.

GRÃO INTEGRAL

Os alimentos contendo grãos que não passaram por remoção de nenhuma parte são chamados alimentos integrais.

FIBRA

A *fibra* é uma substância não digerível encontrada em alguns grãos, frutas e vegetais.

ÁCIDOS GRAXOS

Ácidos graxos são as moléculas que constituem as células de gordura.

Alguns ácidos graxos são necessários para constituir partes de células e tecidos no corpo. Os ácidos graxos contêm duas vezes mais calorias do que os carboidratos e as proteínas e são principalmente usados para armazenar energia no tecido adiposo.

ÁCIDOS GRAXOS ESSENCIAIS

Alguns ácidos graxos são chamados essenciais porque são necessários a muitas funções corporais importantes. Como o organismo não consegue sintetizá-los, eles devem ser obtidos através dos alimentos. Há dois ácidos graxos essenciais para os seres humanos: o ácido alfalinolênico e o ácido linoleico.

E assim concluímos a lista número dois. Espero que ela tenha sido útil e esclarecedora para você. Posso dizer que foi utilíssima para mim!

Vamos encerrar com uma última lista de palavras-chave e seguir em frente!

4

O que a maioria das pessoas não sabe sobre saúde, nutrição e *fitness*

A educação é o passaporte para o futuro; o amanhã pertence àqueles que se preparam para ele hoje.

— MALCOLM X

PARTE TRÊS: SAÚDE

SUPLEMENTO

Suplemento é uma quantidade de qualquer substância, acrescentada para suprir uma deficiência ou tornar algo mais completo.

SUPLEMENTO ALIMENTAR

Suplemento alimentar (ou nutricional) é um produto que a pessoa toma para obter os nutrientes que não estão presentes em quantidade suficiente em sua alimentação normal.

VITAMINA

A *vitamina* é uma substância necessária aos organismos vivos para o funcionamento, crescimento e desenvolvimento correto de suas células. As vitaminas essenciais para o corpo humano devem ser obtidas através da alimentação, visto que o corpo não pode sintetizá-las em quantidades adequadas.

MINERAL

O *mineral* é uma substância que não contém carbono (ao contrário das vitaminas) e se forma naturalmente na terra. Nosso corpo precisa de minerais para diversas funções fisiológicas, como construção de ossos, produção de hormônios e regulação dos batimentos cardíacos.

DESIDRATAÇÃO

O corpo humano é composto de 75% de água. A água pode ser perdida no suor, na urina e na respiração e precisa ser reposta diariamente.

A *desidratação* é o estado em que a reposição de água no corpo é escassa demais para que ele possa funcionar corretamente. Isso tem vários efeitos colaterais negativos, como dores de cabeça, cansaço, fraqueza e, em casos extremos, até mesmo a morte.

NERVO

O *nervo* é um feixe de fibras que transmite mensagens elétricas entre o cérebro, a medula, os órgãos e os músculos. Essas mensagens causam sensações e fazem os músculos e os órgãos funcionarem. Os nervos são o sistema de comunicação do corpo.

PROCESSADO(A)

Processar um alimento significa usar substâncias químicas ou uma máquina para modificar ou preservar a comida. Muitos métodos de processamento de alimentos destroem alguma ou a maior parte das vitaminas, dos minerais e de outros nutrientes que fazem parte da constituição natural do alimento e, muitas vezes, adicionam produtos químicos que podem ser prejudiciais ao organismo. Alimentos altamente processados costumam ter menos nutrientes e mais calorias do que os menos processados.

ORGÂNICO(A)

Os alimentos *orgânicos* são livres de aditivos alimentares artificiais e cada vez mais têm sido aprimorados e produzidos com menos métodos, materiais e condições não naturais, tais como amadurecimento químico, irradiação de alimentos e ingredientes geneticamente modificados. Os pesticidas são permitidos, desde que não sejam sintéticos.

Para serem certificados como orgânicos, os produtos alimentares devem ser cultivados e produzidos de maneira a obedecer a inúmeros critérios.

TOTALMENTE NATURAL

Alimentos naturais são aqueles que sofreram pouco ou nenhum processamento.

Costumam ser considerados alimentos totalmente naturais os alimentos minimamente processados ou que não contêm nenhum aditivo alimentar, tais como hormônios, antibióticos, adoçantes, corantes ou aromatizantes.

No entanto, embora o rótulo de "totalmente natural" implique o mínimo de processamento e aditivos, a falta de normas e regulamentação torna o termo essencialmente sem sentido.

COLESTEROL

O *colesterol* é uma substância macia, que parece cera, encontrada em grande parte dos tecidos corporais, incluindo o sangue e os nervos.

O colesterol é necessário para a sobrevivência e é usado na construção de células e hormônios vitais no corpo, bem como outras importantes funções. O excesso de colesterol no sangue, no entanto, aumenta o risco de ataque cardíaco, acidente vascular cerebral e demais problemas de saúde.

Seu corpo produz parte do colesterol de que necessita; o restante vem dos produtos de origem animal consumidos, como carne, peixe, ovos, manteiga, queijo e leite integral. Não há colesterol em alimentos de origem vegetal.

ÍNDICE DE MASSA CORPORAL (IMC)

O *Índice de Massa Corporal* (IMC) é uma escala que usa um sistema numérico para estimar quanto a pessoa deveria pesar dependendo de sua altura. O IMC é destinado a fornecer uma estimativa vaga para um grande grupo de pessoas ou para populações inteiras. Quando o IMC é usado na avaliação de uma pessoa, em geral, ele se torna impreciso por causa dos diversos tipos de corpo, como os de constituição esguia, com muita musculatura, ou muito altos.

PORCENTAGEM DE GORDURA CORPORAL

Sua *porcentagem de gordura corporal* é uma medida da quantidade de gordura que você tem no corpo, expressa como uma porcentagem de seu peso total. Por exemplo, se a sua porcentagem de gordura corporal é de 10%, isso significa que 10% do seu peso é gordura corporal.

Esta é uma medida mais precisa de gordura do que o IMC, uma vez que mede diretamente a gordura da pessoa seja qual for o tipo de corpo que ela tem, ou seu peso em músculos, fatores que não são considerados no IMC.

A quantidade de gordura que seu corpo precisa para realizar as funções orgânicas básicas para viver é de 3% a 5% para homens e de 8% a 12% para mulheres.

COMPOSIÇÃO CORPORAL

A avaliação da *composição corporal* é realizada para descrever as porcentagens de gordura, ossos, água e musculatura em corpos humanos.

Como você aprenderá neste livro, peso e IMC não são tão importantes para medir com exatidão o nosso progresso como a composição corporal. Nosso objetivo não é chegar a um certo número na balança ou a uma determinada leitura de IMC — mas alcançar uma aparência musculosa com baixa porcentagem de gordura corporal, ou seja, um determinado tipo de composição corporal.

* * *

E assim encerramos as palavras-chave! Agora você conhece toda a terminologia básica que lhe permitirá compreender e aplicar as demais informações que obterá neste livro.

Sigamos em frente!

5

Os 7 maiores mitos e erros da construção da musculatura

Só para você saber, em algum lugar, uma garotinha chinesa está fazendo aquecimento com a carga máxima que você suporta.

— JIM CONROY

DE CADA DEZ HOMENS que você vê treinando na academia, nove não fazem os exercícios corretamente. Esta verdade pode não agradá-lo, mas em breve você verá por que isso acontece.

Em alguns casos, eu nem me daria ao trabalho de sair da cama de manhã para fazer seus treinos habituais, encontrados em revistas de variedades: muitas séries de exercícios de isolamento com pesos relativamente leves. Mesmo que estejam dando tudo de si em seus treinos, realmente empenhando-se em cada vez mais repetições, eles ainda estão fazendo errado e acabarão se decepcionando com os resultados. Sei bem o que digo, porque eu já fui um desses caras.

A maioria das pessoas aumenta a quantidade de erros em seu treinamento comendo de maneira incorreta: ou come demais, ou de menos; ou ingere muitos alimentos de baixa qualidade, o que torna deficiente sua ingestão de macronutrientes. Alimentar-se adequadamente é muito mais simples do que se possa imaginar — trata-se de um mero jogo de números (e não apenas de ganho de calorias *versus* perda de calorias; é preciso aprofundar-se mais para maximizar o crescimento muscular e a perda de gordura).

Todos esses erros são o motivo de tanta gente se matar de levantar peso sem alcançar nenhum progresso digno de nota. Fato: a maior parte dos muitos frequentadores da minha academia basicamente não mudou nada nos dois últimos anos. Todos ainda estão levantando praticamente os mesmos pesos e com praticamente a mesma aparência que tinham quando eu cheguei.

Bem, neste capítulo, iremos descobrir por que isso acontece. Passaremos em revista os sete mitos mais comuns sobre alimentação e treinamento e os erros que impedem as pessoas de efetivamente construírem músculos e perderem gordura.

A menos que levantar peso seja para você uma total novidade, sou capaz de jurar que você já foi vítima de um ou mais destes mitos e erros em algum ponto ao longo do caminho. Aconteceu comigo.

Agora, vamos ao que interessa.

MITO E ERRO Nº 1:
MAIS SEQUÊNCIAS = MAIS CRESCIMENTO

Eu costumava levantar peso por pelo menos duas horas por dia, até a exaustão física e mental. Depois disso, tudo o que eu queria era comer e apagar.

Eu não gostava nada da dureza daquela rotina de treinamento, mas costumava dizer a mim mesmo que aquilo tudo me levaria a construir um físico formidável, então prossegui — anos a fio. E eu não estava nem de longe tão trincado como seria de se esperar dada a intensidade do meu treinamento.

Bem, o que eu aprendi mais tarde é que rotinas assim são um exagero completo para um levantador de peso, também chamado de halterofilista (fiquei sabendo que o cara que originalmente me passou esse tipo de treinamento fazia uso de algumas drogas anabolizantes).

Aprendi que fazer muitas séries e repetições semanais para qualquer grupo muscular pode levar ao sobretreinamento (*overtraining*), que apresenta vários efeitos negativos: comprometimento do crescimento muscular, fadiga geral, redução dos níveis de hormônios anabólicos, elevação dos níveis de hormônios catabólicos e, em casos extremos, até mesmo a perda muscular.

Sim, é isso mesmo: o excesso de levantamento de peso diário pode causar muito mais dano às suas fibras musculares do que seu corpo consegue eficientemente reparar — e ao longo do tempo você acaba ficando menor e mais fraco.

Esta é uma das primeiras surpresas sobre o programa de *Malhar, secar, definir*: os exercícios têm muito menos séries e repetições do que você deve estar esperando. Não há superséries, *drop sets*,* séries gigantes, nem nenhum dos programas de belas repetições normalmente recomendados em outras rotinas de treinamento.

* Trata-se de uma técnica de treinamento utilizada para o ganho de massa muscular. O processo se inicia com o levantamento de uma carga pesada, que tem o objetivo de levar o atleta à exaustão. Em seguida, o exercício continua com um peso mais leve, sem descanso.

Na verdade, você vai fazer o contrário do que os mais populares programas de levantamento convencionais prescrevem: você irá se concentrar fortemente no levantamento de peso composto e em seus treinos fará apenas séries e repetições suficientes para maximizar e estimular a sobrecarga dos músculos, sem chegar ao sobretreinamento. Isso leva em média de 45 a 60 minutos por treino. (Sim, você entra e sai da academia em no máximo uma hora com este programa de treinamento!)

Mas não se engane — os treinos não são nada fáceis. Você irá empurrar, puxar e agachar com mais peso do que nunca, e isso requer tremenda energia física e esforço.

Porém, se você vem seguindo um dos muitos programas de treinamento de alta repetição que há por aí, é provável que venha a achar que está treinando insuficientemente com o meu programa. Afinal, você terá longos períodos de descanso entre séries e exercícios mais curtos e poderá até se sentir um pouco culpado ao deixar a academia em menos de uma hora.

Não se preocupe, eu sei exatamente como é isso. Quando deixei de lado o meu velho estilo de sobretreinamento e passei a praticar o que ensino neste livro, eu tinha certeza de que perderia força e músculo.

Eu não poderia estar mais enganado: desde que fiz a mudança, ganhei cerca de 9 kg de músculo e a carga geral que posso levantar mais do que duplicou.

Siga o programa e o mesmo poderá acontecer com você.

MITO E ERRO Nº 2:
VOCÊ TEM DE SENTIR QUE ESTÁ "QUEIMANDO"

Quantas vezes você já não ouviu parceiros de treino gritando um para o outro "Tem de queimar!" ou "Mais três repetições!"?

Bem, "todo o mundo sabe" que forçar ou aumentar o número de repetições até a dor se tornar insuportável oferece o máximo crescimento muscular. "Se não doer, não adianta", certo?

Errado.

Essa é provavelmente a pior das falácias populares. A sensação de músculo "queimando" e repetições intermináveis *não* são o melhor caminho para aumentar a massa muscular.

Quando o músculo dá a sensação de estar queimando, o que você está sentindo é, na realidade, um acúmulo de ácido lático nas fibras musculares, que aumenta conforme você contrai os músculos repetidamente.

Embora o ácido lático desencadeie o que se conhece como "cascata anabólica", um verdadeiro coquetel de hormônios indutores de crescimento, elevar repetidas vezes o ácido lático a níveis cada vez mais altos não significa que você construirá mais massa muscular ao longo do tempo. Por mais essa razão ainda, é muito esforço para pouco retorno quando se passa duas horas na academia com sequências intermináveis de repetições.

Então, o que é que leva ao máximo crescimento muscular? A resposta é: sobrecarga progressiva, e sobre isso falaremos com mais detalhes daqui a pouco.

MITO E ERRO Nº 3:
PERDER TEMPO COM EXERCÍCIOS ERRADOS

Quase nenhuma das máquinas de treino e geringonças oferecidas pela sua academia tem alguma serventia para uma adequada rotina de levantamento de peso.

Como costuma dizer Mark Rippetoe, autor de livros e famoso treinador, se você quer ser forte, abandone as máquinas e pegue uma barra. Como você verá, isso tem tudo a ver com a proposta de *Malhar, secar, definir*: usando barras e halteres, você irá empurrar, puxar, levantar e agachar.

Há estudos por aí comparando máquinas e pesos livres que costumam ser utilizados para contradizer essa abordagem. Se você tomar esses estudos ao pé da letra, poderá facilmente concluir que as máquinas são tão eficazes quanto os pesos livres para a construção muscular e força.

Para aqueles que concordam com isso, aqui vão duas informações cruciais:

As pessoas observadas nesses estudos são inexperientes e os resultados observados em indivíduos não treinados não podem simplesmente servir para indivíduos treinados.

Ganhos de iniciante são muito reais e ocorrem devido ao simples fato de que os músculos respondem excepcionalmente bem a quase qualquer tipo de treinamento nos primeiros três a seis meses. Simplificando: você pode cometer todos os tipos de erros no início e mesmo assim obter progressos acima da média.

Porém, isso não dura muito. Uma vez que a "mágica" chega ao fim, ela não volta a ocorrer, e o que funcionou nos primeiros meses não necessariamente continuará a funcionar.

Isto é especialmente verdadeiro no treinamento de resistência. Embora nos primeiros meses um indivíduo destreinado possa obter força e ganhos musculares medíocres em máquinas, de jeito nenhum ele construirá um físico impressionante trabalhando basicamente nelas.

Há pesquisas que provam o contrário: os pesos livres são realmente mais eficazes na construção muscular e de força do que as máquinas.

Um bom exemplo é um estudo realizado por pesquisadores da Universidade de Saskatchewan que demonstrou que o agachamento com peso livre resultou em 43% mais ativação muscular da perna do que o agachamento em máquina Smith.

Outro exemplo é um estudo realizado por pesquisadores da Universidade da Califórnia que demonstrou que o supino com peso livre resultou em maior ativação dos músculos da parte superior do corpo do que o supino com máquina Smith.

Nada disso deveria surpreender. Durante décadas, os fisiculturistas mais impressionantes sempre enfatizaram o treinamento com peso livre e eu aposto que é assim que os caras maiores e mais fortes da sua academia treinam.

O fundamental é que não há nada de incrível em forçar o corpo manejando pesos à vontade, sem ajuda, contra a força da gravidade. Ninguém nunca construiu um grande peitoral apenas ralando no *peck deck* e na *machine press*: sempre foram necessários anos empurrando barras e halteres.

Todavia, nem todos os exercícios com pesos livres são iguais. Os mais eficazes são conhecidos como *exercícios compostos*, que envolvem e ativam vários grupos musculares. Exemplos de exercícios compostos poderosos são o agachamento, o levantamento terra e o supino, que treinam muito mais do que apenas as pernas, as costas e o peito, respectivamente.

Contrapondo-se aos exercícios compostos temos os *exercícios de isolamento*, que principalmente envolvem e ativam apenas um grupo muscular. Exemplos de exercícios de isolamento são o *cable fly* (que isola os músculos do peito), a rosca com halteres (que isola o bíceps) e a extensão de perna (que isola o quadríceps).

Em se tratando da construção de tamanho e força, numerosos estudos científicos confirmam a superioridade da combinação de exercícios compostos com exercícios de isolamento.

Um desses estudos foi realizado na Universidade Estadual Ball, em 2000, nas seguintes condições: dois grupos de homens treinaram com pesos durante dez semanas. O grupo 1 realizou quatro exercícios compostos para tronco, enquanto o grupo 2 fez os mesmos exercícios, adicionando outros (exercícios isolados) de flexão para a força de bíceps e extensão para tríceps.

Após o período do treino, os dois grupos aumentaram em termos de força e tamanho, mas quem você acha que apareceu com braços maiores? A resposta é: ninguém. O treino adicional isolado do grupo 2 não surtiu nenhum efeito adicional de aumento da circunferência do braço ou de sua força. O resultado final foi: sobrecarregando o sistema como um todo, você faz tudo crescer.

Charles Poliquin, instrutor de atletas de nível mundial como os que disputam Jogos Olímpicos, além de esportistas profissionais, gosta de repetir que, para aumentar até 3 cm no tamanho dos braços, você tem de ganhar 5 kg de músculo. O que ele está tentando deixar claro é que o modo mais eficaz de construir um corpo grande e forte é recorrendo a um treino com sobrecarga, e não com um trabalho de exercícios localizados.

Se seu programa de treino com pesos não está montado em função de sequências intensas com exercícios compostos, você nunca alcançará o seu potencial genético em termos de tamanho muscular total e força.

Ao mesmo tempo, não estou dizendo que flexões de cotovelo e extensões de cotovelo para tríceps sejam completamente inúteis. Alguns exercícios isolados, quando incorporados adequadamente numa rotina de treinamento, de fato ajudam no desenvolvimento total. Na verdade, eles são necessários para desenvolver plenamente músculos menores do corpo, como ombros, bíceps e tríceps.

Portanto, você irá encontrar alguns exercícios isolados no meu programa de treinamento, mas eles raramente são o ponto principal do trabalho.

MITO E ERRO Nº 4:
MUDE CONSTANTEMENTE A SUA ROTINA DE EXERCÍCIOS

Os homens que cometem o erro de fazer exercícios ineficazes geralmente acreditam em outro mito, a saber, a mentira de que é preciso mudar constantemente as sequências de treinamento para ter ganhos.

Isso é um absurdo completo. Você faz academia para ficar maior e mais forte e isso pede apenas quatro coisas simples: fazer os exercícios certos, levantar pesos progressivamente maiores, comer corretamente e proporcionar descanso suficiente ao seu corpo.

Mudar com regularidade o tipo de exercícios simplesmente não é necessário, porque o objetivo que você tem em mente limita os exercícios que você deve realizar. Se você pretende construir uma sólida base geral de musculatura, deve executar os mesmos tipos de movimento todas as semanas, num trabalho que deverá incluir exercícios de agachamento, levantamento terra, desde supino, uso de halteres, desenvolvimento com barra, entre outros.

Se fizer esses exercícios corretamente toda semana, sua força aumentará em alta velocidade e você ganhará massa muscular mais depressa do que achou que fosse possível — sem alterar coisa alguma a não ser a quantidade de peso na barra.

Por outro lado, viver mudando sua rotina de exercícios o impedirá de avaliar adequadamente o seu progresso. Afinal, como você poderá saber se está ficando mais forte se a cada semana ou quinzena faz exercícios e escalas de repetições diferentes?

Você não poderá, e isso é danoso. Você irá se arrebentar semana após semana e nem terá o estímulo para manter a meta que é ver algum progresso.

MITO & ERRO Nº 5:
LEVANTAR PESO COMO UM IDIOTA

Uma das coisas mais aflitivas de se ver em academias são as hordas de narcisistas levantadores de peso se exibindo em movimentos espásticos com uma expressão de abandono e entrega sem limites. Fico agoniado de tanta pena e por saber, com antecipação, da quantidade de lesões que podem sofrer a qualquer momento.

Embora isso possa parecer mais uma generalização chocante, não deixa de ser verdade. A maioria dos levantadores de peso não tem a menor noção de qual é a maneira adequada de fazer esse tipo de exercício.

Essa ignorância sabota os ganhos que poderiam ter, causa desgastes e lesões desnecessários em ligamentos, tendões e articulações, e abre a porta para danos debilitantes (especialmente porque os pesos exigem muito de ombros, cotovelos, joelhos e da região lombar).

Alguns desses homens simplesmente não têm outras informações, e há os que estão mais interessados em ficar com boa aparência do que em consolidar ganhos reais. Outros ainda apenas aprenderam errado — sim, você adivinhou: com revistas, amigos e até com personal trainers.

Você não vai cair numa armadilha dessas. Você irá realizar os exercícios numa forma perfeita e, embora os pesos que irá usar possam ser mais leves do que os dos bufadores e suadores de plantão, eles acabarão se perguntando, bem baixinho, por que é que você tem uma aparência tão melhor.

MITO & ERRO Nº 6:
LEVANTANDO PESO COMO UM BEBÊ CHORÃO

Construir um corpo espetacular é um "pé no saco". Custa um tempo considerável, muito esforço, disciplina e dedicação. Não importa o que as pessoas lhe digam: não é nada fácil.

A bem da verdade, a maioria dos sujeitos gosta mesmo é de treinar como se fossem bebês chorões. Não querem fazer esforço demais. Parece que eles acreditam que basta chegar e passar os movimentos.

Bem, não é assim. E seus corpos, que pouco mudam ao longo do tempo, são testemunhas disso.

Na verdade, estão se entregando a um de nossos instintos mais primitivos. Nós, humanos, instintivamente evitamos a dor e o desconforto e buscamos o prazer e o bem-estar na vida. Mas, se permitirmos que essa propensão determine o ritmo de nosso trabalho físico, estaremos arruinados.

Se você deseja construir um físico impressionante, terá de trabalhar duro na academia. Você precisará levantar pesos realmente assustadores. Terá de ir fundo para concluir a última série de exercícios. E lidar com a dor muscular e outras dores.

Mas você acabará adorando tudo isso, pois compreenderá que essas dificuldades são apenas parte do jogo — a "dívida" que você tem de pagar para cumprir suas metas. Durante sua hora diária de intenso e desconfortável esforço físico total, você estará mirando adiante, por saber que cada treino concluído o tornará um pouco mais forte, tanto física como mentalmente, e o colocará um pouco mais perto do "fim do jogo".

MITO E ERRO Nº 7:
COMER PARA CONTINUAR PEQUENO OU ENGORDAR

Como é provável que você já tenha ouvido falar, você cresce *fora* da academia, e isso exige descanso suficiente e uma nutrição adequada. Muitos homens fazem essas duas coisas do jeito errado: exageram nos treinos e não comem calorias suficientes (ou comem demais), não ingerem proteínas suficientes (ou ingerem demais), comem maus carboidratos e gorduras e perguntam por que não conseguem modificar seus corpos da maneira que eles querem.

Se você não comer calorias suficientes e não ingerir proteínas, carboidratos e gorduras ao longo do dia, você simplesmente *não cresce*. Não importa quanto você se empenhe nos levantamentos de peso; se você não comer o suficiente, não ganhará músculos como almeja.

Por outro lado, se você ingerir diariamente bastante proteína e muitas calorias, poderá até aumentar a massa muscular, mas ficará escondido debaixo de uma feia e desnecessária manta de gordura.

Se você não ingerir quantidade suficiente de alimentos nutritivos, embora até possa mudar a sua composição corporal, acabará desenvolvendo deficiência de vitaminas e minerais, o que prejudicará muito a sua saúde e o seu desempenho — e, além de tudo, limitará seus ganhos ao longo do tempo.

Quando você sabe como comer adequadamente, porém, pode ganhar músculos em quantidade espantosa continuando magro e pode perder camadas de gordura ao mesmo tempo em que mantém ou até aumenta a massa muscular total.

O FUNDAMENTAL

Nesse capítulo você descobriu qual é o caminho para a tortura de trabalhar a construção da musculatura: ficar malhando horas e horas na academia, fazer uma tonelada de séries para sentir o corpo "queimando", fazer os exercícios errados e de modo errado, não se empenhar o suficiente e comer do jeito errado.

Esses erros são os responsáveis por uma incrível série de frustrações, desânimos e confusões. São a razão essencial pela qual a maioria dos homens não alcançam os ganhos esperados e acabam desistindo.

Bom, se isso é fazer tudo errado, como fazer certo para aumentar a musculatura? Continue lendo e você vai descobrir.

RESUMO DO CAPÍTULO

- No levantamento de peso, "mais" nem sempre é melhor. Muitas rotinas de musculação populares resultam em sobretreinamento para o levantador de peso.
- Como um levantador de peso, você deve se dedicar ao levantamento de peso composto pesado se deseja maximizar seus resultados. Rotinas de alta repetição que enfatizam exercícios de isolamento são totalmente ineficazes a longo prazo.
- Ficar muito inchado estimula o crescimento muscular bem menos do que você poderia imaginar.
- Para obter ganhos, você não tem que mudar constantemente a sua rotina de exercícios. Ao contrário, o crucial para aumentar progressivamente a sua força são os levantamentos compostos.
- Se você deseja construir um físico impressionante, você tem que trabalhar duro na academia. Exercícios fáceis não dão muito resultado.
- Se você come muito pouco, não perceberá o crescimento dos músculos. Se você come demais, embora consiga construir músculos, irá ganhar muita gordura corporal.

6

As 3 leis científicas do crescimento muscular

Felizmente, há uma solução, e ela não está no trabalho de séries múltiplas nem em nenhum desses exercícios tipo Kegel que estão sendo empurrados como 'A Resposta'. Trata-se de apenas um pouco do bom e velho trabalho básico.

— JIM WENDLER

AS LEIS DO CRESCIMENTO muscular são tão certas, observáveis e irrefutáveis quanto as leis da Física. Quando você lança uma bola no ar, ela cai. Quando você adota os procedimentos corretos dentro e fora da academia, seus músculos crescem. É realmente simples assim, independentemente de sua genética ser "boa" ou "ruim". Não existe esse lance de *hardgainer* sem solução — o que existe são pessoas que não conhecem as leis contidas neste capítulo, nos capítulos anteriores e as que agem de acordo com elas.

Esses princípios foram conhecidos e seguidos durante décadas por algumas pessoas que construíram o melhor físico que já se viu — como o pioneiro Eugen Sandow, considerado o pai do moderno fisiculturismo, e Steve Reeves e Roy "Reg" Park. Algumas dessas leis contradizem várias coisas que você já leu ou ouviu, mas, felizmente, não exigem nenhum ato de fé.

São leis de ordem *prática*. Se você as seguir, obterá resultados imediatos. Assim que comprovar como elas funcionam com você, saberá que são verdadeiras e as adotará para sempre.

PRIMEIRA LEI DO CRESCIMENTO MUSCULAR: OS MÚSCULOS CRESCEM POR SOBRECARGA

Como você sabe, a "queimação" que você sente é tão só a entrada de ácido lático no músculo — que nada mais é do que um subproduto dos músculos queimando as suas reservas de energia. Portanto, ela colabora muito pouco para o crescimento do músculo.

"Inchar" os músculos também não ajuda seu futuro crescimento. A sensação de que eles estão "inchados" quando você treina decorre do sangue que está "preso" nos músculos e, embora essa sensação seja animadora do ponto de vista psicológico e alguns estudos tenham demonstrado que pode ajudar na síntese de proteínas (esse é o processo no qual as células fabricam proteínas), sentir os músculos "inchados" não é um fator primário para o crescimento da musculatura.

Então, o que desencadeia o crescimento dos músculos?

A resposta é conhecida como tensão de sobrecarga progressiva, ou seja, os níveis de tensão nas fibras musculares vão aumentando progressivamente ao longo do tempo por meio do levantamento de pesos cada vez mais maiores.

Afinal, os músculos precisam de um forte motivo para crescer, e nada é mais convincente do que submetê-los cada vez mais a um estresse.

Isso é algo quase automático, intuitivo — os músculos devem crescer mais à medida que são trabalhados com pesos cada vez mais pesados — mas também é apoiado pela ciência.

Por exemplo, em uma meta-análise de 140 estudos relacionados, pesquisadores da Universidade Estadual do Arizona descobriram que uma progressão na resistência otimiza ganhos de força e crescimento muscular. Os pesquisadores descobriram que trabalhar na faixa de 4 a 6 repetições (80% de uma repetição máxima, ou 1 RM) é mais eficaz para aqueles que treinam regularmente.

A conclusão dessa pesquisa é simples: a melhor maneira de construir músculos e ganhar força é se concentrar no levantamento de peso pesado e ir aumentando o peso levantado ao longo do tempo.

Veja, não se trata de mera teoria — isto é um fato. E isso é tudo do que trata o programa de *Malhar, secar, definir*: levantamento de pesos pesados e prática de séries curtas e intensas de número de repetições relativamente baixo.

Deixe os *drop sets*, as séries gigantes e superséries prescritos nas revistas para os leitores da revista. Esses métodos de treinamento são tão ineficazes quanto fatigantes para a construção muscular. É trabalho demais para muito pouco resultado.

Em vez disso, a partir de agora você passará a treinar de forma diferente. Você irá descansar muito mais do que imagina, executará exercícios que nunca executou e levantará muito mais peso do que jamais sonhou ser possível.

E sua recompensa será formidável. Você não só irá adorar seus exercícios — você também vai adorar ver seu corpo mudar cada vez mais.

SEGUNDA LEI DO CRESCIMENTO MUSCULAR:
DESCANSO ADEQUADO É TÃO IMPORTANTE QUANTO TREINAMENTO ADEQUADO

Um dos problemas mais comuns com os muitos programas de levantamento de peso que existem por aí é que eles simplesmente não têm muito a oferecer, seja em treinos individuais ou em volume total de treinamento semanal. Essas modalidades de trabalho físico partem da concepção equivocada de que aumentar a musculatura é simplesmente uma questão de executar um número excessivo de treinos. Aqueles que criaram esse hábito pernicioso precisam se dar conta de que, se fizessem em menos tempo a *coisa certa*, teriam *mais* resultados.

Quando levanta pesos, você está provocando mínimas lacerações, conhecidas como *microlacerações*, nas fibras musculares que, depois, o corpo recupera. Esse é o processo por meio do qual os músculos crescem (cientificamente chamado *hipertrofia*).

Uma das coisas que você deve buscar em seus exercícios é uma quantidade ideal de microlesões nos músculos. Não tanto que ultrapasse a capacidade do seu corpo, pois isso prejudica o crescimento muscular, mas não tão pouco que o leve a perder seus ganhos potenciais.

O erro está nos dois extremos: muitos rapazes subtreinam e, assim, sublesionam seus músculos, muitos sobretreinam e os superdanificam. E sobre estes, seus treinos individuais resultam em muitas microlesões e eles esperam pouquíssimos dias para voltar a treinar aquele mesmo grupo muscular.

Algumas pesquisas demonstraram que, dependendo da intensidade do treinamento e de seu nível de condicionamento físico, o corpo leva de 2 a 7 dias para recuperar plenamente os músculos submetidos a treino com pesos. Considerando-se o volume e a intensidade do programa de *Malhar, secar, definir*, podemos seguramente afirmar que a recuperação muscular completa levará de 4 a 6 dias.

TERCEIRA LEI DO CRESCIMENTO MUSCULAR:
OS MÚSCULOS CRESCEM APENAS SE FOREM ALIMENTADOS ADEQUADAMENTE

Você pode fazer o treinamento físico mais adequado e proporcionar aos músculos todo o descanso necessário, mas se não comer corretamente não vai aumentar a musculatura. Ponto.

Uma alimentação adequada não é particularmente algo complicado, mas tem diversos elementos variáveis que você precisa saber como coordenar.

Sem dúvida, todo mundo sabe que é para comer proteínas, mas quanto? E quantas vezes por dia? De que tipo? E quanto aos carboidratos: que tipos são bons? Em que quantidade? Quando devem ser comidos para maximizar os ganhos? E as gorduras? São importantes? Quantas são necessárias? Qual a melhor maneira de consumi-las? E, por fim, mas não menos importante, quantas calorias a pessoa deve consumir por dia? Quando é que vamos ajustar isso e quanto vai custar?

Bem, essas são todas boas perguntas e neste livro você vai encontrar as respostas definitivas para elas, de modo que você nunca mais cometa erros em sua alimentação.

O FUNDAMENTAL

Conseguir acumular camadas e mais camadas de massa muscular magra e resistente como rocha é, sobretudo, apenas uma questão de seguir religiosamente essas três leis: levantar pesos com sobrecarga, descansar o suficiente e alimentar-se de forma correta. É assim que você constrói um corpo forte, saudável e "sarado".

Então, vamos agora olhar para o outro lado da moeda do condicionamento físico — a perda de gordura — e ver que mitos, erros e leis nos aguardam.

RESUMO DO CAPÍTULO

- A principal força motriz do crescimento muscular é a sobrecarga progressiva, e não a fadiga ou o inchamento dos músculos.
- Trabalhar com basicamente 80% a 85% do seu treino em repetição máxima (RM) otimiza ganhos de força e crescimento muscular.
- O tempo de recuperação é tão importante quanto o tempo de treinamento, e estudos têm demonstrado que o corpo leva de 2 a 7 dias para reparar totalmente músculos submetidos ao treinamento com pesos.

7

Os 5 maiores mitos e erros da perda de gordura

A estrada para lugar nenhum é pavimentada com desculpas.

— MARK BELL

HÁ MILHARES DE ANOS que o físico esguio e musculoso é o Santo Graal do corpo masculino.

Era a marca inconfundível dos antigos heróis e deuses e, desde então, tem se conservado como a qualidade reverenciada e idolatrada na cultura pop, conquistado por poucos e ambicionado por muitos.

Diante de um índice de obesidade acima de 35% (e em ritmo de crescimento), em todo o mundo, pode-se ter a impressão de que ficar "sarado" e entrar para a "elite física" exige um nível de conhecimentos, disciplina e sacrifício além do que a maioria dos seres humanos é capaz.

Bom, isso simplesmente não é verdade. O conhecimento necessário é fácil o bastante para ser compreendido (aliás, você está aprendendo tudo que precisa saber a respeito neste livro).

Sem dúvida é preciso ter disciplina e fazer alguns sacrifícios, como, por exemplo, você não pode comer três pizzas por semana e tomar seis latas de cerveja de cada vez, mas aqui vai o truque: quando estiver treinando e se alimentando corretamente você vai *curtir* o estilo de vida saudável. Você vai sentir vontade de ir para a academia todo dia. Nunca se sentirá faminto, comerá alimentos que adora e não vai sofrer com desejos avassaladores.

Quando alcançar este sonho de consumo, você se sentirá melhor, terá uma aparência mais saudável do que em qualquer outro momento de sua vida e vai achar infinitamente mais prazeroso e valioso do que ficar gordo, preguiçoso e viciado em sorvete e batata frita.

Quando conseguir entrar nessa "zona", você pode fazer com seu corpo tudo o que quiser: os resultados são inevitáveis; é só uma questão de tempo.

Todavia, a maioria das pessoas nunca chega a esse ponto fantástico.

Por quê? Bom, a resposta mais prática a essa questão tem dois aspectos:

1) elas não têm força de vontade o bastante para chegar lá (ainda não conseguiram se entender direito) e 2) não têm as informações concretas necessárias para efetivamente fazer isso acontecer.

Neste capítulo, quero falar dos cinco mitos e erros mais comuns para "enxugar" o corpo. Assim como no caso das falácias, esses erros têm impregnado o ambiente de saúde e condicionamento físico e tornado as coisas péssimas para milhões de pessoas. Vamos nos livrar deles de uma vez por todas, para que eles deixem de atrapalhar sua jornada rumo a ter o corpo "sarado" com o qual você tanto sonha.

MITO E ERRO Nº 1:
É DESNECESSÁRIO CONTAR CALORIAS

Nem sei quantas pessoas aconselhei quando queriam perder peso, mas não queriam ter de contar calorias. Essa atitude é quase tão lógica quanto dizer que quer atravessar o país de carro, mas não quer ser obrigado a prestar atenção no tanque de combustível. É possível? Talvez. Mas será muito mais complicado e estressante do que precisaria ser.

Ora, não vou criticar essas pessoas porque elas costumam não ter noção do que seja uma caloria. Elas simplesmente não querem ter de ficar contando alguma coisa ou se preocupar com a "permissão" de comer isto ou aquilo, o que é compreensível. Eis a verdade, porém: você pode chamar isso de "contar" calorias, plano alimentar, ou qualquer outra coisa, se quer perder peso você tem de controlar o quanto come.

Entenda que o metabolismo é um sistema de energia, e portanto opera de acordo com as leis da energia. Para perder gordura, você tem de fazer o corpo queimar mais energia do que através da alimentação, e a energia potencial da comida é medida em calorias.

Talvez isso não seja novidade para você, mas eu quero rever rapidamente a fisiologia da perda de gordura apenas para o caso de você não estar convencido de que a perda de gordura se resume à matemática da energia consumida *versus* a energia queimada.

O princípio científico subjacente ao trabalho é o balanço energético, que se refere à quantidade de energia que você queima todos os dias *versus* a quantidade que você proporciona ao seu corpo através dos alimentos.

De acordo com as leis da física, fundamentais a este princípio, se você der ao seu corpo um pouco mais de energia do que ele queima todos os dias, uma parte desse excesso de energia será armazenada como gordura corporal e assim, pouco a pouco, você ganhará peso. Se você der ao seu corpo um pouco menos da energia que ele queima diariamente, ele terá de se valer das reservas de gordura para obter a energia adicional de que necessita, o que o deixará um pouco mais leve.

Acontece que a qualquer momento seu corpo pode vir a demandar certa quantidade de glicose no sangue para permanecer vivo. Este é o combustível vital que todas as células usam para funcionar e certos órgãos, como o cérebro, são verdadeiros devoradores de glicose.

Ao se alimentar, você fornece ao seu corpo uma quantidade relativamente grande de energia (calorias) em um curto período. Os níveis de glicose sobem muito acima do que é necessário para manter a vida e, em vez de descartar ou queimar todo o excesso de energia, uma parte é armazenada como gordura corporal para uso futuro.

Cientificamente falando, quando o seu corpo está absorvendo nutrientes ingeridos e armazenando gordura, ele se encontra no estado pós-prandial (pós refeições). Nesse estado "alimentado", o corpo se encontra em "modo de armazenamento de gordura".

Uma vez que o corpo tenha terminado de absorver a glicose e outros nutrientes dos alimentos (aminoácidos e ácidos graxos), ele entra, em seguida, no estado pós-absortivo ("depois da absorção"), em que deve recorrer às suas reservas de gordura para obter energia. Nesse estado de "jejum", o corpo se encontra em "modo de queima de gordura".

O corpo se alterna entre os estados "alimentado" e "jejum" todos os dias, armazenando gordura do alimento que você ingere e depois queimando-a assim que não há mais nada para usar a partir das refeições. Aqui está um gráfico simples que retrata esse ciclo:

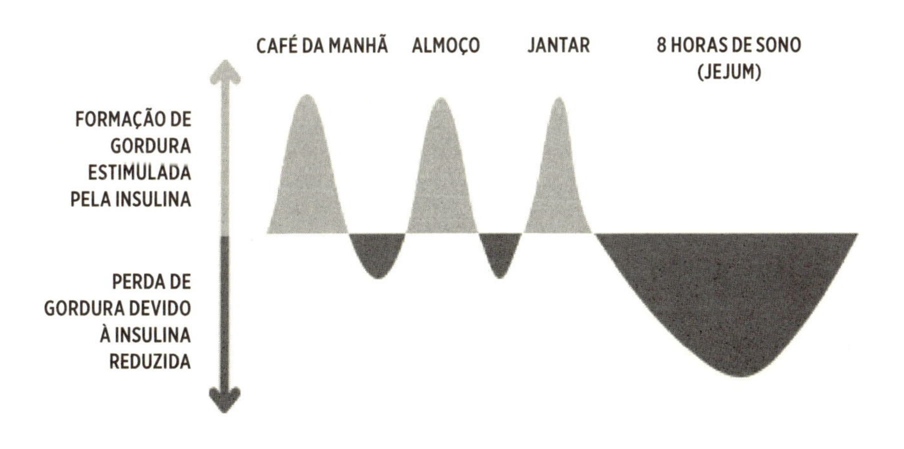

As partes mais claras se referem aos períodos em que seu corpo está com excesso de energia, porque você se alimentou. As partes mais escuras se referem aos períodos em que o corpo não tem a energia dos alimentos e, portanto, precisa queimar gordura para se manter vivo. Como você pode ver, nós queimamos um pouco de gordura quando dormimos.

Se as áreas mais claras e mais escuras se equilibram todos os dias — se você armazena tanta gordura quanto queima —, o seu peso permanece o mesmo. Se você armazena mais gordura do que queima (comendo em demasia), engorda. E se você queima mais gordura do que armazena, emagrece.

Este é o mecanismo fundamental subjacente ao armazenamento e perda de gordura e ele tem precedência sobre qualquer coisa relacionada à insulina ou a quaisquer outros hormônios ou funções fisiológicas.

Resumindo: você não poderá engordar a menos que alimente o seu corpo com mais energia do que ele queima; e você não poderá emagrecer a menos que o alimente com menos energia do que ele queima.

Ao contrário do que afirma (atualmente) a crença popular, não importa quantos carboidratos você come ou o quão alto os níveis de insulina são durante todo o dia. O balanço energético é a primeira lei da termodinâmica na atividade física: as reservas de gordura não podem aumentar sem o fornecimento de energia em excesso, nem podem ser reduzidas sem a restrição de energia.

É por isso que pesquisas demonstraram que, enquanto estiverem ingerindo menos energia do que estão queimando, as pessoas perderão gordura igualmente em dietas de alto consumo de carboidratos ou de baixo consumo de carboidratos.

O principal é que os tipos de alimentos que você come têm pouco a ver com perder ou ganhar peso. Nesse sentido, uma caloria é uma caloria. Isso não quer dizer, porém, que uma dieta rica em calorias e de baixa qualidade nutritiva o fará perder peso. O que você come não importa quando estamos falando em manter a composição corporal ideal. Mas você quer perder gordura, e não músculo, uma caloria não é apenas uma caloria; mas vamos falar mais sobre isso depois.

Então, voltemos à contagem de calorias. O que costuma incomodar mais as pessoas não é a contagem, mas tentar descobrir o que comer no corre-corre cotidiano ou o que comprar em suas idas apressadas ao supermercado. Quando têm um intervalo de meia hora para almoçar e correm até o restaurante mais próximo, elas não querem ficar analisando o cardápio para ficar contando calorias. As pessoas só querem pedir alguma coisa com cara saudável e torcer para que tudo dê certo.

Porém, nem imaginam que sua rápida refeição "saudável" tem centenas de calorias a mais do que deveriam comer. Se o mesmo acontecer no jantar, com alguns petiscos aleatórios aqui e acolá, você simplesmente terá comido demais para reduzir a sua massa total de gordura. E terá armazenado tanta ou mais gordura quanto queimou e seu peso permanecerá o mesmo ou aumentará.

Desse modo, o verdadeiro problema não está em contar calorias, mas em não seguir um plano de refeições que lhe permita comer alimentos que gosta, ao mesmo tempo assegurando que você queime mais gordura do que armazena ao longo do tempo.

Poderia parecer mais simples apenas aquecer um prato com o que sobrou da última refeição ou engolir um *fast-food* na hora do almoço e tocar o dia em frente, mas essa conveniência tem um custo: pouca ou nenhuma perda de peso.

MITO E ERRO Nº 2:
FAÇA EXERCÍCIO CARDIOVASCULAR E VOCÊ PERDERÁ GORDURA

Todos os dias eu vejo pessoas com excesso de peso usando aparelhos de exercícios aeróbicos. E semana após semana, essas pessoas continuam com a mesma aparência. Elas estão sob a influência da impressão errônea de que realizando preguiçosamente os movimentos de uma máquina elíptica ou de uma bicicleta ergométrica irão conseguir, como num passe de mágica, acionar no corpo o botão da perda instantânea de gordura. Bom, não é assim que a coisa funciona.

O treino cardiovascular pode aumentar a perda de gordura de duas maneiras: queimando calorias e acelerando a sua taxa metabólica; mas é só isso. E já que toquei no assunto, vamos falar um pouco sobre a "taxa metabólica".

Seu corpo queima determinado número de calorias independentemente de qualquer atividade física, isso é chamado de *taxa de metabolismo basal* (TMB). Seu gasto calórico total num dia é sua TMB mais a energia despendida em qualquer atividade física.

Quando se diz que seu metabolismo "acelerou" ou "desacelerou", isso significa que sua TMB subiu ou desceu, quer dizer, seu corpo está queimando mais ou menos calorias em repouso.

O treino cardiovascular, especialmente uma variedade que eu recomendo chamada treinamento intervalado de alta intensidade (HIIT), pode aumentar a sua taxa metabólica basal através do que é conhecido como "efeito *afterburn*". O significado desse termo pomposo, que costuma ser usado em jogadas de marketing para vender produtos questionáveis, é simples: o seu corpo continua queimando energia adicional depois do exercício.

Mas com a atividade aeróbica acontece isto: se você não comer de forma correta, aquela corrida ou aquela pedalada noturna não irão necessariamente salvar a sua pele.

Vamos dizer que você esteja tentando perder peso e que, sem saber, esteja comendo 600 calorias a mais do que seu corpo queima durante o dia. Você pode correr por 30 minutos à noite, o que queimará cerca de 300 calorias, com talvez mais 100 calorias queimadas do efeito *afterburn*. Porém, você ainda terá 200 calorias extras, o que significa que não há redução no total de reservas de gordura para o dia — e talvez haja até mesmo um aumento.

Você pode continuar fazendo isso mesmo durante anos e nunca emagrecer. Aliás, é provável que inclusive você aumente de peso aos poucos. Esta é a razão mais comum pela qual as pessoas simplesmente "não podem perder peso, não importa o que façam".

MITO E ERRO Nº 3:
SEGUIR A ÚLTIMA MODA

A dieta do Dr. Atkins. A dieta de South Beach. A dieta Paleo. A dieta HCG (esta realmente me deixa arrepiado). A dieta de Hollywood. A dieta do Tipo de Corpo. A impressão é que há uma novidade a cada um ou dois meses. Atualmente, nem consigo mais me manter atualizado.

Embora nem todas as "mais recentes e espetaculares" dietas sejam ruins (a propósito, a Paleo é desnecessariamente restritiva, mas bem saudável), a espetacular abundância de dietas da moda promovidas por atores de físico invejável está deixando as pessoas confusas quanto ao que é o "jeito certo" de perder peso (algo muito compreensível). O resultado é que muitas pessoas trocam de dieta o tempo todo, deixando de conseguir os resultados desejados. Além do mais, aceitam coisas bastante idiotas simplesmente porque não entendem a fisiologia do metabolismo e da perda de gordura como você. Ou não querem aceitar isso. Regras são regras e não há nome estiloso nem suplemento de óleo de víbora que possa servir para se livrar delas.

Como diz o velho ditado, a melhor dieta é aquela que se pode seguir. E, como você verá, uma proposta flexível e equilibrada de alimentação é de longe a mais agradável e, portanto, a mais eficaz. Depois de constatar isso por si mesmo, você descobrirá que muitas das dietas da moda que têm tomado de assalto as academias não passam de ideia de jerico.

MITO E ERRO Nº 4:
FAZER TONELADAS DE REPETIÇÕES DEIXARÁ VOCÊ TRINCADO

Muitos "gurus" recomendam que você siga uma rotina de exercícios com muitas repetições e pouco peso para trincar, mas esse é o oposto do que você deve fazer.

A realidade é: o momento em que você está em um déficit calórico é o momento em que o seu corpo está "preparado" para a perda de massa muscular; e ao se concentrar exclusivamente na resistência muscular (séries com muitas repetições), você estabelece para si mesmo uma rápida perda de força bem significativa, e muito provavelmente perda de massa muscular.

A chave para preservar força e músculo ao perder peso é levantar pesos pesados. O objetivo é continuar sobrecarregando os músculos progressivamente, o que garante que as taxas de síntese de proteínas permaneçam elevadas o suficiente para prevenir a perda muscular.

Também há a vantagem da perda de gordura nos levantamentos de peso pesado.

Um estudo publicado por cientistas desportivos gregos demonstrou que os homens que treinaram com pesos pesados (80% a 85% de 1RM - uma repetição máxima) aumentaram suas taxas metabólicas ao longo dos três dias seguintes, queimando centenas de calorias a mais do que os homens que treinaram com pesos mais leves (45% a 65% de 1RM).

Sim, centenas de calorias a mais. Isso é significativo.

E se você deseja realmente queimar calorias extras, concentre-se em levantamentos compostos, como o agachamento e o levantamento terra, porque esses são os levantamentos que queimam mais calorias pós-treino.

O fundamental para ficar com o corpo cada vez mais trincado é ter uma boa quantidade de músculo e um baixo índice de gordura corporal, e nada mais. Não existem exercícios especiais para "realçar os músculos", e esgotar os seus músculos com longas séries de repetições não produzirá nenhuma melhora de sua aparência geral.

MITO E ERRO Nº 5:
QUEIMAR GORDURA LOCALIZADA

Em quase toda revista de condicionamento físico você encontrará exercícios para obter uma barriga tanquinho, afinar as coxas, livrar-se dos pneus, e assim por diante.

Quem dera fosse assim tão simples.

Embora pesquisas mostrem que o treino muscular resulta no aumento dos níveis de fluxo sanguíneo e lipólise (a quebra das células de gordura em energia utilizável) na área, ele não ocorre em uma quantidade suficientemente grande para fazer diferença.

O fato é que treinar os músculos de uma determinada área de seu corpo queimará calorias e pode resultar em crescimento muscular, e ambas as coisas o ajudarão na perda de gordura, mas não queimam diretamente a gordura que recobre os músculos de modo significativo.

Entenda, a perda de gordura ocorre no corpo como um todo. Você cria o ambiente interno adequado de perda de peso (um déficit calórico) e seu organismo reduz os estoques de gordura em todo o corpo, com algumas áreas tendo redução mais rápida do que outras.

Você pode fazer quantas flexões quiser, mas nunca terá uma barriga tanquinho sem reduzir de forma adequada a sua porcentagem de gordura corporal total, e isso se dá muito mais em função da alimentação adequada que de qualquer outra coisa.

Ironicamente, se você quiser emagrecer em determinada área do corpo, treinar os músculos sem assegurar que também está reduzindo a sua porcentagem de gordura corporal só agravará o problema. Os músculos vão crescer, mas a camada de gordura permanecerá e o resultado na região será uma aparência grande e inflada.

Costumo ver isso acontecer com mulheres que começam a levantar peso sem cuidar ao mesmo tempo da porcentagem de gordura corporal. É por esse motivo que muitas mulheres creem que o levantamento de peso as tornou "volumosas". Ao se decidirem pelo levantamento de peso, elas tinham em mente obter uma aparência magra, tonificada e atlética e não arranjar ainda mais problemas para caber em suas roupas.

É por isso que repito tanto esta simples regra de ouro: quanto mais músculos você construir, mais magro você terá que ser para evitar uma aparência grande e volumosa. Uma mulher que vem construindo uma quantidade apreciável de músculo (um ano ou mais de academia) deve se manter com uma porcentagem igual ou inferior a 20% de gordura corporal para manter a aparência "atlética" de braços tonificados, barriga chapada, pernas bem torneadas, bumbum durinho etc. Nós, homens, precisamos ficar em 10% ou menos para manter a aparência com que geralmente estamos após os exercícios: músculos abdominais totalmente visíveis, cintura pequena, vascularização, músculos densos etc.

Agora, todos nós temos os "pontos de gordura" que nos afligem, e devo dizer: trata-se apenas de genética. Conheço alguns caras que armazenam cada grama nos quadris, ao passo que outros sortudos acumulam mais gordura no peito, nos ombros e braços do que na cintura.

Tenha certeza, porém, de que você pode perder toda a gordura que quiser no corpo todo e ficar tão trincado quanto deseja; basta que seja paciente e deixe seu corpo seguir o caminho para o qual foi programado.

O FUNDAMENTAL

Assim como no aumento da massa muscular, muita gente tenta perder gordura a partir de conceitos totalmente equivocados e, com isso, não alcançam sua meta de peso. Porém, assim como no caso do crescimento da musculatura, as leis da perda de gordura são, na realidade, muito simples e incrivelmente eficientes. Siga em frente com a leitura e fique a par dessas leis e de como fazer com que funcionem a seu favor.

RESUMO DO CAPÍTULO

- O princípio do equilíbrio de energia está atrelado a toda perda e a todo ganho de peso. Os tipos de alimentos que você come têm pouco a ver com perder ou ganhar peso.
- No entanto, o que você come faz diferença em termos de composição corporal. Se você quer perder gordura e não músculo, deve escolher que calorias consumir.
- Seu corpo alterna entre os estados "alimentado" e "jejum" todos os dias, armazenando gordura do alimento que você come e depois queimando-a uma vez que não há mais nada para usar das refeições.
- Se você armazena tanta gordura quanto queima todos os dias, o seu peso permanece o mesmo. Se você armazena mais gordura do que queima (pelo excesso de alimentação), você engorda. E se você queima mais gordura do que armazena, você emagrece.
- Fazer um monte de exercícios cardiovasculares não é suficiente para levar ao emagrecimento. Você simplesmente não pode ignorar a importância de uma boa alimentação.
- A melhor dieta é aquela que você pode seguir. É por isso que uma proposta flexível de alimentação é a única que funciona em longo prazo.
- A chave para preservar força e músculo ao perder peso é levantar cargas pesadas.
- Treinar os músculos de uma determinada área de seu corpo queima calorias e pode resultar em crescimento muscular, e ambas as coisas certamente o ajudarão na perda de gordura, mas não queimam diretamente a gordura que recobre os músculos de modo significativo.

8

As 4 leis científicas da perda saudável de gordura

Para mim, a vida é um contínuo estado de fome. O sentido da vida não é simplesmente existir, sobreviver, mas sim seguir em frente, subir, alcançar, conquistar.

— ARNOLD SCHWARZENEGGER

A EVOLUÇÃO NOS ensinou que ter um corpo gordo significa ser capaz de sobreviver quando houver escassez de alimentos. Há muitos milhares de anos, quando nossos ancestrais perambulavam pelas matas e pelos campos, às vezes eles ficavam dias seguidos sem obter alimento e, com isso, o corpo deles sobrevivia da gordura acumulada.

Quase mortos de fome, finalmente abatiam um animal e se fartavam; então o corpo sabia que devia se preparar para a próxima crise de falta de comida armazenando gordura. Ter gordura era literalmente uma questão de vida ou morte.

Essa programação genética ainda existe em nós. Se você submeter seu corpo a um programa de privação de alimentos, ele queimará gordura para se manter vivo, mas também diminuirá a taxa metabólica para preservar energia.

Se você restringir suas calorias muito severamente ou durante muito tempo, essa baixa regulação metabólica, ou "adaptação metabólica", como muitas vezes é chamada, pode vir a se tornar muito intensa e a taxa metabólica basal poderá descer a níveis surpreendentemente baixos.

Esse mecanismo é o motivo de "a contagem de calorias" parecer não funcionar para algumas pessoas. Não tem nada a ver com problemas hormonais, comer muitos carboidratos ou qualquer coisa que não seja o fato de que parte da energia excluída da equação fica comprometida. Seus corpos não estão queimando tanta energia quanto deveriam.

Porém, este é apenas o início dos problemas com a abordagem "*radical*" de fazer dieta, na qual o indivíduo tem graves déficits calóricos contínuos por longos períodos:

- Você perde muita massa múscular, o que não só o deixa com a temida aparência de falso magro como também prejudica a saúde dos ossos e aumenta o risco global de doenças.
- Seus níveis de testosterona despencam e os níveis de cortisol atingem níveis estratosféricos, o que não só faz com que você se sinta mal, desanimado, mas também acelera a perda de massa muscular.
- Seus níveis de energia caem em queda livre, dia após dia você luta com os desejos por comida e pode chegar, até mesmo, a ficar deprimido.

Felizmente, você pode corrigir a adaptação metabólica e todos os demais efeitos negativos da dieta de baixa caloria aumentando lentamente a ingestão de alimentos ao longo do tempo, e assim trazer a sua taxa metabólica basal de volta a um nível saudável.

Mas o verdadeiro objetivo é evitar que isso ocorra e é onde vamos nos concentrar neste capítulo: nas leis da perda saudável de gordura, que, quando seguidas, permitem a redução de peso consistente sem grande desaceleração metabólica ou perda muscular.

PRIMEIRA LEI DA PERDA SAUDÁVEL DE GORDURA: **COMER MENOS DO QUE VOCÊ GASTA PARA PERDER PESO**

A perda de gordura é apenas uma questão de números, assim como ganhar musculatura. Não importa o que as pessoas lhe digam: chegar a um corpo enxuto se resume a nada mais do que lidar com uma fórmula matemática simples: energia consumida x energia despendida.

Ao contrário do que se diz por aí, o que você come não importa. Se o seu metabolismo é saudável e você definir a sua ingestão de calorias corretamente — e mantiver um déficit calórico moderado ingerindo menos energia do que você queima — certamente irá perder peso.

Não acredita em mim?

O professor Mark Haub, da Universidade Estadual do Kansas, realizou um estudo de perda de peso com ele mesmo, em 2010. Quando começou a pesquisa, ele pesava 95 kg e estava com 33,4% de gordura corporal (excesso de peso). Ele calculou que precisaria comer em torno de 1.800 calorias por dia para perder peso sem passar fome.

Durante dois meses, ele seguiu esse protocolo e perdeu quase 12 kg, mas aqui está a grande surpresa: embora ele tomasse um *shake* de proteína e comesse duas porções de legumes todos os dias, dois terços de suas calorias diárias foram fornecidos por docinhos e biscoitos como Twinkies, Little Debbies, Doritos, cereal com açúcar e Oreos — ou seja, uma "dieta de loja de conveniência", como ele mesmo dizia. E ele não apenas perdeu peso como seu colesterol "ruim", o LDL, diminuiu 20%, e seu colesterol bom, o HDL, aumentou 20%.

Bom, Haub não recomenda sua dieta, claro, mas fez isso para provar um ponto. Quando se trata de perder gordura, as calorias é que mandam.

Isso não é novidade para o estudo científico da perda de peso e equilíbrio energético. As pesquisas sobre o metabolismo do gasto calórico humano remontam a quase um século e, agora, toda a fisiologia é totalmente compreendida.

Uma fantástica análise sobre o assunto pode ser encontrada em um artigo publicado por pesquisadores da Universidade de Lausanne (Suíça).

Como você já sabe, o caminho para a perda saudável de gordura não é cortar drasticamente suas calorias e passar fome. Isso só o levará à perda de massa muscular, ao abrandamento do metabolismo e outros efeitos indesejáveis, o que será demais para você. E então, quando não puder aguentar mais, é quase certo que você vá para o extremo oposto, aumentando de forma drástica a ingestão de calorias por comer compulsivamente tudo o que encontra pela frente durante dias ou semanas — e lá estará você de volta ao ponto de partida.

Na verdade, você pode acabar ainda pior. Esse ciclo vicioso deu provas de resultar no rápido armazenamento de gordura, muitas vezes para além dos níveis de gordura do corpo pré-dieta. Ou seja, as pessoas acabam mais gordas do que estavam antes.

O principal é: para perder peso de forma eficaz você terá de ficar de olho nas suas calorias. Terá de ser disciplinado e renunciar aos lanches e guloseimas não estabelecidos em seus planos alimentares. E provavelmente vai ter de lidar com alguma fome agora e depois.

Porém, se fizer tudo direito, poderá obter um corpo absolutamente definido sem perder massa muscular... ou até mesmo ganhando músculo (sim, isso pode ser feito; falaremos mais em seguida).

SEGUNDA LEI DA PERDA SAUDÁVEL DE GORDURA: FAZER USO DE MACRONUTRIENTES ADEQUADOS PARA OTIMIZAR A COMPOSIÇÃO DO SEU CORPO

Como mencionei anteriormente, enquanto "uma caloria é uma caloria" quando o objetivo é tão só a perda de peso, essa premissa deixa de valer quando se trata de otimizar a composição corporal. O que você come não importa muito se você deseja apenas ver o número decrescer na balança, mas importa muito se pretende perder apenas gordura, e não músculo também.

Se você comer pouca proteína, por conta da restrição de calorias para perda de peso, perderá mais músculo do que perderia se tivesse comido uma quantidade adequada.

Se você comer muito pouco carboidrato, enquanto em uma dieta calórica, o seu treino será prejudicado, assim como a sua recuperação muscular.

Se você ingerir pouca gordura na dieta (lipídios), poderá experimentar uma queda significativa nos níveis de testosterona e outros efeitos adversos.

Como você pode ver, se quiser que o seu regime de perda de peso seja realmente eficaz, deverá restringir as calorias, mas também comer bastante proteína e carboidratos para preservar a massa muscular e o desempenho nos treinos, e gordura na alimentação suficiente para manter os hormônios em níveis saudáveis e beneficiar a saúde como um todo. Gorduras alimentares adequadas são necessárias para manter pele e cabelo saudáveis, proteger o organismo contra ataques, regular a temperatura corporal e promover o funcionamento saudável das células.

Pode parecer complicado, mas não é. Na verdade, esta deve ser a maneira mais simples de fazer dieta e você aprenderá sobre isso mais adiante.

TERCEIRA LEI DA PERDA SAUDÁVEL DE GORDURA: COMER DE ACORDO COM UMA AGENDA ALIMENTAR QUE FUNCIONE BEM PARA VOCÊ

A recomendação mais comum a respeito de planejamento alimentar é comer várias pequenas refeições por dia, e a razão dada costuma ser que ao comer assim você acelera o seu metabolismo, o que o ajuda a perder peso mais rápido.

Num primeiro momento, parece fazer sentido. Se o corpo é alimentado a cada poucas horas, ele terá de se manter em trabalho constante para digerir o alimento; o que deve acelerar o metabolismo, certo?

Bem, só que... isso não ajuda na perda de peso.

Veja, cada tipo de macronutriente (proteínas, carboidratos e lipídios) requer diferentes quantidades de energia para quebrar e processar. Isso é conhecido como o *efeito térmico dos alimentos*, e é o impulso metabólico que vem com a comida.

A intensidade e duração do impulso dependem da quantidade que você ingere. Uma pequena refeição provoca um pequeno pico metabólico que não dura muito tempo, ao passo que uma grande refeição produz um pico maior, que leva mais tempo.

Portanto, a questão é: fazer um número maior de pequenas refeições por dia aumenta mais o gasto energético total num período de 24 horas do que fazer poucas refeições maiores?

Bem, em uma extensa revisão da literatura, cientistas do Instituto Nacional de Saúde e Pesquisa Médica francês analisaram dezenas de estudos que comparam o efeito térmico dos alimentos em uma ampla variedade de padrões alimentares, que vão de 1 a 17 refeições por dia.

Em termos de 24 horas de gasto energético, não foi encontrada nenhuma diferença entre mordiscar e comer muito. Pequenas refeições causaram pequenos e curtos impulsos metabólicos e grandes refeições causaram maiores e mais longos impulsos. Ao final de cada dia, elas se igualaram em termos do total de calorias queimadas.

Outro estudo de perda de peso conduzido por pesquisadores da Universidade de Ontário dividiu indivíduos em dois grupos de dieta alimentar: o primeiro grupo com três refeições por dia e o outro, com três refeições mais três lanches por dia; ambos os grupos com restrição calórica para perda de peso. Após oito semanas, 16 participantes completaram o estudo, sem que os pesquisadores encontrassem alguma diferença significativa na perda média de peso, perda de gordura ou perda de massa muscular.

Portanto, comer uma maior quantidade de pequenas refeições não ajuda nem dificulta diretamente a perda de gordura. E sobre o apetite? Ele pode ajudar nisso?

Um estudo realizado por cientistas da Universidade de Missouri com 27 homens com excesso de peso/obesidade concluiu que, após 12 semanas de dieta para perda de peso, aumentar a ingestão de proteína melhorou o controle do apetite, mas a frequência das refeições (três ou seis refeições por dia) não produziu nenhuma diferença entre os grupos.

Pesquisadores da Universidade de Kansas investigaram os efeitos da frequência das refeições e ingestão de proteína sobre o apetite percebido, a saciedade e as respostas hormonais em 15 homens com sobrepeso/obesidade. Eles concluíram que a ingestão mais elevada de proteína levou à maior sensação de saciedade e que comer seis refeições resultou em menor plenitude diária do que três refeições.

Por outro lado, você poderá encontrar estudos cujos participantes se sentiram menos saciados com três refeições por dia e, ao terem aumentada a frequência das refeições, experimentaram melhora em sua sensação de plenitude, o que tornou mais fácil para eles se manter em suas dietas.

É importante dizer que muitas variáveis estão envolvidas na questão do apetite, incluindo as psicológicas.

É por isso que a evidência clínica indica que tanto refeições a mais quanto a menos por dia são eficazes para a perda de peso e não há desvantagens inerentes ou vantagens em termos de taxa metabólica e controle do apetite. Cada pessoa deve buscar o que melhor funciona para si.

Vamos agora falar sobre um fantasma que assusta muita gente em todos os lugares: comer tarde da noite.

Por alguma razão, muita gente acredita que comer muito no final do dia irá acelerar o armazenamento de gordura, de modo que evita fazer isso a todo custo, preferindo passar fome por horas é mais eficiente que substituir refeições para melhor atender seus padrões de fome.

Bem, como você já sabe, a perda e o ganho de gordura dependem inteiramente do equilíbrio energético e nada têm a ver com o momento da refeição. Isso significa que você pode começar a comer tão tarde quanto quiser. Não se trata de mera teoria — vários estudos científicos comprovam isso.

Por exemplo, um estudo realizado por pesquisadores da Universidade de Chieti, na Itália, mostrou que a ingestão de calorias na parte da manhã ou à noite não afetou a perda de peso ou os parâmetros de composição corporal.

Um estudo realizado por pesquisadores da Universidade Vanderbilt mostra resultados interessantes: indivíduos que normalmente tomavam café da manhã perderam mais peso ao pulá-lo e comer a maioria das calorias no jantar, enquanto indivíduos que normalmente pulavam o café da manhã perderam mais peso passando a comer pela manhã todos os dias. Os pesquisadores atribuem esses resultados a maiores níveis de saciedade e, assim, um melhor cumprimento da dieta.

Outro estudo sobre o assunto, desta vez de pesquisadores da Universidade de São Paulo, no Brasil, mostrou que a divisão da ingestão de calorias em cinco refeições iguais por dia, consumidas entre as 9 da manhã e as 8 da noite; num segundo grupo, com a ingestão de todas as calorias na parte da manhã, e um terceiro, com a ingestão de todas as calorias à noite, não afetou os parâmetros de perda de peso ou composição corporal.

Eu testei essa pesquisa muitas vezes, tanto em meu próprio planejamento de refeições como com pessoas que eu ajudo e com quem trabalho, às vezes acumulando grandes porções de nossas calorias diárias para jantares tarde da noite, por necessidade ou por escolha.

Confirmando as pesquisas, isso não fez diferença em nossos resultados. Contanto que você se mantenha fiel a seus números diários, seu corpo vai responder como deveria.

Já que estamos falando de comer tarde, minha recomendação é que você coma uma proteína de digestão lenta, como ovo ou caseína (em pó ou de alguma fonte de alimento integral, como o queijo cottage de baixo teor de gordura), 30 minutos antes de ir para a cama, uma vez que pesquisas têm demonstrado que fazer isso melhora a recuperação muscular devido ao aumento da disponibilidade de aminoácidos para reparação enquanto você dorme.

Assim, para encurtar a história, você não precisa ser escravo de um rígido cronograma de refeições. Coma com maior ou menor frequência de acordo com a sua preferência, porque o *quando* você come tem pouca influência sobre a sua capacidade para perder gordura. Use seu tempo de refeição como uma ferramenta para tornar a sua alimentação o mais agradável e conveniente possível. Dessa forma, você poderá manter a sua dieta; que, no final, é o que importa.

Agora, se você está se perguntando por onde começar, se com mais ou com menos refeições diárias, minha recomendação é que você coma várias (de quatro a seis) pequenas refeições por dia.

De acordo com a minha experiência treinando milhares de pessoas, posso afirmar que a maioria prefere comer mais vezes pequenas refeições do que menos vezes grandes refeições. Eu não gosto de comer entre 800 e 1.000 calorias para depois me sentir enfastiado por várias horas. Prefiro uma refeição de 400 calorias que me deixa satisfeito por algumas horas, seguida por outra refeição menor com comida diferente.

Se você já sabe que não quer ou não pode comer frequentemente, não se preocupe. Faça o que funcionar melhor para você.

QUARTA LEI DA PERDA SAUDÁVEL DE GORDURA:
USO DE EXERCÍCIOS PARA PRESERVAR A MUSCULATURA E ACELERAR A PERDA DE GORDURA

Você pode perder peso através da restrição de calorias sem exercícios, mas a adição de exercícios, tanto de resistência como treinamento cardiovascular, proporciona alguns dos principais benefícios.

A adição de treinamento de resistência para um déficit calórico preserva músculo e taxa metabólica basal (TMB) e fornece um substancial efeito *de queima de calorias pós-treino*. A adição do treinamento cardiovascular queima mais energia e, portanto, mais gordura.

Na minha opinião, a restrição de calorias para perda de peso sem que ao mesmo tempo se faça alguma forma de treinamento de resistência para preservar o músculo é precisamente um erro. Isso resultará em perda de massa muscular, ainda que leve, o que não só não é bom para a aparência como também é ruim para a saúde.

O treinamento aeróbico é negociável. Não há nada de intrinsecamente insalubre ou ruim em não incluí-lo em seu regime de perda de peso, mas eu vou lhe dizer uma coisa: você só conseguirá chegar longe, única e exclusivamente, com dieta e treinamento de resistência.

Se você pretende ficar abaixo de 10% de gordura corporal, eu posso praticamente garantir que precisará incluir alguns treinamentos cardiovasculares em sua rotina de exercícios para chegar lá. Felizmente, no entanto, você não terá que fazer tanto quanto a maioria imagina.

O FUNDAMENTAL

A perda saudável de gordura depende tão só destas quatro leis. Drogas e cirurgias invasivas à parte, todo e qualquer método de perda de peso viável conta com as quatro regras simples que você acabou de aprender para alcançar resultados.

Claro, você pode começar a elaborar e contar "pontos" em vez de calorias, restringir tanto as suas escolhas alimentares que você simplesmente não conseguiria comer demais daqueles mesmos pratos, experimentar todos os tipos de receitas de baixas calorias criativas, usar truques para aumentar a saciedade e reduzir a fome e assim por diante — mas, no final, essas leis continuarão trabalhando a favor ou contra você e irão determinar se você perderá peso.

RESUMO DO CAPÍTULO

- Quando você restringe suas calorias para fins de perda de gordura, seu corpo reduz suas reservas totais de gordura para se manter vivo, mas também diminui a sua taxa metabólica basal para economizar energia.
- Uma caloria não é uma caloria quando se trata de otimizar a composição corporal. Se você quiser que o seu regime de perda de peso seja mais

eficaz, deverá comer bastantes proteínas e carboidratos, de modo a preservar músculos e o desempenho, e consumir lipídios o suficiente, a fim de manter a saúde geral.

- Aumentar ou diminuir a frequência das refeições não ajuda nem dificulta a perda de peso ou o crescimento muscular. Crie uma programação que funcione melhor para você.
- Comer à noite não ajuda nem dificulta a perda de peso ou o crescimento muscular.
- Comer uma proteína de digestão lenta, como ovo ou caseína (em pó ou de uma fonte de alimento integral, como queijo cottage com baixo teor de gordura), 30 minutos antes de ir para a cama melhora a recuperação muscular.
- A adição de treinamento de resistência para um déficit calórico preserva o músculo e a taxa metabólica basal (TMB) e fornece um substancial efeito *afterburn*, de queima de massa gorda pós-treino.
- A adição do treinamento cardiovascular queima mais energia e, portanto, mais gordura.

PARTE II

JOGO INTERNO

9

O jogo interno para ficar em forma

Disciplina é fazer o que você odeia fazer como se estivesse adorando.

— MIKE TYSON

HÁ ALGO MÍSTICO EM TORNO dos primeiros três meses de treinamento físico: é nesse momento que muita gente para de ir à academia. Ao longo dos anos, vi dezenas e dezenas de pessoas praticarem durante três ou quatro meses e, por alguma razão, desaparecerem depois disso. Algumas ficaram doentes e nunca mais voltaram. Outras decidiram parar uma semana e acabaram transformando o intervalo em pausa permanente. Houve também os preguiçosos de carteirinha que começaram a dar desculpas de por que não se importavam mais em entrar em forma.

Praticamente todos esses que desistiram tinham um ponto em comum: não estavam satisfeitos com os ganhos e, sem obter resultados visíveis por seu esforço, é compreensível que tenham perdido a motivação. Felizmente, no seu caso, você não terá esse problema. Se seguir exatamente o que aprender neste livro, obterá ganhos incríveis e se sentirá mais motivado do que está agora.

Antes de entrarmos nos elementos práticos e concretos de treinos e dieta, porém, quero que você saiba que existem dois aspectos igualmente importantes para se alcançar o corpo dos seus sonhos. Eu os chamo de "jogos externos" e "jogos internos" do treino.

O jogo externo tem a ver com as variáveis físicas: quanto peso levantar, como comer, como descansar, esse tipo de coisa. É sobre elas que a maioria dos instrutores, dos livros e das revistas, concentra suas atenções. Mas o jogo interno é o lado menos comentado do treino e, se você não estiver com esse aspecto bem resolvido, estará aberto a vários tropeços.

Naturalmente, o jogo interno é o lado mental de obter e manter a boa forma e é ele que realmente distingue o corpo sensacional do corpo medíocre. Construir um físico espetacular não é uma questão de pegar carona em qualquer último programa que entre em moda e ocupe a mídia durante alguns meses. É uma questão de adotar uma abordagem disciplinada e organizada de acordo com a maneira como você lida com seu corpo, e isso, para muita gente, envolve uma extensa mudança em seu estilo de vida.

Bom, as maiores barreiras mentais deste jogo são *falta de motivação* e *falta de disciplina*; a maioria das pessoas terá que lutar com elas em algum momento e, geralmente, mais cedo do que mais tarde. A princípio, as pessoas começam cheias de determinação e interesse e, em poucas semanas, a dedicação começa a vacilar. Aquele novo programa de TV é bem na hora da academia... Uma hora a mais de sono realmente faria muita diferença... Uns dias de intervalo não são nada de mais... Outra refeição só com "comida de mentira" não vai fazer um estrago assim tão grande...

Bom, são essas as coisas que empurram você ladeira abaixo, que impedem até mesmo os menores resultados possíveis e acabam levando você a parar, e pronto. Vi isso acontecer inúmeras vezes. Embora seja verdade que algumas pessoas são naturalmente mais disciplinadas do que outras, qualquer um pode usar os truques simples que vou ensinar nos próximos dois capítulos para se preparar mentalmente para vencer e se manter em curso, mesmo quando perceber a tentação de se desviar.

10

Como se tornar seu próprio mestre. A ciência da força de vontade e do autocontrole

Gostaria de ter um grande império? Governe a si mesmo.

— PUBLILIUS SYRUS

DE ACORDO COM UMA PESQUISA realizada em 2010 pela Associação Americana de Psicologia, a falta de força de vontade é o obstáculo número um enfrentado pelas pessoas na realização de seus objetivos. Muitas se sentem culpadas por sua falta de autocontrole, como se estivessem decepcionando a si mesmas e aos outros e, em grande parte, sentem que não conseguem controlar suas vidas. Elas relatam sentir que suas ações são ditadas pelas emoções, pelos impulsos e desejos e que exercer autodisciplina, em última análise, só leva à exaustão.

E o que acontece com aqueles cujos níveis de força de vontade são mais altos? Bem, eles se saem melhor nos estudos, ganham mais dinheiro, tornam-se líderes melhores e são mais felizes, mais saudáveis e menos estressados. Eles têm melhores relacionamentos sociais e românticos (embora talvez não o revelem) e vivem mais. O mais importante é: não importam as circunstâncias, mais força de vontade ganha de menos força de vontade.

Todos nós temos desafios de força de vontade para enfrentar, não importa em que setor. Alguns são de natureza biológica — o desejo de comer alimentos açucarados e gordurosos que nossos cérebros reconhecem como vitais para a nossa sobrevivência —, outros são mais pessoais. O que um acha tentador, outro pode achar repulsivo. Os vícios alimentares de um podem ser tão atraentes para outros como comida de avião.

Quaisquer que sejam as particularidades, as maquinações são as mesmas. Sua desculpa para não ir à academia — de novo — é bastante semelhante à justificativa do viciado em comida para comer compulsivamente... pelo terceiro dia consecutivo. Do mesmo jeito, você dizer a si mesmo que adiar esse trabalho importante por apenas mais um dia é igual ao viciado aliviando a culpa por ceder ao impulso por um cigarro.

A ciência é clara: a luta interna por autodisciplina é inerente ao ser humano. No entanto, por que é um fardo tão pesado para algumas pessoas? Por que elas desistem tão fácil de suas metas e por que se entregam tão alegremente a tantos comportamentos de autossabotagem? E o que pode ser feito a esse respeito? Como elas podem adquirir controle sobre si mesmas e sobre suas vidas?

Sem dúvida, estas são todas boas perguntas. E, como eu definitivamente não tenho todas as respostas, compartilharei com você as pesquisas e os *insights* que me ajudaram a compreender o instinto animal e como domá-lo.

Como você verá, a autoconsciência que adquirimos com uma compreensão mais profunda do que nos motiva é incrivelmente empoderadora. Ao compreender melhor o que nos torna propensos a perder o controle, podemos habilmente gerir as nossas "reservas de força de vontade" e evitar as armadilhas que as drenam.

Sendo assim, vamos dar início à nossa pequena viagem com um conceito simples: uma definição clara do que a força de vontade de fato é.

"EU VOU", "EU NÃO VOU" E "EU QUERO"

O que queremos dizer ao afirmar que alguém tem ou não tem força de vontade?

Estamos em geral referindo-nos a sua capacidade ou incapacidade de dizer "não". Ele deveria estudar para a prova, mas em vez disso aceitou o convite para o cinema. Ela quer muito perder 5kg, mas simplesmente não conseguiu resistir ao bolo de chocolate. Essas pessoas têm dificuldade para dizer "não".

Mas há mais dois outros aspectos da força de vontade: "eu vou" e "eu quero".

"Eu vou" é o outro lado da moeda do "eu não vou". É a capacidade de fazer algo quando você não quer, como pegar pesado no treino quando você está cansado, pagar a conta em atraso ou ralar num projeto de trabalho até tarde da noite.

"Eu quero" é a capacidade de lembrar o motivo quando surge a tentação — o objetivo em longo prazo é algo que você realmente quer mais do que o *fast-food* ou comprar no cartão de crédito.

Torne-se o mestre da sua vontade e você se tornará o mestre do seu destino. A procrastinação poderá ser vencida. Seus piores hábitos poderão ser desmantelados e substituídos. Bafejos de tentação perderão o poder sobre você.

Todavia, não pense que essas habilidades se desenvolverão facilmente. "Reprogramar-se" em favor de escolhas mais difíceis causa desconforto. De início, você poderá achar até mesmo opressivo e se verá atraído de volta à sua zona de conforto. Mantenha o curso, no entanto, e as peças começarão a se encaixar. A partir daí, você achará cada vez mais fácil dizer "não" às distrações e "sim" àquilo que você precisa fazer, sem ficar em frangalhos.

Então, agora que estabelecemos no que a força de vontade consiste e quais são os desafios, vamos passar para a fisiologia do desejo e o motivo pelo qual às vezes pode ser tão difícil resistir.

SEU CÉREBRO EM DOPAMINA:
POR QUE A IDEIA DE CONCEDER É TÃO BOA?

Um verdadeiro desafio de força de vontade não é um simples pensamento do tipo "não seria legal se...?" que desaparece tão rápido quanto surge. É mais como uma batalha interior entre o bem e o mal — virtude e pecado, yin e yang — que a tudo consome em fúria e você *sente* isso fisicamente.

O que está acontecendo?

Bem, fisiologicamente falando, trata-se do seu cérebro trabalhando no modo promessa de recompensa. Quando você avista um cheesebúrguer, uma substância química chamada *dopamina* jorra pelo seu cérebro. De repente, tudo o que importa na vida é uma deliciosa pilha gordurosa de carne, queijo e pão. A dopamina diz a seu cérebro que você deve consumir esse sanduíche agora, a todo custo, ou sofrer as horripilantes consequências.

Para piorar tudo, o seu cérebro está agora antecipando o pico iminente de insulina e energia, então ele começa a diminuir seus níveis de açúcar no sangue — o que, por sua vez, faz você desejar o cheesebúrguer ainda mais. E quando se dá conta, lá está você na fila, esperando ansiosamente a sua vez de pedir o seu.

É deste modo que funciona: assim que você detecta uma oportunidade de obter uma recompensa, seu cérebro libera dopamina para lhe dizer que esse fato é a maravilha pela qual você estava procurando. Ela canta a doce canção da gratificação imediata e minimiza qualquer conversa sobre consequências em longo prazo.

No entanto, a função dessa substância química não é nos fazer sentir felizes e contentes — o papel dela é nos incitar à ação e ela faz isso nos estimulando, aguçando nosso foco e acelerando o nosso movimento para que ajamos para alcançar o prêmio. Essa é a sua cenoura pendurada na ponta de uma vara. E a vara é a liberação da dopamina, pois ela também provoca a liberação de hormônios do estresse que nos fazem sentir ansiosos. É por isso que quanto mais pensamos na recompensa que desejamos obter, mais importante ela se torna para nós. E mais pensamos que temos de obtê-lo *agora*.

Nós não nos damos conta, porém, de que o estresse que sentimos *não é causado* por não termos o bolo de chocolate, aquele par de sapatos ou a medalha de campeão — ele é causado pelo próprio desejo. O desejo é a ferramenta emocional da dopamina para se certificar de que obedeceremos aos seus comandos.

Seu cérebro não dá a mínima para o panorama completo. Para ele, tanto faz se você ficará feliz ou não 13kg mais pesado ou mil dólares mais pobre. Sua função é identificar promessas de prazer e sinais de alerta, mesmo que persegui-los implique comportamentos de risco caóticos e cause mais problemas do que eles valem.

Ironicamente, as recompensas finais que buscamos podem nos frustrar todas as vezes, mas a possibilidade de ganhar a recompensa e a ansiedade da busca pode nos manter viciados, até mesmo ao ponto da obsessão. E é por isso que, apenas alguns dias depois, talvez estejamos nos sentindo superculpados por uma falha de força de vontade, o que provavelmente nos levará a níveis de ansiedade catastróficos: e lá estamos nós de novo, entupindo as artérias com toda espécie de porcaria, acumulando mais dívidas no cartão de crédito ou deixando a vida passar diante da tela do computador jogando jogos *on-line*.

Qualquer coisa que possa trazer impulsos de prazer põe esse sistema de busca de recompensa em marcha: o cheiro do cheesebúrguer, as vendas da *Black Friday*, a piscada da garota bonita ou o anúncio do estimulante de testosterona. Uma vez que a dopamina domina seu cérebro, obter o objeto de desejo ou realizar a ação que a disparou pode se tornar uma questão de "vida ou morte".

Portanto, não é nenhuma surpresa que comer, cheirar ou simplesmente ver alimentos ricos em calorias e açúcar nos desperta uma voracidade insana. Houve uma época em que um apetite insaciável era vital para a sobrevivência. Após vários dias de jejum, nosso bom ancestral finalmente matava um animal — conclusão: é melhor devorar um enorme número de calorias para ganhar a gordura corporal necessária para se manter vivo até o próximo banquete. Entretanto, isso foi naquele tempo. Hoje o instinto é mais uma possibilidade do que uma apólice de seguro de vida, mas ele ainda está lá, pronto para nos persuadir a nos tornar mais e mais gordos.

Porém, os problemas com a dopamina não terminam aqui. Pesquisas comprovam que a liberação de dopamina desencadeada por uma promessa de recompensa pode nos tornar passíveis de perseguir outras promessas de recompensa. Olhe para fotos de mulheres nuas e você estará mais propenso a tomar decisões financeiras arriscadas. Sonhe ficar rico e a comida poderá ficar ainda mais apetitosa.

Isso é especialmente problemático no atual mundo moderno, que em muitos aspectos é, literalmente, projetado para nos manter sempre querendo mais. Indústrias de alimentos sabem quanto sal, açúcar e gordura devem incluir em seus produtos para nos pescar e também que uma variedade interminável de novos sabores e opções nos impede de nos tornar "insensíveis" às suas promessas de recompensa. Fabricantes de *videogames* se esmeram num cuidado artesanal para criar experiências que podem elevar a dopamina a níveis semelhantes aos da anfetamina, o que explica uma grande parte do comportamento obsessivo-compulsivo associado aos jogos. Compras *on-line*, estimulação sexual constante em todas as formas de mídia, Facebook e até mesmo os aromas aspergidos em lojas, hotéis, restaurantes, redes de *fast-food* e sorveterias — todos eles gritam para o cérebro: "Eis aqui uma recompensa!". E como ele está nadando em dopamina, mais cedo ou mais tarde nós sucumbimos.

Ao considerarmos o quanto nossos neurônios dopaminérgicos são superatingidos e superestimulados, podemos compreender como um indivíduo comum pode ser um procrastinador com sobrepeso viciado em sorvete, *videogames*, programas de televisão e mídias sociais — e que é necessária uma mudança muito drástica no comportamento para conseguir escapar dessas armadilhas.

Se desejamos nos sair bem neste novo mundo, devemos aprender a distinguir entre as falsas, dispersivas e viciantes "recompensas" para as quais somos atraídos todos os dias, em todos os lugares a que vamos, e as reais recompensas, que nos conferem a verdadeira realização e dão sentido às nossas vidas.

O ARQUI-INIMIGO DA FORÇA DE VONTADE: **O ESTRESSE**

Voltemos agora à lanchonete. Lembra? Você ainda está na fila, salivando por causa das milhares de calorias de gordura do cheesebúrguer que está prestes a devorar.

No entanto, sua mente ainda está limpa a ponto de você lembrar que está em uma dieta. Perder peso também é importante. Você quer estar em forma, saudável e feliz e jurou por tudo o que há de mais sagrado que iria resistir a esse momento.

Nesse contexto, a comida que está prestes a ingerir representa uma espécie de *ameaça* para você e seu cérebro tem um protocolo para lidar com ameaças: lutar ou fugir. Os níveis de estresse sobem, mas não há nada para matar ou de que escapar. E sabe por quê? Porque essa não é uma real ameaça. O cheesebúrguer não pode saltar para dentro da sua garganta e ir se juntar aos amigos dele concentrados na sua barriga. Ele precisa da sua cooperação. Portanto, *você* é a ameaça.

Em suma, precisamos de proteção contra nós mesmos, e não contra os diabólicos cheesebúrgueres, e é para isso que existe o autocontrole: para relaxar os músculos, abrandar o ritmo cardíaco, aprofundar as respirações e nos dar algum tempo para pensar sobre o que realmente queremos fazer a seguir. Por outro lado, luta ou fuga é para nos induzir a reagir o mais rápido possível.

Pesquisas têm provado conclusivamente que nada enfraquece mais a força de vontade que o estresse — e não apenas o estresse que experimentamos quando nossos cérebros são inundados de dopamina, mas aquele que enfrentamos todos os dias. Quanto mais estresse sentimos, mais probabilidade há de comermos demais, gastarmos demais e fazermos muitas outras coisas que lamentaremos logo em seguida.

Uma boa maneira de medir os níveis de estresse em seu corpo é observando a variabilidade da frequência cardíaca, ou seja, o quanto o seu batimento cardíaco acelera e desacelera à medida que você respira. Quanto mais estressado estiver, menor será a variabilidade em seu coração, pois mais ele se manterá "preso" em um ritmo acelerado.

Pesquisas mostram que indivíduos menos estressados, cuja frequência cardíaca tem uma quantidade desejável de variabilidade, exibem notavelmente melhor autocontrole do que aqueles com menor variabilidade. Eles são mais propensos a resistir às tentações e menos propensos a sofrer de depressão e desistir de um trabalho difícil, além de geralmente lidar melhor com situações estressantes.

Tudo o que provoca estresse, seja físico ou mental, drena a nossa "reserva" de força de vontade e reduz a nossa capacidade de autocontrole. Em resumo, tudo o que pudermos fazer para reduzir o estresse em nossas vidas e melhorar o humor — aguda e cronicamente — melhora o nosso autocontrole.

Agora, ao que muitas pessoas recorrem na busca de atenuação do estresse? Pesquisas mostram que elas perseguem o "alto-astral químico", é claro, através de alimentos, álcool, *videogames*, televisão, compras etc. Ironicamente, os mesmos indivíduos que utilizam essas estratégias também as avaliam como ineficazes para reduzir os níveis de estresse, e as pesquisas demonstram que certas atividades, como assistir TV e consumir álcool, podem aumentar o estresse, e não diminuí-lo. E assim tem início o círculo vicioso da autocomplacência seguida de culpa, seguida por mais autocomplacência, seguida por mais culpa.

É comum usarmos *comfort food* * para lidar com o estresse, do mesmo modo que recorremos a uma barra de chocolate, que eleva os níveis de açúcar no sangue, quando estamos nos sentindo sobrecarregados. Embora isso possa nos dar alívio emocional temporário, seu preço é maior do que a simples contagem de calorias. A corrida de

* *Comfort food* são pratos que nos remetem à tenra infância, associados a aromas e sabores que nos fazem viajar no tempo e dão a sensação de segurança emocional, mesmo que por alguns momentos e de forma inconsciente.

glicose e energia é logo seguida por um impacto, que, como o estresse, é um precursor da falha da força de vontade. Pesquisas mostram que quando os níveis de açúcar no sangue estão baixos, ficamos mais propensos a desistir de tarefas difíceis, a exteriorizar nossa raiva, estereotipar outras pessoas e até mesmo recusar fazer atos de caridade.

Esta é uma das muitas razões por que é mais inteligente obter a maioria de seus carboidratos diários de alimentos complexos de queima mais lenta, que mantêm constantes os níveis de energia. Falaremos mais sobre isso mais adiante.

Bem, com *comfort food*, álcool, *videogame*, compras e televisão fora da lista como uma forma de lidar com o estresse, o que devemos fazer, então? Um modo eficaz de recuperar-se do estresse da "rotina diária" é simplesmente relaxar. Experimente isto: da próxima vez que for enfrentar um desafio de força de vontade, torne sua respiração mais lenta, dedicando cerca de 10 a 15 segundos para cada respiração — o equivalente a entre quatro e seis respirações por minuto. Uma maneira fácil de fazer isso é expirar pela boca lenta e totalmente com seus lábios franzidos como se você estivesse soprando suavemente por um canudo. Pesquisas mostram que o simples abrandar da sua respiração aumenta a variabilidade da frequência cardíaca e ajuda a resistir melhor aos efeitos do estresse, bem como a fortalecer a força de vontade.

Este é, sem dúvida, um bom método para ajudá-lo a se manter forte diante de uma tentação momentânea ou um desafio, mas é importante que você se lembre de dedicar algum tempo para relaxar todos os dias. Isso não só reduz os hormônios do estresse e aumenta a sua força de vontade — também preserva a sua saúde. Porém, não confunda "relaxamento" com "autoindulgência e inatividade". Um dia inteiro diante da TV bebendo cerveja não fará nada para seu benefício.

Em vez disso, procure se envolver em atividades que provoquem um tipo específico de resposta fisiológica: a diminuição do ritmo cardíaco e da pressão arterial e o relaxamento dos músculos e da mente. Há várias maneiras de entrar nesse estado: sair para passear, ler, beber uma xícara de chá, ouvir música suave, praticar ioga, deitar-se relaxado mantendo o foco na respiração e até mesmo jardinagem.

Outro elemento importante para manter baixos os níveis de estresse é um sono adequado. Se você costuma dormir muito pouco, irá se tornar mais suscetível ao estresse e à tentação, e sem a "reserva de energia" necessária para manter seus bons hábitos em funcionamento e seus maus hábitos sob controle. A privação do sono provoca sintomas semelhantes aos do Transtorno do Déficit de Atenção com Hiperatividade (TDAH): distração, esquecimento, impulsividade, falta de planejamento e hiperatividade. E estes não são comportamentos que conduzem a um bom autocontrole.

Se você realmente quer ser "à prova de estresse" e construir a sua reserva de força de vontade, no entanto, terá de começar a se exercitar. O exercício físico regular reduz a compulsão por comida e drogas, aumenta a variabilidade da frequência cardíaca, torna-nos mais resistentes ao estresse e à depressão e até mesmo otimiza o funcionamento geral do cérebro.

O mais importante é que nada parece melhorar o autocontrole em todos os aspectos da nossa vida como os exercícios físicos. Os seus efeitos são imediatos e nem sequer demora muito para se colherem seus benefícios: *cinco minutos* de exercícios de baixa intensidade ao ar livre são suficientes para melhorar nosso estado mental. Quer uma "solução rápida" para a força de vontade? O exercício físico.

Então, da próxima vez que você estiver se sentindo muito cansado ou com pouco tempo para malhar, lembre-se: cada treino que você faz reabastece sua força de vontade e energia. Pense nisso como a sua "arma secreta" para permanecer dono da situação.

NÃO IMPORTA COMO, EU QUERO ISSO AGORA

O problema é que, em se tratando de recompensas, quanto mais tempo temos que esperar, menos desejável elas se tornam. Os psicólogos chamam isso de "desconto de atraso" e isso explica por que no momento de ter que tomar uma decisão sobre uma recompensa imediata *versus* um futuro pássaro na mão — ou Big Mac — muitas outras coisas podem valer muito mais a pena que o pássaro.

O que quer que possamos ter *agora* tende a parecer muito mais valioso do que aquilo por que temos de esperar. Embora todos nós sejamos suscetíveis a tais comportamentos, alguns indivíduos descontam recompensas futuras mais do que outros. E quanto mais a pessoa se dedica a essa atitude, mais fraco seu autocontrole se torna — o que aumentará as chances de ela se comportar impulsivamente e até mesmo vir a ter problemas com vício.

Resumindo, qual a quantidade de desconforto que você é capaz de suportar agora para alcançar uma meta de longo prazo? Quão bem você pode ignorar recompensas imediatas e manter seus olhos no prêmio lá longe?

Para nossa sorte, independentemente de quão enfeitiçados estejamos hoje com a gratificação imediata, é possível alterar de modo favorável as nossas taxas de desconto apenas mudando a forma como encaramos a natureza das recompensas de hoje e de amanhã.

Por exemplo, se eu lhe desse um cheque de 200 dólares a ser descontado daqui a dois meses e, em seguida, tentasse reavê-lo hoje por 100 dólares, você aceitaria o negócio? Acredito que não. E se eu lhe desse 100 dólares agora e depois quisesse trocá-lo por 200 dólares em cheque pré-datado? Você faria esse negócio? Mais uma vez, creio que não. Sabe por quê? É simples: nós não queremos perder algo que já temos, nem que seja para ganhar algo de maior valor depois. Trata-se apenas da natureza humana, e é por isso que costumamos gravitar em torno de menores recompensas imediatas em vez das maiores e adiadas. Quando você está cara a cara com o bolo de chocolate, a certeza de um pedaço imediato é muito mais desejável do que alguma perda de peso futura.

Podemos usar essa peculiaridade psicológica para nos ajudar a buscar objetivos de longo prazo, em vez de sabotá-los.

Ao enfrentar um desafio de força de vontade, se você tiver em mente a recompensa futura e como os sacrifícios de agora o levarão a progredir em direção a ela de alguma forma, você estará menos propenso a descartá-la e ceder à tentação. Portanto, quando você tiver de enfrentar a deliciosa perspectiva de se esbaldar com uma bela pizza, pare e pense um instante sobre como essa atitude atrapalhará o seu progresso em direção à sua meta de longo prazo da composição de peso ou corpo ideal — e ela de repente se tornará muito menos atraente.

Você estaria mesmo disposto a abrir mão de uma semana de progresso em direção ao corpo com que sempre sonhou por causa de uma mísera farra de comilança?

VAMOS TODOS ENGORDAR E PULAR DA PONTE

Quantas vezes você já ouviu falar que o número de pessoas que se exercitam e se alimentam de muitas frutas e legumes é muito baixo em relação àquelas que amam se entupir de comida repleta de calorias e gordura diante da TV?

Esse tipo de estatística, que deveria nos assustar, é música para os ouvidos dos viciados em reprises e comida de baixa qualidade, pois os faz lembrar de uma realidade reconfortante: eles não estão sós — a grande maioria é igual a eles. E se tanta gente está fazendo isso, não podem estar tão errados assim.

Você pode não ser uma dessas pessoas, mas não pense que está imune aos mecanismos psicológicos subjacentes. É agradável imaginar que apenas nós traçamos o nosso próprio caminho, sem sofrer influência alguma daquilo que os outros pensam e de suas ações, mas isso simplesmente não é verdade. Extensas pesquisas mostram que o que os outros fazem — e até mesmo o que nós pensamos que eles fazem — tem um efeito significativo sobre nossas escolhas e nosso comportamento, sobretudo quando aqueles que observamos estão perto de nós.

USAR O "BOM" PARA JUSTIFICAR O "MAU"

Já aconteceu de você se julgar "bom" quando fez o que precisava fazer, ou não cedeu à tentação, e "mau" quando procrastinou ou perdeu uma batalha contra os seus impulsos?

Você já usou o "bom" comportamento como permissão para ser "mau"?

Provavelmente você respondeu sim e sim, e isso é bom. Isso prova que você tem experiência em primeira mão com a armadilha que os psicólogos chamam de licenciamento moral, que é um destruidor insidioso da força de vontade.

A moral da história é que simplesmente não podemos confiar em nossos sentimentos para guiar nossas ações. Se perambulamos pela vida perseguindo "bons sentimentos", iremos descobrir muitas maneiras de não nos sentirmos mal com todos os "pequenos" ataques de procrastinação, com o comer demais, o gastar demais — e um dia vamos nos perguntar por que diabos estamos tão gordos, quebrados, preguiçosos e ignorantes.

Para não cair nessa armadilha, devemos primeiro parar de moralizar nossos comportamentos — parar de usar os vagos conceitos de "certo" e "errado" e "bom" e "mau" para guiar nossas ações imediatas. Em vez disso, precisamos lembrar por que assumimos o compromisso de fazer coisas "difíceis" como nos exercitar, seguir um orçamento, trabalhar horas extras e assim por diante.

Em termos de dieta e exercícios, é preciso que você olhe para ambos como etapas independentes necessárias para alcançar o corpo que você deseja, não como "bons" comportamentos que você pode "cobrar" em satisfação. Desempenhar com êxito sua rotina de exercícios é não "comprar" o direito de trapacear na sua dieta.

Lembre-se de que o objetivo não é um bom treino ou um dia de alimentação adequada: é um corpo transformado radicalmente. Há razões maiores para você estar fazendo tudo isso, incluindo condicionamento físico, saúde, felicidade, confiança e tudo o mais. E comer pizza compulsivamente e pular treinos não são pequenos deslizes que você possa apagar com justificativas. Eles são *ameaças* a esses objetivos primordiais.

Sempre que você estiver enfrentando um desafio de força de vontade, reveja seus motivos. O que você ganhará, no final, por ficar forte? Qual é a grande recompensa? Quem mais irá se beneficiar dela? Como será a sua vida quando essas coisas se tornarem realidade? Você está disposto a adiar a gratificação para chegar lá, experimentando algum desconforto agora para ter esse futuro?

PEGAR OU LARGAR — COMO TREINAR SUA FORÇA DE VONTADE

Na vida moderna, somos bombardeados com desafios de força de vontade que nos obrigam a recorrer aos nossos mecanismos de autocontrole para conseguir evitar distrações, bem como fazer o que precisamos fazer e não fazer o que não devemos.

O problema com isso é que podemos, em algum momento, "esgotar" a essência do autocontrole, o que nos deixaria suscetíveis à tentação. Cientistas observaram que, independentemente das tarefas executadas, o autocontrole das pessoas está no seu ápice na parte da manhã e diminui de forma progressiva à medida que o dia vai passando. Resistir a doces, lutar contra impulsos emocionais, evitar distrações, obrigar-se a executar tarefas difíceis ou mesmo a tomada de decisões de compras triviais — tudo isso parece drenar a mesma reserva de força de vontade.

Estas descobertas deram origem à metáfora da "força de vontade como um músculo": esse "músculo" é muito forte, mas cada vez que é "flexionado", torna-se um pouco mais fraco. O lado positivo da metáfora, no entanto, é que você pode treinar o seu "músculo da força de vontade", como se ele fosse físico, e assim torná-lo mais poderoso e mais resistente à fadiga.

Podemos aumentar nossa força de vontade geral através da realização de pequenas ações regulares de autocontrole, como comer menos doces, acompanhar os gastos, corrigir a nossa postura, abster-nos de comprar, exercitar-nos todos os dias e usar nossa mão não dominante para várias tarefas.

O que estamos realmente treinando ao realizarmos essas atitudes "triviais" é o que os psicólogos chamam de "resposta de pausa e plano", que envolve parar um instante antes de agir, perceber o que estamos prestes a fazer e escolher uma forma diferente de fazê-lo.

Podemos usar esse conhecimento para construir nossos próprios "exercícios de força de vontade" para treinar nosso autocontrole. Por exemplo, você pode construir o seu poder "eu não vou" impedindo-se de curvar-se quando se senta, comprometendo-se a todos os dias deixar de comer uma porcaria por indulgência ou não dizendo palavrões. Você pode construir o seu poder "eu vou" comprometendo-se com algum novo hábito diário, como fazer cinco minutos de exercícios de respiração, sair para uma caminhada, realizar vinte flexões assim que acordar, encontrar algo em sua casa que precisa de limpeza e limpá-lo ou rastrear alguma coisa em sua vida à qual você não costuma dar atenção, como quantas calorias você ingere e gasta diariamente, quanto café você bebe ou por quanto tempo navega na internet.

Você pode se surpreender com o quanto esses "pequenos" exercícios de autocontrole podem aumentar a sua capacidade de realizar mudanças maiores, como a adoção de um novo e mais saudável estilo de vida.

Em suma, qualquer atitude que você possa tomar para fazê-lo encarar seu objetivo como uma obrigação e ver que mudar de ideia e desistir tornaria tudo difícil e desconfortável demais o ajudará a manter seus impulsos e sentimentos a distância e manterá você no rumo.

NADA FALHA MAIS QUE O SUCESSO

Assim que nos decidimos por uma meta, qual é nosso objetivo maior? O *progresso*, é claro. Nós queremos ver uma mudança positiva e avanços, para que tenhamos a energia necessária para nos esforçar ainda mais. Mas não necessariamente é isso o que ocorre.

Acontece que o progresso vem com um risco: a complacência. Algumas pessoas usam o progresso em direção a um objetivo como uma desculpa para desacelerar e evocar uma autossabotagem.

Quando fazemos progressos, podemos nos iludir com sentimentos de realização e direitos. Tal como acontece com o licenciamento moral, podemos achar que o passo em frente que demos nos garantiu o privilégio de poder dar dois passos para trás.

Em vez de nos dar os parabéns por conta de todo o progresso que fizemos — o que aumenta a probabilidade de agirmos contrariamente a ele —, devemos encarar nossos êxitos como prova do quão importantes nossos objetivos são para nós ou do quão *comprometidos* estamos a concluir o processo.

Isto é, devemos procurar uma razão para continuar, não para ir mais devagar e apreciar a paisagem.

O FUNDAMENTAL

A natureza humana é cheia de paradoxos e o autocontrole não é exceção. Somos atraídos tanto para a gratificação adiada como para a imediata quando se trata de metas de longo prazo e impulsos de prazer temporário. Somos inerentemente suscetíveis à tentação, mas temos o poder de resistir a ela. Vivemos fazendo malabarismos com sentimentos de estresse, ansiedade, medo e tristeza misturados com calma, esperança e emoção.

Embora eu não ache possível mudar fundamentalmente através do reforço da nossa força de vontade, sem dúvida podemos melhorar a nossa capacidade de atender às demandas do cotidiano, com mais atenção plena, eficácia e confiança.

RESUMO DO CAPÍTULO

INTRODUÇÃO

- E o que acontece com aqueles cujos níveis de força de vontade são mais altos? Bem, eles se saem melhor nos estudos, ganham mais dinheiro, tornam-se líderes melhores e são mais felizes, mais saudáveis e menos estressados. Eles têm melhores relacionamentos sociais e românticos (embora talvez não o revelem) e vivem mais.
- Sua desculpa para não ir à academia — de novo — é notavelmente semelhante à justificativa do viciado em comida para comer de forma compulsiva... pelo terceiro dia consecutivo. Do mesmo jeito, você dizer a si mesmo que adiar esse trabalho importante por apenas mais um dia é igual ao viciado aliviando a culpa por ceder ao impulso por um cigarro.

"EU VOU", "EU NÃO VOU" E "EU QUERO"

- A maioria das pessoas acha que força de vontade é a capacidade de dizer "não", mas ela tem mais dois outros aspectos.
- "Eu vou" é o outro lado da moeda do "eu não vou". É a capacidade de fazer algo quando você não quer, como pegar pesado no treino quando você está cansado, pagar a conta em atraso ou ralar num projeto de trabalho até tarde da noite.
- "Eu quero" é a capacidade de lembrar o motivo quando surge a tentação — o objetivo a longo prazo é algo que você realmente quer mais do que o *fast-food* ou comprar no cartão de crédito.

SEU CÉREBRO EM DOPAMINA: POR QUE A IDEIA DE CONCEDER É TÃO BOA?

- Assim que você detecta uma oportunidade de obter uma recompensa, seu cérebro libera dopamina para lhe dizer que esse fato é a maravilha pela qual você estava procurando. Ela canta a doce canção da gratificação imediata e minimiza qualquer conversa sobre consequências em longo prazo.
- Quando a dopamina é liberada, ela também provoca a liberação de hormônios do estresse que nos fazem sentir ansiosos. É por isso que quanto mais pensamos na recompensa que desejamos obter, mais importante ela se torna para nós. E mais pensamos que temos de obtê-la agora.
- Ironicamente, as recompensas finais que buscamos podem nos frustrar todas as vezes, mas a possibilidade de ganhar a recompensa e a ansiedade da busca pode nos manter viciados, até mesmo ao ponto da obsessão.

- Pesquisas comprovam que a liberação de dopamina desencadeada por uma promessa de recompensa pode nos tornar passíveis de perseguir outras promessas de recompensa. Olhe para fotos de mulheres nuas e você estará mais propenso a tomar decisões financeiras arriscadas. Sonhe ficar rico e a comida poderá ficar ainda mais apetitosa.
- Se desejamos nos sair bem neste novo mundo, devemos aprender a distinguir entre as falsas, dispersivas e viciantes "recompensas" para as quais somos atraídos todos os dias, em todos os lugares a que vamos, e as reais recompensas, que nos conferem a verdadeira realização e dão sentido às nossas vidas.

O ARQUI-INIMIGO DA FORÇA DE VONTADE: O ESTRESSE

- Autocontrole é para relaxar os músculos, abrandar o ritmo cardíaco, aprofundar as respirações e nos dar algum tempo para pensar sobre o que realmente queremos fazer a seguir. Por outro lado, luta ou fuga é para nos induzir a reagir o mais rápido possível.
- Pesquisas têm provado conclusivamente que nada enfraquece mais a força de vontade que o estresse — e não apenas o estresse que experimentamos quando nossos cérebros são inundados de dopamina, mas aquele que enfrentamos todos os dias. Quanto mais estresse sentimos, mais probabilidade há de comermos demais, gastarmos demais e fazermos muitas outras coisas que lamentaremos logo em seguida.
- Tudo o que provoca estresse, seja físico ou mental, drena a nossa "reserva" de força de vontade e reduz a nossa capacidade de autocontrole. Em resumo, tudo o que pudermos fazer para reduzir o estresse em nossas vidas e melhorar o humor — aguda e cronicamente — melhora o nosso autocontrole.
- Um modo eficaz de recuperar-se do estresse da "rotina diária" é simplesmente relaxar. Experimente isto: da próxima vez que for enfrentar um desafio de força de vontade, torne sua respiração mais lenta, dedicando cerca de 10 a 15 segundos para cada respiração — o equivalente a entre quatro e seis respirações por minuto.
- Segundo pesquisas, existem várias maneiras de entrar nesse estado: sair para passear, ler, beber uma xícara de chá, ouvir música suave, praticar ioga, deitar-se relaxado mantendo o foco na respiração e até mesmo jardinagem.
- Se você costuma dormir muito pouco, irá se tornar mais suscetível ao estresse e à tentação e sem a "reserva de energia" necessária para manter seus bons hábitos em funcionamento e seus maus hábitos sob controle.
- Pesquisas afirmam que se expor a uma bateria constante de más notícias, táticas de intimidação e lembretes mórbidos de nossa mortalidade aumenta a probabilidade de se comer em excesso, gastar em excesso e outras falhas de força de vontade.

- Segundo pesquisas, o exercício físico regular reduz a compulsão por comida e drogas, aumenta a variabilidade da frequência cardíaca, torna-nos mais resistentes ao estresse e à depressão e até mesmo otimiza o funcionamento geral do cérebro.

NÃO IMPORTA COMO, EU QUERO ISSO AGORA

- Em se tratando de recompensas, quanto mais tempo temos que esperar, menos desejável elas se tornam. Os psicólogos chamam isso de "desconto de atraso", e quanto mais a pessoa se dedica a essa atitude, mais fraco seu autocontrole se torna — o que aumentará as chances de ela se comportar impulsivamente e até mesmo vir a ter problemas com vício.
- Ao enfrentar um desafio de força de vontade, se você tiver em mente a recompensa futura e como os sacrifícios de agora o levarão a progredir em direção a ela de alguma forma, segundo pesquisas, você estará menos propenso a descartá-la e ceder à tentação.

VAMOS TODOS ENGORDAR E PULAR DA PONTE

- Extensas pesquisas psicológicas e de marketing mostram que o que os outros fazem — e até mesmo o que nós *pensamos* que eles fazem — tem um efeito significativo sobre nossas escolhas e nosso comportamento, sobretudo quando aqueles que observamos estão perto de nós.
- Quando não temos certeza de como pensar ou agir, tendemos a olhar para como as outras pessoas pensam e agem, e fazer igual, mesmo que inconscientemente. Ela pode ser a desculpa para qualquer situação, desde uma solução temporária até hábitos antigos, e tanto aqueles que conhecemos quanto personagens de filmes podem nos influenciar.
- Pesquisas comprovam a natureza contagiante de hábitos e mentalidades em diversos comportamentos, como beber, fumar, usar drogas, não dormir o suficiente e até mesmo sentir-se solitário e deprimido.
- Bons comportamentos e boas disposições são contagiantes também. Estar sempre por perto de gente alto-astral e feliz, com elevados níveis de autocontrole pode nos fazer "pegar" essas características.
- Se está lutando para manter a sua dieta ou rotina de exercícios, você pode tornar tudo mais fácil para si mesmo unindo forças com alguém que esteja no mesmo caminho e se inspirar naqueles que têm lidado com sucesso com essas questões.
- Pesquisas mostram que refletir sobre seus objetivos e como você pode ser tentado a se desviar deles reforçará a sua vontade e o ajudará a afastar-se da gratificação imediata quando necessário.

USAR O "BOM" PARA JUSTIFICAR O "MAU"

- Quando atribuímos valores morais às nossas ações, elas se tornam alimento para o nosso desejo de nos sentirmos simplesmente bem (o suficiente) sobre nós mesmos, ainda que estejamos sabotando nossos objetivos de longo prazo ou prejudicando os outros. Por me considerar "bom", eu "ganho" o "direito" de ser um pouco (ou muito) "mau".
- Se perambulamos pela vida perseguindo "bons sentimentos", iremos descobrir muitas maneiras de não nos sentirmos mal com todos os "pequenos" ataques de procrastinação, como o comer demais, o gastar demais — e um dia vamos nos perguntar por que diabos estamos tão gordos, quebrados, preguiçosos e ignorantes.
- Para não cair nessa armadilha, devemos primeiro parar de moralizar nossos comportamentos — parar de usar os vagos conceitos de "certo" e "errado" e "bom" e "mau" para guiar nossas ações imediatas. Em vez disso, precisamos lembrar por que assumimos o compromisso de fazer coisas "difíceis" como nos exercitar, seguir um orçamento, trabalhar horas extras e assim por diante.
- Sempre que você estiver enfrentando um desafio de força de vontade, reveja os seus motivos.

"AH, QUE SE DANE, EU SOU UM IDIOTA PREGUIÇOSO MESMO!"

- Sempre que as pessoas enfrentam um revés e dizem a si mesmas: "Eu já estraguei tudo mesmo, então, que se dane, vou é me divertir", elas se comprometem com a espiral descendente do *efeito que se dane*.
- O que nós definitivamente não devemos fazer é nos pôr para baixo quando fazemos besteira. Quanto mais duros, rigorosos e abusivos formos com nós mesmos, pior iremos nos sentir.
- Em vez disso, devemos nos tratar com a mesma compaixão que dedicaríamos a um amigo e nos perdoar. Vários estudos mostram que ser gentil consigo mesmo em tempos de estresse e fracasso leva a maior força de vontade e autocontrole.
- Pesquisas mostram que imaginar o quão orgulhoso você se sentirá uma vez que tenha alcançado seus objetivos, para quem irá contar e as reações dessas pessoas pode aumentar a sua força de vontade e torná-lo mais propenso a fazer o que é preciso para concretizar suas metas.
- Antecipar a vergonha e desaprovação dos outros pelo seu fracasso também pode ajudá-lo a se manter firme diante da tentação, mas não é tão poderoso para isso quanto o orgulho.

A BOLA DE CRISTAL DA ILUSÃO

- Uma das nossas formas favoritas de abrir mão do autocontrole é justificar os nossos pecados do presente com virtudes planejadas para o futuro.

- Nós somos muito rápidos em assumir que estaremos mais entusiasmados, vigorosos, cheios de vontade, diligentes, motivados, corajosos e moralmente fortes — e mais um milhão de virtudes — em alguns dias, semanas ou meses.
- Segundo pesquisas, apenas pensar no futuro — e não nas recompensas por si só —, pode aumentar a força de vontade. Por exemplo, se você está lutando com o começo da dieta, simplesmente imaginar-se comprando e comendo de forma diferente será o bastante para tornar isso mais "real" e atraente.
- Outro exercício é escrever uma carta para o Eu do Futuro sobre como você acha que ele vai ser, quais as suas esperanças para ele, o que você está fazendo por ele agora para pagar mais tarde, o que ele poderia dizer sobre o Eu do Presente e até mesmo no que as consequências das falhas de sua força de vontade presentes se transformarão depois.
- O exercício final é semelhante aos outros e implica imaginar o Eu do Futuro em detalhes vívidos, o que desenvolve o autocontrole, conforme pesquisas.

SOB CONDIÇÕES ADVERSAS, OS FORTES AGEM

- Pesquisas mostram que aqueles que simplesmente não acreditam que lançar mão do autocontrole resulta em fadiga mental ou em um enfraquecimento do "músculo da força de vontade" não experimentam a mesma deterioração gradual no poder de sua força de vontade encontrada naqueles que acreditam.
- Da próxima vez que sentir-se "muito cansado" para dizer "eu vou" ou "eu não vou", resista e se esforce ainda mais. Desafie-se a ir para além do ponto de desconforto e provavelmente você descobrirá que você pode, sem consequências.

PEGAR OU LARGAR — COMO TREINAR SUA FORÇA DE VONTADE

- Segundo pesquisas, podemos, em algum momento, "esgotar" a essência do autocontrole, o que nos deixaria suscetíveis à tentação. Resistir a doces, lutar contra impulsos emocionais, evitar distrações, obrigar-se a executar tarefas difíceis ou mesmo a tomada de decisões de compras triviais — tudo isso parece drenar a mesma reserva de força de vontade.
- Podemos aumentar nossa força de vontade geral através da realização de pequenas ações regulares de autocontrole, como comer menos doces, acompanhar os gastos, corrigir a nossa postura, abster-nos de comprar, exercitar-nos todos os dias e usar nossa mão não dominante para várias tarefas.
- Outra forma altamente eficaz de treinar sua força de vontade é usar uma estratégia chamada "compromisso prévio", ou seja, tomar medidas agora para reforçar a sua posição e o seu comprometimento com um

comportamento e afastar quaisquer tentativas dissimuladas de sabotagem do Eu do Futuro.

NADA FALHA MAIS QUE O SUCESSO

- Pesquisas mostram que algumas pessoas usam o progresso em direção a um objetivo como uma desculpa para desacelerar e evocar alguma autossabotagem.
- Em vez de nos dar os parabéns por conta de todo o progresso que fizemos — o que aumenta a probabilidade de agirmos contrariamente a ele —, devemos encarar nossos êxitos como prova do quão importantes nossos objetivos são para nós ou do quão comprometidos estamos a concluir o processo.

11

Como determinar metas de saúde e condicionamento físico que o motivem

Eu não sou o tipo de cara que tenta escapar das gotas de chuva. Às vezes é preciso nos molharmos um pouco para chegarmos ao nosso destino.

— ERIK FRANKHOUSER

AGORA QUE VOCÊ já tem um curso intensivo sobre força de vontade e autocontrole e sabe o quão necessário é comprometer-se com uma mudança a longo prazo, vamos dedicar alguns minutos para estabelecer um poderoso conjunto de objetivos que servirão como "lembretes de motivos" para quando as tentações atacarem.

As pessoas com metas vagas, irreais, não motivadoras, de saúde ou de condicionamento físico (ou até mesmo sem metas) são sempre as primeiras a parar. São também fáceis de se identificar. Aparecem esporadicamente na academia e dão a impressão de sonâmbulos fazendo exercícios, passando de uma máquina para a seguinte, executando movimentos apenas mecanicamente. Semana após semana, elas se queixam de como é difícil perder ou ganhar peso e não chegam a lugar algum. Se fazem isso há muito tempo, meses podem se passar sem uma única mudança perceptível.

Quero deixar uma coisa muito clara: alguém com o tipo de corpo que você aspira tem metas de saúde e condicionamento físico muito específicas e realistas e é motivado por elas, progredindo dia a dia de modo lento e consistente. Quando essa pessoa atinge uma meta, já estabelece a próxima, e assim continua motivada. É isso que iremos elaborar para você neste capítulo.

Agora, pessoas diferentes têm motivos diferentes para treinar. Algumas gostam do desafio de forçar o corpo além de seus limites. Algumas gostam de melhorar a aparência para impressionar o sexo oposto (ou o mesmo). Há os que querem se sentir mais seguros de si mesmos. E outros querem se sentir bem e ficar saudáveis.

Todos esses são bons motivos para levar a pessoa a treinar. Sem dúvida, eu poderia dar a você uma bela lista com os benefícios de ficar em ótima forma, entre eles se sentir muito bem, ter um alto nível de energia, ter resistência a doenças e distúrbios e assim por diante, mas a coisa mais importante é que você defina com a maior clareza possível o que é que o instiga a treinar.

Um bom modo de começar a tratar disso é com aquele aspecto que as pessoas costumam achar o mais importante: o visual. Olha, não há do que se envergonhar. Todas as pessoas que eu conheço e que chegaram a ter um físico espetacular trabalharam pela aparência — que almejavam tanto quanto qualquer outra coisa, se não mais. Claro, há os excessivamente narcisistas, que buscam a "estética" com pouca consideração pela sua saúde e isso muitas vezes leva ao uso de drogas e outros hábitos prejudiciais — mas não há nada de errado com um pouco de vaidade. Sejamos francos: um visual impressionante é bom demais. Eu dou muito valor à minha saúde e não sou exclusivamente motivado pela vaidade, mas estaria mentindo se dissesse: "Eu não ligo tanto para a aparência quanto para os muitos outros benefícios do exercício regular." Eu quero sorrir ao olhar para o espelho, como todo o mundo.

Mas esse sou eu. Vamos dar uma olhada mais profunda no que motivará você.

COMO É O VISUAL DO SEU CORPO IDEAL?

O primeiro passo para definir suas metas consiste em estabelecer a aparência que o corpo ideal tem para você. Não só na sua cabeça, mas na realidade. Você precisa encontrar fotos que tenham exatamente a aparência que você quer ter e guardá-las para usar como referência futura. Pode parecer bobagem ficar na internet procurando fotos de homens "sarados", mas é importante que tenha uma imagem visual exata de como quer que seu corpo fique. Usar sem compromisso termos como "sarado" e "barriga tanquinho" para descrever sua meta não é tão motivador quanto mirar em corpos de carne e osso com os quais você quer se parecer.

Se você seguir o programa com precisão e se empenhar, pode ter o corpo dos seus sonhos. O único caso no qual eu diria que esse programa não terá êxito é se você quiser ficar parecido com um halterofilista profissional. Essa é outra história. Mas suspeito que este não seja o seu objetivo. A maioria dos homens quer apenas um corpo enxuto e musculoso, e todos podem chegar a isso, se se dedicarem e seguirem o planejamento correto.

Dois bons sites para pesquisar fotos de um corpo ideal para você são:

SimplyShredded.com e *BodySpace* no BodyBuilding.com. Também estou montando uma pequena coleção no Pinterest, que você pode localizar acessando http://www.pinterest.com/mikebls.

Então, pare um instante e vá em busca de algumas fotos de como você quer ficar!

QUAL O SEU ESTADO DE SAÚDE IDEAL?

Agora que você definiu qual a aparência que quer ter, vamos dar uma olhada no outro lado da moeda: sua saúde. Mesmo que sua motivação básica para treinar seja ter determinado tipo de aparência, logo você perceberá que os benefícios para sua saúde são igualmente motivadores.

Você se sentirá fisicamente melhor, terá um nível mais alto de energia, ficará mais forte, se tornará mentalmente mais alerta, terá um apetite sexual mais vigoroso, entre outras melhoras.

Estipule aquela meta de saúde que lhe parece motivadora. A minha eu descrevo assim: ter um corpo com vitalidade, cheio de energia e força, livre de doenças, capaz de viver por muito tempo e que me permita permanecer ativo, desfrutando minha vida ao máximo. Para mim, a coisa toda se resume a isso. Quero ter uma vida longa, me sentir bem, ver meus filhos crescerem e nunca sofrer de uma doença debilitante.

Estou seguro de que seu interesse pela saúde vai mais ou menos por aí, mas sinta-se livre para descrever seus critérios para uma condição de saúde ideal com as palavras que melhor traduzirem suas próprias metas.

POR QUE VOCÊ QUER ATINGIR ESSAS METAS?

Muito bem, agora que você já definiu como quer que seja sua aparência e que nível de saúde pretende manter, a próxima pergunta é: por quê?

Quais são as razões para você almejar essas metas? Isso é algo completamente pessoal, portanto, escreva aquilo que o estiver motivando mais.

Pode ser que você queira aumentar sua autoconfiança; ou que queira praticar esportes com mais competência; ou queira extrair mais prazer de seus passatempos que são fisicamente exigentes. Talvez queira ficar mais atraente sexualmente, ou queira sentir a satisfação de ter superado barreiras físicas. Pode querer se sentir em condições de participar de atividades físicas com seus filhos; ou querer derrotar os amigos em lutas livres amistosas.

Seja qual for o motivo que o inspira, apenas deixe-o registrado por escrito.

E por que você quer alcançar seu objetivo de saúde? Será que uma determinada doença é comum em sua família e você quer ter certeza de que nunca sofrerá disso? Você deseja permanecer bastante ativo em seus anos de aposentadoria, retardando os processos de envelhecimento e mantendo uma vitalidade juvenil? Ou quer apenas um corpo que funciona da maneira como deveria?

Mais uma vez, dedique um tempo a essas questões e anote todas as respostas.

Você saberá que está no caminho certo quando se sentir animado para entrar em ação e começar a fazer disso uma realidade.

Mantenha as suas anotações em um lugar seguro e volte a elas regularmente. Essa é uma ótima maneira de se manter estimulado e no rumo.

O FUNDAMENTAL

Realizando esses passos simples, você terá criado uma poderosa "planilha de motivação" que sempre servirá para lhe apontar o caminho.

Quando se sentir um pouco cansado e estiver perto de dar as costas à academia, apenas dê uma rápida olhada em sua planilha e provavelmente você mudará de ideia. Quando estiver no restaurante com os amigos, observando como se entopem com porcarias, enquanto você come seu peixe com legumes, saberá exatamente por que está fazendo isso.

Essa é a fórmula simples e poderosa que usei para me manter continuamente motivado a treinar e comer adequadamente durante anos.

Minhas metas foram mudando com o passar do tempo, mas sempre garanti que estava sabendo aonde estava indo e por quê. É muito boa a chance de que você se beneficie enormemente fazendo a mesma coisa.

RESUMO DO CAPÍTULO

- Construir um corpo matador não é uma questão de entrar na onda de algum novo programa de treino da moda por alguns meses — é uma questão de adotar uma atitude disciplinada e metódica de como você lida com seu corpo.
- Todo aquele que tem o tipo de corpo que você sonha ter se baseou em metas específicas e realistas de saúde e *fitness* e, impulsionado por elas, progrediu lentamente, mas sem dúvida trabalhando nisso todos os dias.
- O primeiro passo para estabelecer seus objetivos é determinar a aparência do seu corpo ideal. Encontre fotos de pessoas que são exatamente como você quer ser e guarde-as para referência futura.
- Elabore uma meta de saúde que também o motive.
- Por que você quer alcançar esses objetivos? Você saberá que está no caminho certo quando se sentir animado para entrar em ação e começar a fazer disso uma realidade.
- Mantenha as suas anotações em um lugar seguro e volte a elas regularmente. Essa é uma ótima maneira de se manter estimulado e no rumo.

PARTE III

NUTRIÇÃO E DIETÉTICA

12

Indo além: alimentação saudável, o guia definitivo para a nutrição eficaz

"Há mais coisas na vida que o treinamento, mas o treinamento é o que mais acrescenta à sua vida."

— BROOKS KUBIK

NÃO VOU ABORRECÊ-LO repetindo o clichê sobre a grande importância da nutrição para a construção muscular e perda de gordura. Há quem diga que representa 70% do jogo, outros dizem que vai a 80% ou até mesmo 90%. Bom, para mim, é 100%. Sim, 100%. E quanto a levantar peso, sobrecarregar os músculos... bom, esses aspectos também são 100% do jogo. Manter-se adequadamente hidratado equivale a 100%. Assim como ter a atitude correta. (É... nessa altura já estamos em 400%...)

O ponto que quero enfatizar é o seguinte: os elementos que constituem um corpo sensacional são mais como pilares do que como peças de um quebra-cabeça. Se um deles ficar fraco o suficiente, despenca a estrutura inteira que está apoiada neles. Ou seja, você não poderá aumentar sua massa muscular em nenhuma medida apreciável se não treinar corretamente. Seus músculos não crescerão se você não oferecer ao organismo a devida nutrição. A performance e o aumento da massa muscular sofrem um sério entrave por causa da desidratação. Seus ganhos não serão expressivos se você não treinar com a atitude correta.

Isso posto, quero que você assuma uma atitude "tudo ou nada" com respeito a alcançar suas metas de saúde e de condicionamento físico. Quero que você esteja 100% presente em cada aspecto que aprender nesse programa e que atinja 100% dos resultados possíveis. Que os fracos e os indisciplinados deem 60% ao seu treinamento, 30% à alimentação e tenham 40% de atitude. Esse pessoal vai fazer você parecer um deus.

Muito bem. Vamos falar agora desse pilar vital — e confuso para muitos — do crescimento muscular: a nutrição.

A dimensão nutricional do condicionamento físico é incrivelmente poderosa e pode tanto atuar a seu favor como contra, multiplicando ou dividindo os resultados.

É como uma série de pedágios na rodovia do aumento da massa muscular. Se você não parar e pagar cada um, não chega a lugar nenhum.

A nutrição adequada não tem nada a ver com se entupir com as últimas novidades da "mais avançada tecnologia de aumento muscular" na forma de suplementos que entopem as prateleiras da loja mais próxima de produtos para musculação.

Ao contrário do que "proeminentes especialistas em saúde" vêm afirmando, tem muito menos a ver com "alimentação clean"(alimentação limpa/sem aditivos químicos) do que você possa imaginar. E vai muito além de fazer algumas boas refeições por dia com alguns lanches aqui e ali, para que, assim, você não fique com fome.

A nutrição adequada se resume a apenas duas coisas:

1. Fornecer ao seu corpo os nutrientes necessários para se recuperar eficientemente de seus exercícios.
2. Manipular o seu consumo de energia para perder, manter ou ganhar peso, conforme o desejado.

É simples assim. Se você sabe como realizar essas duas metas, pode alterar a sua composição corporal com facilidade, ao mesmo tempo sendo incrivelmente flexível com sua dieta.

Você pode comer uma montanha de carboidratos e ficar grande (na verdade, eu *recomendo* isso). Pode ingerir cereais e até mesmo açúcar todos os dias e ficar trincado (surpresa!). Você pode fazer suas refeições, grandes ou pequenas, em praticamente qualquer horário que quiser. E muito mais.

Mas é proibido fornecer a seu corpo nutrientes inadequados ou obter o equilíbrio de energia errado para seus objetivos. Qualquer uma dessas coisas lhe trará dificuldades, não importa o que você faça.

Agora, existem sete componentes da nutrição que são o assunto principal quando se busca construir músculos, perder gordura e se manter saudável. São eles: as calorias, as proteínas, os carboidratos, as gorduras, a água, as vitaminas e os minerais e as fibras.

Como você sabe, a caloria é uma medida de energia potencial em um alimento, quer seja proveniente de proteínas, carboidratos ou gordura.

Proteínas, carboidratos e gorduras são macronutrientes, e o modo como você os estrutura em sua dieta é de vital importância para os seus resultados como um todo.

Muitos se surpreendem quando descobrem a importância de beber bastante água e quanto seus corpos se sentem bem e trabalham melhor quando estão adequadamente hidratados.

Depois, temos as vitaminas e os minerais, conhecidos como "micronutrientes", que são essenciais para que o corpo realize com eficiência os muitos processos fisiológicos diferentes relacionados com a construção muscular e perda de gordura.

Por último, mas não menos importante, vem a fibra, que é um tipo de carboidrato não digerível encontrado em muitos tipos de alimentos, como frutas, legumes, leguminosas e cereais. A fibra é vital para a saúde geral.

Vamos nos aprofundar em cada um desses temas separadamente.

CALORIA

Você já sabe o papel das calorias no estabelecimento do equilíbrio energético do corpo e como isso determina a perda e o ganho de gordura. Agora, eu quero falar de algumas outras coisas relacionadas com as calorias que você deve saber.

Independentemente de qual seja a fonte, um grama de proteína contém 4 calorias, um grama de carboidratos contém 4 calorias, bem como um grama de gordura contém 9 calorias.

Sim, um grama de carboidrato encontrado na alface contém a mesma quantidade de energia que um grama de carboidrato encontrado numa barra de chocolate. É por isso que muitas pessoas não conseguem perder peso simplesmente com uma "alimentação clean" — elas fornecem a seus corpos uma abundância de micronutrientes ao comer um monte de alimentos nutritivos, o que é ótimo, mas ganham de "brinde" muitas calorias, o que significa nenhuma perda de peso.

Outro grande erro que as pessoas costumam cometer é superestimar o número de calorias que queimam por dia e, sem querer, acabam comendo demais.

Diversos fatores determinam o total de energia que seu organismo queima diariamente, como tamanho corporal, massa magra total, temperatura do corpo, o efeito térmico dos alimentos, estimulantes como a cafeína e os tipos e as quantidades de atividade física.

Mais adiante, quando esmiuçarmos o modo de alimentar-se corretamente, eu lhe fornecerei fórmulas alimentares simples para perder gordura, para a construção muscular e manter o peso que usam objetivos de macronutrientes. Eu, no entanto, quero que você aprenda a calcular aproximadamente quantas calorias seu corpo queima por dia (o seu gasto energético total diário — GETD). Caso você tenha de ajustar as fórmulas devido a questões financeiras, eu também lhe ensinarei como.

Antes de mais nada, devemos calcular a taxa metabólica basal (TMB), o que fazemos facilmente usando a fórmula Katch McArdle. Veja como ela funciona:

TMB = 370 + (21,6 X MCM)

MCM refere-se a massa corporal magra, calculada em quilogramas. Para o caso de você não estar familiarizado com o termo, a massa corporal magra refere-se aos componentes sem gordura do corpo humano.

A MCM é calculada subtraindo o seu peso de gordura corporal (CG) do peso total do seu corpo, o que lhe dará o peso de tudo exceto a sua gordura corporal. Deste modo:

MCM = (1 — CG%, expresso como número decimal) X peso total do corpo

Por exemplo, eu peso atualmente 85 kg e tenho cerca de 6% de gordura corporal, por isso a minha MCM é calculada assim:

1 — 0,06 = 0,94
0,94 X 85 = 80 kg (MCM)

Usando a fórmula para calcular meu MCM:

370 + (21,6 X 80) = 2.100 calorias por dia

Uma vez que você sabe qual é a sua TMB, pode calcular a sua GETD (gasto energético) multiplicando a TMB pelos índices a seguir:

- 1,2 se você se exercita de uma a 3 horas por semana,
- 1,35 se você se exercita de 4 a 6 horas por semana,
- 1,5 por se exercitar vigorosamente durante 6 ou mais horas por semana.

O número resultante será uma medida bastante precisa do total de energia que seu corpo queima a cada dia.

Algumas pessoas preferem começar com TMB e depois adicionar calorias queimadas em alguma atividade física, conforme a determinação de estimativas ou de um rastreador de atividade, mas para mim esta é uma complicação desnecessária. Ao observarmos o cenário geral, vemos que o método de cálculo GETD funciona muito bem e torna o planejamento de refeições tão fácil que podemos apenas ficar com os mesmos números de todos os dias.

Caso você esteja se perguntando por que esses multiplicadores são menores do que os multiplicadores padrão da Katch McArdle e outros modelos similares encontrados na internet, é simplesmente porque os multiplicadores padrão da Katch McArdle são demasiado elevados. A menos que você tenha um metabolismo anormalmente rápido, multiplicadores padrão irão ultrapassar o seu verdadeiro GETD, o que o impedirá de ter uma rápida perda de peso — ou ganho de peso, dependendo do seu objetivo.

Agora, se a matemática não é o seu forte e você está um pouco confuso, não se preocupe. Na verdade, você não terá que calcular seu TMB ou GETD, pois eu vou oferecer uma dieta simples para você, fornecendo fórmulas de macronutrientes fáceis de seguir, com base no seu peso, no seu percentual aproximado de gordura corporal e em suas metas.

Eu só queria que você soubesse como calcular tudo isso. Afinal, muita gente ouve a respeito, mas não sabe o que é ou como fazer os cálculos adequadamente.

PROTEÍNA

Uma dieta de alta proteína é absolutamente vital para a construção muscular e para preservar a musculatura quando você está de dieta para perda de gordura. Uma dieta de baixa proteína não é absolutamente boa para coisa alguma.

Uma das maneiras mais fáceis de ficar preso em uma situação ruim é simplesmente não dar atenção à quantidade de proteína que você come em uma base diária ou pular refeições sem se preocupar com isso.

Veja, seu organismo fragmenta as proteínas dos alimentos que você comeu e as transforma em aminoácidos, que poderão assim ser usados para construir o tecido muscular (entre outras coisas). Se a sua dieta contém pouca proteína, seu corpo pode se tornar deficiente desses aminoácidos essenciais, o que por sua vez irá prejudicar sua capacidade de construir e reparar o tecido muscular.

Isso ocorre independentemente de você se exercitar ou não. Os processos básicos pelos quais as células morrem e são substituídas exigem a presença desses aminoácidos essenciais.

O exercício físico regular — principalmente o levantamento de peso — aumenta a necessidade de aminoácidos essenciais do seu organismo e, portanto, de proteína. Seu corpo deve reparar o dano causado às suas fibras musculares e isso requer um monte de "blocos de construção". É por isso que pesquisas mostram que os atletas têm de comer uma dieta de alta proteína para maximizar a performance.

Você quer saber de quanta proteína estamos falando?

AS NECESSIDADES PROTEICAS DOS ATLETAS

De acordo com a Academia Nacional de Medicina dos Estados Unidos, de 10 a 35% de nossas calorias diárias devem vir das proteínas.

Bem, isso não ajuda muito. Afinal, de 10% a 35% é uma variação bem grande para escolhermos.

Mesmo que optemos por 35%, se a nossa ingestão diária de calorias for muito baixa, não iremos obter proteína suficiente, e se for muito alta, teremos mais do que precisamos.

Então, para encontrar uma resposta mais definitiva, vamos analisar algumas das pesquisas clínicas disponíveis sobre o assunto, começando pela pesquisa conduzida por cientistas da Universidade McMaster.

De acordo com esse trabalho, o consumo de proteína de 1,3 a 1,8 grama por quilograma de peso corporal é adequada para a estimulação da síntese de proteína máxima. Os cientistas observam, contudo, que mais proteína pode ser necessária no caso de treino frequente e/ou de alta intensidade e de dieta para perda de gordura (restrição de calorias).

Um estudo amplamente citado conduzido por pesquisadores da University of Western Ontario chegou à mesma conclusão: de 1,6 a 1,8 grama por quilo de peso corporal pode ser suficiente para os atletas, mas um maior consumo também pode ser justificado em função de uma variedade de fatores, tais como: o consumo de energia; a disponibilidade de carboidratos; a intensidade do exercício, duração e tipo; a qualidade de proteína na dieta; o histórico de treinamento; gênero; idade; tempo de ingestão de nutrientes; entre outros.

Como você pode ver, o tema é complexo e não há uma resposta única que sirva para todos.

Dito isso, os rumores de "sabedoria de academia" podem fornecer alguns *insights* aqui e concordam com as conclusões anteriores:

- Esta tem sido uma regra de ouro da musculação há décadas: 2,2 gramas de proteína por quilo de peso corporal por dia.
- Níveis mais elevados de consumo de proteína, geralmente na faixa de 2,6 a 3,3 gramas por quilo de peso corporal por dia, costumam ser recomendados em dietas para perda de gordura.

Se esses números lhe parecem altos, dê uma olhada nestas conclusões de um trabalho publicado em 2013 por pesquisadores da Universidade de Tecnologia de Auckland:

A proteína necessária apropriada para atletas de resistência em restrição calórica é 2,3g a 3,1g por quilo de massa livre de gordura (MLG), corrigida para cima de acordo com a intensidade da restrição calórica e magreza.

A propósito, quando falamos de massa livre de gordura estamos nos referindo aos componentes sem gordura do corpo humano, tais como músculo esquelético, ossos e água. Tecnicamente, massa livre de gordura difere da massa corporal magra porque há alguma gordura essencial na medula de nossos ossos e órgãos internos. Assim, a massa corporal magra inclui uma pequena porcentagem de gordura essencial. Na prática, no entanto, podemos considerar ambas como a mesma e calcular a massa livre de gordura como calculamos a massa corporal magra.

No meu caso, a minha massa livre de gordura é atualmente 80 kg. Assim, de acordo com a pesquisa citada acima, se eu quisesse restringir minhas calorias para fins de perda de gordura, deveria comer em torno de 184g a 248g de proteína por dia.

Bem, eu considero isso uma verdade, não só para o meu corpo, mas também para as milhares de pessoas com quem já trabalhei. A maneira como você se torna mais enxuto mantendo alta a sua ingestão de proteínas passa a ser muito importante.

Se sua ingestão de proteínas é muito abaixo do recomendável (menos de 2,2 gramas por quilo de peso corporal, na minha experiência), a perda de força e músculo é visivelmente acelerada.

Então é assim para a quantidade de proteína que você deve comer. E, mais uma vez, não se preocupe em se lembrar de tudo que eu falei aqui, pois quando chegar a hora eu vou dar algumas orientações alimentares simples para você seguir e criar seu plano alimentar. Neste ponto, tudo o que você precisa é compreender as pesquisas e o raciocínio por trás das orientações.

Com isso resolvido, vamos agora passar para os melhores tipos de proteína para os nossos propósitos.

AS MELHORES FONTES DE PROTEÍNA

Existem duas principais fontes de proteína: proteína integral e suplemento de proteína. A proteína integral é aquela que vem de fontes naturais de alimentos, tais como carne, frango, peixes, vegetais etc.

E as proteínas não são todas metabolizadas da mesma forma. Proteínas diferentes são digeridas em velocidades diferentes, e algumas são mais bem utilizadas pelo organismo do que outras. Por exemplo, a proteína da carne é digerida rapidamente e

70% a 80% do que é consumido é utilizado pelo corpo. Por outro lado, a proteína encontrada em ovos é digerida mais lentamente do que a da carne e o corpo a aproveita com mais eficiência.

A regra geral do consumo de proteína é que você deve preferir as proteínas que são facilmente digeríveis e ingerir quantidades abundantes dos aminoácidos essenciais requeridos pelo corpo.

Para determinar quais são essas proteínas, podemos recorrer à Pontuação de Aminoácidos Corrigida pela Digestibilidade de Proteínas (PDCAAS ou PDCAA, sigla em inglês para *Protein Digestibility Corrected Amino Acid Score*) de vários tipos de proteína, que atribui classificações em uma escala de 0 a 1 para indicar a qualidade geral dos alimentos (sendo 0 a pior pontuação possível e 1, a melhor).

Eu poderia lhe fornecer uma grande tabela com as pontuações PDCAA de várias proteínas, mas vou facilitar: suas melhores opções são carne, laticínios e ovos; em segundo lugar, temos algumas fontes vegetais, como legumes, nozes e vegetais de alta proteína, como ervilhas, brócolis e espinafre.

A proteína da carne é particularmente útil quando você está levantando peso. Pesquisas têm demonstrado que a ingestão de carnes aumenta os níveis de testosterona e é mais eficaz para a construção muscular do que fontes de origem vegetal. Um estudo conduzido por pesquisadores da Universidade de Arkansas trabalhou com dois grupos de homens com idades entre 51 e 69 anos, todos com composição corporal e saúde semelhantes, que seguiram um programa de levantamento de peso durante 12 semanas. Um grupo seguiu uma dieta lacto-ovovegetariana livre de carne (em que a carne é evitada, mas ovos e laticínios são consumidos) e o outro comeu uma dieta onívora contendo carne. Ao final do programa, todos tinham progredido de forma quase igual em força, mas apenas os comedores de carne tiveram crescimento muscular e perda de gordura significativos.

"Carne" não se trata apenas de carne vermelha, por sinal. Peixe, frango, peru, carne de porco etc. se qualificam como "carne" nesse sentido.

Você deve aderir principalmente às variedades de carnes magras, visto que carnes mais gordas são difíceis de encaixar em um plano alimentar adequado. Esta é uma boa estratégia para limitar a ingestão de gordura saturada e obter uma boa quantidade de sua gordura alimentar de fontes insaturadas.

Se você é vegetariano, embora seja verdade que você faria melhor se comesse carne, não se desespere: você ainda pode se sair bem no programa, desde que coma bastante proteína todos os dias vinda de fontes de alta qualidade.

E já que estamos falando de proteínas de origem vegetal de alta qualidade, vamos abordar o fato de que, como vegetariano ou vegano, você deve combinar com cuidado suas proteínas para garantir que seu corpo receba todos os aminoácidos de que necessita para construir e reparar seu tecidos.

Essa teoria de que as proteínas vegetais não incluem aminoácidos foram completamente desmascaradas pelo Instituto de Tecnologia de Massachusetts, mas ainda pairam por aí. Embora seja verdade que algumas fontes têm menos de certos aminoácidos do que outras formas de proteína, não há nenhuma evidência científica que indique a inexistência dos aminoácidos.

Vamos agora falar sobre suplementos de proteína. Estes são os alimentos em pó ou líquido que contêm proteínas vindas de várias fontes. As quatro fontes mais populares são o soro do leite, a caseína, o ovo e a soja. Há também os suplementos feitos à base de vegetais, como a quinoa, o arroz-integral, ervilhas, o cânhamo e até mesmo frutas.

Embora você não *precise* de suplementos de proteína para construir músculos e ficar em forma, pode não ser prático tentar obter toda a proteína que você precisa de alimentos integrais. A proteína em pó é conveniente e, em alguns casos, oferece alguns benefícios exclusivos.

Vamos dar uma olhada em cada tipo de suplemento de proteína e ver o que as pesquisas dizem sobre o seu valor em nossa busca da boa forma.

PROTEÍNA DE SORO DO LEITE

Hoje, a proteína de soro do leite (*whey protein*) é de longe o mais popular tipo de suplemento de proteína no mercado. Vale quanto pesa, o gosto é bom e seu perfil de aminoácidos é particularmente adequado para a construção muscular.

Então, do que se trata?

Bem, soro do leite é um líquido opaco, subproduto da produção do queijo. Depois de coalhar e coar o leite, o que sobra é o soro do leite. Ele costumava ser descartado como lixo, mas cientistas descobriram que se trata de uma proteína completa. O soro do leite é abundante em leucina — um aminoácido essencial que desempenha um papel-chave na inicialização da síntese das proteínas.

Quando o mundo da nutrição esportiva tomou conhecimento disso, o suplemento de proteína de soro do leite nasceu.

Você pode tomar proteína de soro do leite quando quiser, mas ela é particularmente eficaz como uma fonte de proteína pós-treino, porque é rapidamente digerida, o que provoca um aumento substancial de aminoácidos no sangue (sobretudo a leucina). Isto, por sua vez, estimula mais rapidamente o crescimento muscular do que as proteínas de absorção lenta.

Portanto, o soro do leite é, sob todos os aspectos, uma boa escolha de proteína em pó para homens e mulheres. Devo mencionar, no entanto, que mesmo se você não for intolerante à lactose, ainda pode vir a ter problemas de digestão por causa de alguma das proteínas encontradas no leite de vaca. É por esse motivo que algumas pessoas não se dão bem com formas altamente refinadas do soro do leite, como isolado ou hidrolisado, que têm praticamente toda a lactose removida.

Se o soro ataca seu estômago, tente uma opção que não contenha leite e você ficará bem. Minha proteína sem leite preferida é ovo em pó, mas existem opções veganas que também funcionam.

PROTEÍNA DE CASEÍNA EM PÓ

A caseína é provavelmente a segunda proteína em popularidade — a primeira é o soro do leite, como eu disse —, e também é encontrada no leite. A coalhada e o queijo cottage são ricos em caseína.

A caseína é digerida mais lentamente do que o soro do leite, o que provoca um pico menor em aminoácidos no sangue, mas uma liberação mais constante ao longo de várias horas.

Há um debate em curso sobre qual suplementação é melhor — com soro do leite ou com caseína — para a construção muscular, mas sobre isto a maioria dos especialistas de renome concorda:

- Devido à sua rápida digestão e abundância de leucina, uma porção de 30g a 40g de soro do leite é provavelmente a sua melhor escolha para a proteína pós-treino.
- Devido à sua lenta liberação de aminoácidos, a caseína é um grande suplemento de proteína para "uso geral".
- Embora possa ou não ser melhor que o soro como proteína pós-treino (ainda não há consenso sobre isso), há um número crescente de evidências indicando que, quando suplementada no pós, uma proteína de lenta absorção é a melhor escolha geral para a construção muscular.
- A caseína é uma proteína boa para ingerir antes de dormir, o que pode ajudar na recuperação muscular.

Eu uso soro do leite em minha refeição pós-treino e, em seguida, uma colher ou duas de proteína do ovo (que é de lenta absorção) no decorrer do dia para ajudar a atingir a minha meta. Eu não uso caseína porque a ingestão de muito laticínio afeta meu estômago.

PÓ DE PROTEÍNA DO OVO

Muita gente não sabe que é possível comprar proteína do ovo em forma de pó. É possível sim, e com estes principais benefícios:

- Ela é bem utilizada pelo organismo (tem uma perfeita pontuação 1 de PDCAA). Sua pontuação exata varia de acordo com a pesquisa realizada, mas é sempre no topo da lista.
- De acordo com estudos em animais, a proteína do ovo é semelhante à do soro do leite na sua capacidade de estimular o crescimento muscular.
- A proteína do ovo é digerida mais lentamente do que a caseína, o que, como você sabe, significa uma maior liberação de aminoácidos no sangue e isso pode ser particularmente benéfico para o crescimento muscular geral.
- Como o pó de proteína do ovo é produzido apenas com as claras do ovo, ele não tem gordura e apresenta muito pouco carboidrato.

É importante dizer que a proteína do ovo é apenas uma das várias ótimas opções. É o que eu uso para qualquer suplementação fora das necessidades de pré e pós-treino.

PROTEÍNA DE SOJA EM PÓ

A proteína de soja é um caso à parte.

Enquanto pesquisas comprovam que se trata de uma fonte completa e eficaz de proteínas para a construção muscular, ela é também uma fonte contínua de controvérsia para os homens.

De acordo com algumas pesquisas, a ingestão regular de alimentos à base de soja têm efeitos feminilizantes nos homens devido às isoflavonas — moléculas similares ao estrogênio encontradas na soja.

Por exemplo, um estudo realizado por pesquisadores da Universidade de Harvard analisou o sêmen de 99 homens e comparou amostras atuais com amostras dos três meses anteriores, durante os quais eles ingeriram soja e isoflavonas.

O que eles descobriram foi que a ingestão de isoflavona da soja estava associada a uma redução na contagem de espermatozoides. Homens na categoria mais elevada de ingestão de alimentos à base de soja tinham, em média, 41 milhões de espermatozoides por mililitro a menos do que os homens que não comem alimentos à base de soja.

Por outro lado, um estudo realizado por cientistas da Universidade de Guelph analisou 32 homens que ingeriram baixos ou altos níveis de isoflavonas da proteína de soja durante 57 dias e descobriu que ela não afetou a qualidade do sêmen. Além disso, revisões de literatura, como as conduzidas por pesquisadores da Universidade de Loma Linda e da Universidade St. Catherine, sugerem que nem alimentos à base de soja nem isoflavonas alteram os níveis de hormônios masculinos.

O que fazer, então?

Bem, não há uma resposta única e simples ainda, mas o que sabemos é que os efeitos da soja no corpo podem variar, dependendo da presença ou ausência de certas bactérias intestinais. Essas bactérias, que estão presentes no organismo de 30 a 50% das pessoas, metabolizam uma isoflavona na soja chamada daidzeína em um hormônio estrogênico: o equol.

Em um estudo publicado em 2011, pesquisadores da Universidade de Pequim descobriram que, após comer grandes quantidades de alimentos à base de soja durante três dias, os níveis de testosterona caíram em homens com as bactérias produtoras de equol, ao passo que seus níveis de estrogênio aumentaram. Esses efeitos não foram observados em mulheres, independentemente da produção de equol ou da falta dela.

Relacionado a isso está um estudo realizado com mulheres por cientistas da Universidade Sungkyunkwan, que constatou que em um ambiente de alto nível de estrogênio, as isoflavonas suprimiram a produção de estrogênio, e em um ambiente de baixo nível de estrogênio, elas aumentaram a produção de estrogênio.

A pesquisa também demonstrou que a proteína da soja, além de conter diversos alergênicos conhecidos, contém substâncias que inibem a digestão de moléculas de proteína e a absorção de outros nutrientes.

Embora existam pesquisas que indicam que a soja pode proporcionar benefícios especiais às mulheres, como a redução do risco de doenças cardíacas e do câncer de mama, outros estudos não só lançam dúvidas sobre estes resultados como afirmam que a soja pode, na verdade, estimular o crescimento de células cancerígenas.

Além disso, outra questão que deve ser levada em conta quando comemos soja é o fato de que quase toda a soja cultivada nos Estados Unidos é geneticamente modificada (91%, de acordo com dados do governo).

Esse assunto dos alimentos geneticamente modificados é extremamente acalorado e demasiado complexo para ser aprofundado neste livro, mas a aposta mais segura no momento é evitar os alimentos geneticamente modificados tanto quanto possível, até que mais pesquisas sejam feitas sobre os potenciais efeitos na saúde humana em longo prazo.

Assim, considerando tudo, você deve entender por que eu costumo recomendar aos homens que evitem a soja, se possível. Também há muitas incógnitas para o meu gosto.

OUTRAS PROTEÍNAS VEGETAIS EM PÓ

Embora a soja seja a proteína vegetal em pó mais popular nas prateleiras, você também encontrará proteína de arroz, de cânhamo e de ervilha. Veja como elas se comportam:

Com uma pontuação PDCAA mediana de 0,47, a proteína de arroz não é muito empolgante. Quando você a combina com a proteína de ervilha, no entanto, torna-se muito melhor por causa da maior pontuação PDCAA da ervilha de 0,69 e elevada quantidade de leucina.

Na verdade, uma mistura de arroz e ervilha é muitas vezes chamada de "soro dos veganos", porque o seu perfil de aminoácidos é semelhante ao da proteína do soro de leite.

A proteína de cânhamo é a escolha mais pobre das três opções. Apesar de ter um grande perfil de micronutrientes, incluindo ácidos graxos ômega-3 e ômega-6, o cânhamo possui apenas cerca de 30% a 50% de proteína por unidade de peso, enquanto outras opções discutidas neste capítulo têm de 90% a 100%. Além disso, a proteína que ele contém não é tão digerível como a do arroz ou da ervilha e muito menos as de origem animal, como soro do leite, caseína ou proteína do ovo. O cânhamo deve ser visto mais como um alimento completo, e não um suplemento de proteína pura.

Bem, isso é tudo o que você precisa saber sobre que tipos de proteínas comer. Assim, vamos agora passar para uma pergunta que as pessoas costumam me fazer: "Quanta proteína eu posso comer e absorver eficientemente em uma refeição?"

O MITO "ABSORÇÃO DE PROTEÍNA"

Uma rápida pesquisa no Google sobre os números relativos à absorção de proteínas irá fornecer todo tipo de opiniões e estatísticas. Uma recomendação comumente atribuída a "especialistas" é limitar sua ingestão a não mais de 30 a 40g de proteína por refeição, pois o que exceder essa quantidade será descartado pelo organismo.

Esse tipo de conselho estereotipado cheira a disparate.

Eu duvido muito que a quantidade de proteínas consumidas pelo organismo de um jogador de defesa da Liga Nacional de Futebol Americano seja exatamente a mesma da de um magrelo de 55kg. As necessidades de proteína, devido ao estilo de vida e massa magra, devem influenciar a questão de metabolismo de proteínas, certo?

Além disso, se fosse verdade que uma pessoa só pode absorver uma quantidade relativamente pequena de proteína em uma refeição, então a "superdosagem" das necessidades diárias de proteína em duas a três refeições iria resultar em deficiências proteicas. Esta suposição levanta a questão de como a espécie humana sobreviveu aos dias de caçadores-coletores, quando nossos ancestrais alternavam banquetes com longos períodos de escassez. Acontece que o corpo é incrivelmente adaptável.

Para avaliar melhor o assunto em questão, vejamos o que acontece quando você come proteína.

Em primeiro lugar, o estômago usa seu ácido e as enzimas para fragmentar a proteína em seus blocos de construção, os aminoácidos. Esses aminoácidos são transportados para a corrente sanguínea pelas células especiais que revestem os intestinos, e são depois distribuídos para várias partes do corpo. Nosso corpo só tem determinado número de células transportadoras, o que limita a quantidade de aminoácidos que podem ser infundidos no sangue a cada hora.

A propósito, é disto que estamos falando quando nos referimos à "absorção de proteínas": a rapidez com que seu corpo pode absorver os aminoácidos em sua corrente sanguínea.

Como você sabe, o corpo humano absorve proteínas diferentes em ritmos diferentes. Um estudo cronometrou a absorção por hora de algumas proteínas, como vemos aqui: soro do leite, 8 a 10g; caseína, 6,1g; soja, 3,9g; ovo, 1,3g. Estes números não são totalmente precisos devido às complexidades envolvidas na medição da absorção de proteínas, mas eles nos mostram algo: certas proteínas são absorvidas lentamente, ao passo que outras podem ser absorvidas rápido.

Outro fato relevante para esta discussão é que as substâncias alimentares não se movem uniformemente através do trato digestivo e não deixam seções na mesma ordem em que chegaram.

Por exemplo, a presença da proteína no estômago estimula a produção de um hormônio que atrasa o "esvaziamento gástrico" (o esvaziamento do alimento do estômago) e retarda contrações intestinais.

Isso faz com que os alimentos se movam mais lentamente pelo intestino delgado, onde os nutrientes são absorvidos, e é assim que seu corpo adquire o tempo necessário para absorver a proteína que você come.

Carboidratos e gorduras podem se mover e ser totalmente absorvidos enquanto seu organismo ainda trabalha na proteína.

Uma vez que os aminoácidos entram na corrente sanguínea, seu organismo os utiliza para várias tarefas, como aumentar e reparar tecidos. Ele também pode armazenar no músculo aminoácidos em excesso, temporariamente (por mais ou menos 24 horas), para necessidades futuras. Se os aminoácidos ainda estiverem no sangue depois de realizar tudo o que eu disse acima, seu organismo pode distribuí-los como alimento para outras células e também para o cérebro.

Agora, e quanto às rigorosas alegações sobre a quantidade de proteína que pode ser absorvida em uma refeição? Bem, elas geralmente são baseadas em uma destas duas coisas:

O DESCONHECIMENTO DE COMO O ALIMENTO SE MOVE ATRAVÉS DO SISTEMA DIGESTIVO.

Algumas pessoas acreditam que todos os alimentos se movem pelo intestino delgado entre 2 a 3 horas e, portanto, também acreditam que, mesmo que se tenha comido um tipo de proteína que pode ser absorvida mais rápido — a uma taxa de 8 a 10g por hora —, apenas de 25 a 30g dessa proteína serão absorvidos, antes de passar para o intestino grosso para serem descartados. De acordo com essa linha de raciocínio, proteínas de lenta digestão terão ainda menos gramas absorvidos pela corrente sanguínea.

Porém, como sabemos agora, nosso corpo é mais esperto do que isso e regula a velocidade com que a proteína se move pelo intestino delgado para garantir que ele absorva todos os aminoácidos disponíveis.

REFERÊNCIAS A ESTUDOS RELATIVOS À RESPOSTA ANABÓLICA AO CONSUMO DE PROTEÍNAS.

Um estudo comumente citado referente à absorção de proteínas mostrou que 20g de proteína pós-treino estimularam a síntese de proteína muscular máxima em homens jovens. Ou seja, comer mais de 20g de proteína depois de malhar nada acrescenta em termos de estimular mais crescimento muscular.

A falha mais óbvia neste argumento é que você não pode usar estudos sobre a resposta anabólica ao consumo de proteína para extrapolar ideias sobre o quanto nós podemos absorver em uma refeição. Respostas anabólicas agudas ao comer proteína simplesmente não nos dão a imagem completa.

A absorção diz respeito à disponibilidade de aminoácidos ao longo de espaços de tempo prolongados, o que impede o desgaste do músculo e fornece matérias-primas para o crescimento. E, como sabemos agora, o nosso corpo não descarta simplesmente todos os aminoácidos que não consegue usar imediatamente: ele pode armazená-los para necessidades posteriores.

E mais, esta posição é apoiada por um estudo realizado por pesquisadores da Human Nutrition Research Center. Nele, 16 mulheres jovens foram divididas em dois grupos: o primeiro comeu 79% da sua proteína diária (cerca de 54g) em uma refeição por 14 dias; o segundo comeu a mesma quantidade em quatro refeições pelo mesmo período. Os pesquisadores não encontraram nenhuma diferença entre os grupos em termos de síntese ou degradação de proteínas.

Além disso, se analisarmos a quantidade de proteína usada no estudo acima em relação ao peso corporal, veremos que ele está em cerca de 1,17g por quilograma. Aplicando esse número a um homem que pesa 80kg, teremos cerca de 94g de proteína em uma refeição. Embora esta não seja a prova científica definitiva, é algo em que pensar.

Pesquisas sobre a dieta conhecida como jejum intermitente também são relevantes. Neste tipo de dieta, jejuns de períodos prolongados são seguidos por "janelas de alimentação" de algo entre 2 a 8 horas. Um estudo sobre este método de cronograma alimentar indica que a ingestão de proteínas para todo um dia numa janela de quatro horas (seguida de 20 horas de jejum) não teve um impacto negativo sobre a preservação do músculo.

Então, como você pode ver, é difícil traçar um limite preciso para a quantidade de proteína que seu corpo pode absorver em uma refeição. Mas é definitivamente muito mais do que os 20 a 30g que algumas pessoas alegam.

Apesar de tudo o que foi dito, no entanto, verifica-se que a ingestão de quantidades menores de proteína com mais frequência pode ser melhor que grandes quantidades em menos refeições...

O DEBATE "FREQUÊNCIA DE PROTEÍNA"

Outro aspecto da ingestão de proteína que vem sendo assunto para muita opinião e debate é a frequência com que se deve ingeri-la.

Durante décadas, um conselho bastante comum tem sido o de se comer proteína a cada 2 a 3 horas para maximizar o crescimento muscular. Mas, como você está começando a ver, a marcha progressiva da pesquisa científica vem pondo abaixo muitos dos mitos sagrados do *fitness*. Terá chegado o momento da "proteína a cada poucas horas"?

Bem, o que nós sabemos é que você não tem que comer proteína a cada poucas horas para construir músculos e força ou evitar a aceleração do catabolismo. Atingir sua necessidade diária de proteína é crucial, mas o horário de alimentação não é.

Dito isso, pesquisas demonstram que a frequência com que se come proteína pode influenciar todas as taxas de síntese de proteínas do organismo (e assim o crescimento muscular geral). Pesquisadores da Universidade de Illinois descobriram, especificamente, que, quando adultos saudáveis dividiram sua ingestão de proteínas (cerca de 100g) igualmente em três refeições diárias (30 a 33g no café da manhã, almoço e jantar), as taxas de síntese de proteína muscular de 24 horas foram maiores do que quando a ingestão maior ficou para o jantar (11g no café da manhã, 16g no almoço e 64g no jantar).

Isso não surpreende quando se considera o fato de que pesquisas também mostram que a ingestão de cerca de 30 a 40g de proteína em uma refeição estimula ao máximo as taxas de síntese de proteínas. Se comermos menos, as taxas de síntese de proteínas resultantes serão mais baixas; mas se comermos mais, elas não subirão (não podemos duplicar as taxas de síntese de proteínas comendo 60g de proteína).

Assim, se você comeu pequenas quantidades de proteína — de 10 a 20g, por exemplo — algumas vezes por dia, cada refeição não seria suficiente para estimular a síntese de proteínas tanto quanto possível. Se em seguida a essas refeições você comesse uma grande quantidade de proteínas, iria estimular a síntese de proteínas máxima, mas não a ponto de "compensar" a síntese de proteína que você perdeu ao longo do dia devido às refeições anteriores inadequadas.

Se em vez disso você comeu de 30 a 40g de proteína em cada uma das refeições, elas provocarão, cada qual, a quantidade máxima de síntese de proteínas potencial, o que significa que, no final do dia, o seu corpo terá criado mais proteínas musculares do que no exemplo anterior.

Assim, considerando tudo o que sabemos agora sobre absorção de proteína e estudos de frequência, acho que podemos formar algumas simples regras de ouro:

- Comer proteína com mais frequência costuma ser melhor do que com menos frequência.
- Cada ingestão de proteína deve conter pelo menos de 30 a 40g gramas de proteína.
- A alimentação pode conter um pouco mais de proteína, se necessário, para atingir metas diárias.

Como exemplo, aqui está a minha ingestão diária de proteína:

Pré-treino: 30g de proteína
Pós-treino: de 50 a 60g de proteína
Almoço: 40g de proteína
Lanche da tarde: de 30 a 40g de proteína
Jantar: de 30 a 40g de proteína
Antes de dormir: 30g de proteína

Bem, isso cobre tudo o que você precisa saber sobre a proteína. Se você está se sentindo meio tonto pela enorme quantidade de informações que acabaram de entrar no seu cérebro, sinta-se livre para rever a seção e esperar cair a ficha.

CARBOIDRATOS

Os carboidratos são provavelmente os mais mal compreendidos, amaldiçoados e temidos de todos os macronutrientes. Graças a tabelas de dietas fajutas e de opiniões infundadas com ampla circulação, muitas pessoas acham que comer carboidratos é o mesmo que comer gorduras.

Embora a ingestão de um excesso de carboidratos possa acabar deixando a pessoa gorda (assim como comer muitas proteínas ou muitas gorduras), os carboidratos (em todas as formas) não chegam nem perto de ser seus inimigos, pois também desempenham um papel essencial não só no crescimento muscular, mas no funcionamento geral do corpo. Sim, estritamente falando, o azeite engorda mais do que o açúcar de mesa.

O fato é que os carboidratos realmente desempenham um papel essencial não só no crescimento muscular como também na função total do corpo. Por exemplo, quando se come carboidrato, parte da glucose liberada para o sangue torna-se glicogênio, que é então armazenado no fígado e nos músculos. Ao levantar pesos, você drena rapidamente as reservas de glicogênio dos seus músculos, e ao comer carboidratos, você as reabastece. Agindo assim e mantendo seus músculos “cheios” de glicogênio, você melhora o desempenho e reduz o desgaste muscular induzido pelo exercício.

Mas antes de passarmos para outros benefícios de comer carboidratos, vamos dar uma olhada mais profunda na própria molécula de carboidrato, e no seu funcionamento no organismo, e desfazer alguns mitos absurdos que têm feito muita gente tremer nas bases só de sonhar em comer uma sobremesa.

Existem três formas de carboidratos:

- monossacarídeos
- oligossacarídeos
- polissacarídeos.

Analisemos cada um separadamente.

MONOSSACARÍDEOS

Os monossacarídeos são os chamados carboidratos simples, por conta de sua estrutura simples.

Mono significa um, sacarídeo significa açúcar. Assim, um açúcar.

Os monossacarídeos são:

- glicose
- frutose
- galactose

A glicose é um tipo de açúcar também conhecido como açúcar no sangue, que é encontrado em nosso sangue e produzido a partir do alimento que comemos (a maioria dos carboidratos da dieta contém glicose, quer como única forma de açúcar, quer combinado com os outros dois açúcares simples citados acima). Quando as pessoas falam sobre "níveis de açúcar no sangue" estão se referindo à quantidade de glicose flutuando no sangue.

A frutose é um tipo de açúcar encontrado naturalmente em frutas e também em produtos processados, como sacarose (açúcar de mesa) e xarope de milho com alto teor de frutose (XMAF), ambos os quais são cerca de 50% frutose e 50% glicose. A frutose é convertida em glicose pelo fígado e, em seguida, liberada para o sangue para ser utilizada.

A galactose é um tipo de açúcar encontrado em produtos lácteos, e metabolizada de forma semelhante à frutose.

OLIGOSSACARÍDEOS

Os oligossacarídeos são moléculas que contêm vários monossacarídeos ligados em conjunto em estruturas em forma de cadeia. Oligos é a palavra grega para "alguns" — "oligossacarídeos" significa "alguns açúcares".

Os oligossacarídeos são um dos componentes das fibras encontradas nos vegetais. Nosso organismo é capaz de quebrar parcialmente os oligossacarídeos em glicose (deixando a parte indigerível e fibrosa para trás, para que cuidem dos nossos intestinos).

Muitos vegetais também contêm *fruto-oligossacarídeos*, que são cadeias curtas de moléculas de frutose. O organismo os metaboliza adequadamente — rompendo as cadeias e, em seguida, convertendo as moléculas individuais de frutose em glicose para sua utilização.

Outra forma de oligossacarídeo que costumamos comer é a *rafinose*, que consiste de uma cadeia de galactose, glicose e frutose (ou seja, é um trissacarídeo). A rafinose pode ser encontrada em vegetais como feijão, couve, couve-de-bruxelas, brócolis, aspargos, grãos integrais e outras hortaliças.

Os galacto-oligossacarídeos — cadeias curtas de moléculas de galactose — completam a lista de oligossacarídeos. Eles não são digeríveis, mas desempenham um papel na promoção do crescimento saudável de bactérias no intestino.

POLISSACARÍDEOS

Os polissacarídeos são cadeias longas de monossacarídeos e normalmente contêm 10 ou mais unidades de monossacarídeos. *Poly* é a palavra grega para "muitos" e, consequentemente, estas moléculas consistem em muitos açúcares.

O amido (a reserva de energia dos vegetais) e a celulose (uma fibra natural encontrada em muitos vegetais) são dois exemplos de polissacarídeos que nós costumamos comer. Nossos organismos podem quebrar facilmente o amido em glicose, mas não a celulose — ela passa intacta pelo nosso sistema digestivo (tornando-se uma fonte de fibra alimentar).

HÁ UM PADRÃO AQUI... TODOS ELES TERMINAM COMO GLICOSE

Como você já deve ter notado, todas as formas de carboidratos que ingerimos são metabolizadas em glicose ou deixadas indigeríveis, servindo assim como fibra alimentar.

Nosso organismo não pode distinguir entre o açúcar natural — encontrado em frutas, mel ou leite — e o açúcar processado encontrado em uma barra de chocolate. Eles são todos digeridos da mesma maneira: divididos em monossacarídeos, que irão ser transformados em glicose, que por sua vez é enviada para o cérebro, músculos e demais órgãos para ser utilizada.

Sim, no final, a barra de chocolate se transforma em glicose tanto quanto a tigela de ervilhas. Claro, a barra de chocolate (carboidrato rápido) se transforma em glicose mais depressa, mas essa é a única diferença. A barra de chocolate tem um monte de monossacarídeos que são rapidamente metabolizados, ao passo que as ervilhas têm um grupo de oligossacarídeos que levam mais tempo para quebrar.

Agora, eu não estou dizendo que ervilhas são "o mesmo que" barras de chocolate. Portanto, nada de pôr de lado os legumes e liberar geral no chocolate. É óbvio que as ervilhas são mais nutritivas, mas há mais nessa história.

Quimicamente falando, carboidratos simples como o açúcar e o XMAF (xarope de milho com alto teor de frutose) encontrados em alimentos processados são bastante elementares. O açúcar de mesa, ou sacarose, é um dissacarídeo (dois açúcares), composto por uma parte de frutose e uma parte de glicose. A sacarose ocorre em alimentos naturais, como abacaxi, batata-doce, beterraba, cana-de-açúcar e até mesmo nozes, noz-pecã e castanha de caju. Ela também é adicionada aos alimentos para torná-los mais doces.

O XMAF é quimicamente semelhante e consiste geralmente em cerca de 55% de frutose e 45% de glicose, não é encontrado na natureza (portanto, é produzido artificialmente). A única diferença entre o XMAF e a sacarose é que nele a frutose e a glicose não são ligados quimicamente, o que significa que o corpo tem de fazer ainda menos trabalho para metabolizar o XMAF em glicose.

Agora, quando olhamos por esse prisma, nenhum deles parece tão abominável. A sacarose encontrada em um abacaxi não é quimicamente diferente da sacarose em nossa sobremesa favorita. E o XMAF é quimicamente similar à sacarose.

Qual é o problema, então? Por que nos dizem que está tudo certo em comer a sacarose de um abacaxi, mas a sacarose quimicamente idêntica da barra de chocolate ou de alguma outra forma de carboidrato simples é desastrosa? Por que o XMAF é tão difamado como o delinquente metabólico definitivo quando é tão semelhante à sacarose?

Bem, embora seja verdade que os organismos de algumas pessoas trabalham melhor com carboidratos (em todas as formas) do que os de outras, simplesmente não é verdade que a sacarose, o XMAF ou demais formas simples de carboidrato são especialmente engordativos.

O fato é que estas duas substâncias não têm nada de especial. Elas são apenas uma fonte de glicose para o organismo como qualquer outro carboidrato.

Não acredita em mim? Bem, vamos dar uma olhada em algumas pesquisas.

Um estudo realizado por pesquisadores do Departamento de Açúcar do Reino Unido (encarregado de investigar todas as formas de açúcares, e não de nos convencer a comer um monte de sacarose ou XMAF) teve por objetivo determinar se deve haver uma orientação para o consumo diário de açúcar. Eles descobriram que o aumento da ingestão de açúcar foi associado com *magreza*, e não com obesidade, e concluíram que simplesmente não havia provas suficientes para justificar uma diretriz quantitativa para o consumo de açúcar.

Outro estudo, conduzido por pesquisadores da Universidade do Havaí, analisou amplamente a literatura relacionada com o açúcar. Aqui está uma citação do documento:

> É importante afirmar desde o início que não há nenhuma conexão direta entre a ingestão de alimentos com adição de açúcares e obesidade, a menos que o consumo excessivo de bebidas e alimentos que contêm açúcar leve a um desequilíbrio da energia e o resultante ganho de peso.

Consumo excessivo e *desequilíbrio energético* são as chaves aqui.

Veja, todos sabem que, ao longo das duas últimas décadas, os norte-americanos têm aumentado o número de calorias diárias que ingerem e grande parte desse aumento é na forma de carboidratos, principalmente dos refrigerantes.

É aqui que se encontra o verdadeiro problema com a ingestão de açúcar e XMAF e o ganho e a retenção de gordura: quanto mais você come alimentos com adição de açúcares, maior é a probabilidade de você comer demais.

Isto é especialmente verdadeiro para carboidratos líquidos, incluindo bebidas com adição de açúcar. Se você aprecia bebidas calóricas, provavelmente será gordo para sempre. Você pode beber 1.000 calorias e estar com fome uma hora mais tarde, ao passo que comer 1.000 calorias de alimentos de alta qualidade, incluindo uma boa porção de proteína e fibra, deverá mantê-lo satisfeito por cinco ou seis horas.

E o que dizer do XMAF? O que a literatura revela sobre essa substância semelhante à sacarose? Mais do mesmo, é claro.

Aqui está uma citação de uma extensa revisão da literatura sobre o XMAF publicada em 2008:

> A sacarose, o XMAF, o açúcar invertido, o mel e muitas frutas e sucos oferecem os mesmos açúcares nas mesmas proporções para os mesmos tecidos dentro do mesmo intervalo de tempo para as mesmas vias metabólicas. Assim... não faz diferença metabólica alguma qual deles é usado.

Aqui está o trecho de uma revisão da literatura sobre o XMAF conduzida por pesquisadores da Universidade de Maryland:

> Com base nas evidências atualmente disponíveis, o grupo de especialistas concluiu que o XMAF não parece contribuir para sobrepeso e obesidade de forma diferente das outras fontes de energia.

E ainda mais um de outra revisão da literatura publicada logo depois:

> Os dados apresentados indicam que o XMAF é muito semelhante à sacarose, sendo cerca de 55% frutose e 45% glicose, e, assim, não surpreendentemente, poucas diferenças metabólicas foram encontradas na comparação entre o XMAF e a sacarose. Dito isto, o XMAF não contribui para adição de açúcares e calorias e aqueles preocupados com o gerenciamento de seu peso devem se preocupar com as calorias de bebidas e outros alimentos, independentemente do conteúdo de XMAF.

O mais importante é que o XMAF não passa de mais um simples açúcar e, tanto quanto podemos dizer atualmente, ele só pode nos prejudicar quando consumido em excesso.

A esta altura, você deve estar achando que tem carta branca para comer quanto açúcar e carboidrato simples desejar. Embora isso não seja tão prejudicial como lhe disseram, há mais a considerar.

QUANDO COMER MUITOS AÇÚCARES SIMPLES PODE SE TORNAR UM PROBLEMA

Uma ingestão elevada e de longo prazo de carboidratos simples (dissacarídeos como a sacarose e o XMAF) tem sido associada ao aumento do risco de doença cardíaca e diabetes tipo 2.

Muitos "especialistas" irão utilizar um factoide assim como prova definitiva de que os carboidratos simples arruínam a nossa saúde, mas isso é enganoso. Há muito mais nessa história.

Por exemplo, o fato de que os efeitos desses carboidratos simples variam grandemente de um indivíduo para outro, dependendo de quão ativos e gordos eles são.

Os corpos sedentários e com excesso de peso não lidam tão bem com açúcares simples como os magros e fisicamente ativos.

Além disso, quando você mistura carboidratos (todas as formas) com outras substâncias, a resposta de insulina é atenuada. Ou seja, comer algumas colheres de sopa de sacarose com o estômago vazio provoca uma reação de insulina maior no organismo do que comer algumas colheres de sopa de sacarose como parte de uma refeição mista (contida em uma sobremesa ingerida após o jantar, por exemplo).

Dito isso, mesmo como parte de uma refeição mista, carboidratos simples ainda elevavam mais os níveis altos de insulina que as formas mais complexas de carboidratos, tais como os polissacarídeos encontrados em vegetais.

Daqui podemos tirar uma sensata conclusão: se você está acima do peso e não se exercita, não deve comer um monte de carboidratos simples todos os dias. Isto faz sentido: carboidratos são acima de tudo energéticos, e como você é um indivíduo sedentário, o seu corpo não precisa de uma grande quantidade de energia do alimento.

Por outro lado, se você se exercita regularmente e não está acima do peso, seu corpo pode lidar com carboidratos simples muito bem. Você não irá desenvolver diabetes ou arruinar seu coração por causa de um pouco de sacarose todos os dias.

Uma outra preocupação relacionada com a saúde é o fato de que comer uma grande quantidade de alimentos com adição de açúcares pode reduzir a quantidade de micronutrientes que seu corpo recebe e assim causar deficiências. Isso porque muitos alimentos com adição de açúcares simplesmente não têm muito em termos de vitaminas e minerais essenciais.

A solução aqui é óbvia, no entanto: obtenha a maioria de suas calorias diárias de alimentos ricos em nutrientes e você ficará bem.

Muitos dos carboidratos que eu como todos os dias são da variedade "complexo", encontrados em frutas, verduras, legumes e certos grãos e sementes, como trigo integral, arroz-integral e quinoa. Isso não só me proporciona uma abundância de micronutrientes como também mantém meus níveis de energia mais estáveis do que se eu comesse um monte de carboidratos simples.

No entanto, incluo algum tipo de sobremesa, em pequena quantidade, todos os dias: um pouco de chocolate, algumas colheres de sorvete ou algo mais saboroso. Também costumo comer uma sobremesa maior uma vez por semana com a minha "refeição de trapaça", sobre a qual falaremos mais adiante neste livro.

De todo modo, porém, eu nunca obtenho mais do que 10% das minhas calorias semanais de alimentos com adição de açúcares, e considerando a quantidade de comida com micronutrientes densos que eu como e o quanto me exercito, esse baixo nível de ingestão de açúcar nunca me causará problema algum.

Assim, todas as formas de carboidratos, eventualmente, se transformarão em glicose, com a principal diferença entre os açúcares simples e complexos sendo a velocidade com que isso ocorre. Como regra geral, você deve obter a maioria de seus carboidratos de fontes complexas, de queima mais lenta.

Para saber quais carboidratos são metabolizados lentamente e quais são quebrados mais rápido, podemos usar o índice glicêmico.

COMO USAR O ÍNDICE GLICÊMICO

O índice glicêmico (IG) é um sistema numérico que classifica a rapidez com que o organismo converte carboidratos em glicose. Os carboidratos são classificados em uma escala de 0 a 100, dependendo de como eles afetam os níveis de açúcar no sangue, uma vez ingeridos.

A classificação IG até 55 é considerada baixa no índice; a classificação de 56 a 69 é média; e a classificação de 70 para cima é alta.

Os carboidratos simples são convertidos em glicose rapidamente e, portanto, têm altos índices IG.

Exemplos de carboidratos simples e suas respectivas classificações IG são: a sacarose (65), o pão branco (71), o arroz-branco (89) e a batata-inglesa (82).

Os carboidratos complexos são convertidos em glicose mais lentamente e, portanto, têm classificações IG mais baixas. Exemplos de carboidratos complexos e suas respectivas classificações de IG são: maçãs (39), feijão-preto (30), amendoim (7) e massas de grãos integrais (42).

Como eu disse antes, você acabará entendendo melhor a respeito dos níveis de energia obtendo a maioria de seus carboidratos de alimentos complexos e IG mais baixos. Estes alimentos são muitas vezes mais nutritivos também.

Veja, se você observar as classificações de IG de vários carboidratos, logo irá perceber que as fontes mais nutritivas e não processadas de carboidratos têm naturalmente baixo IG. A maioria dos alimentos de alto IG são lixo, como pão branco, cereais matinais, salgadinhos industrializados, doces, refrigerantes e assim por diante, que são bastante baixos em nutrientes e muitas vezes repletos de produtos químicos e outros aditivos que devem ser evitados.

Se você obtém a maioria de seus carboidratos desses produtos de baixa qualidade, embora a sua composição corporal possa não ser visivelmente afetada, a sua saúde será — você provavelmente desenvolverá deficiências de micronutrientes ao longo do tempo e sofrerá de vários problemas de saúde incômodos.

Então, repetindo, a minha recomendação é simples: obtenha a maioria de seus carboidratos diários de alimentos nutritivos não processados, que, aliás, têm baixo IG; mas não tenha medo de incluir alguns alimentos de alto IG que você goste.

Como você deve ter percebido, eu não sou anticarboidrato, e isso pode lhe parecer um pouco estranho. Afinal, parece que todo o mundo que você conhece está entrando na onda do baixo carboidrato e para todo canto que você olha há um outro livro ou uma nova história sobre por que a alimentação com baixos níveis de carboidrato é o caminho do futuro.

Bem, eu estou do lado *oposto*.

Minha recomendação é que você coma um número saudável de carboidratos por dia — mesmo se sua intenção for maximizar a perda de gordura. E eu tenho bons dados e razões em que me apoiar.

Entendo que para você isso soe como uma blasfêmia. Há muita desinformação por aí sobre carboidratos e como eles afetam o corpo, e geralmente começa com a afirmação de que o pico de produção de insulina nos faz engordar e arruína a nossa saúde.

Este mito cientificamente desmascarado é pouco mais do que a perversão da fisiologia básica para convencê-lo da existência de um fictício bicho-papão.

A INSULINA NÃO É O INIMIGO — NA VERDADE, ELA É SUA AMIGA

Como você sabe, quando nos alimentamos, o pâncreas libera insulina no sangue e o trabalho dela é transportar os nutrientes do alimento para as células, para seu aproveitamento. À medida que isso ocorre, os níveis de insulina vão caindo gradualmente até que, por fim, todos os nutrientes estejam fora do sangue; os níveis de insulina, em seguida, devem permanecer estáveis em um patamar baixo e "básico". O pâncreas, então, aguardará que tornemos a comer para repetir o processo.

De um modo geral, os carboidratos causam um pico de insulina maior do que as proteínas ou a gordura alimentar, razão pela qual os "inimigos da insulina" afirmam que eles são tão prejudiciais.

Mas por que a insulina é atacada com tanta violência pelos principais "gurus" da dieta se ela desempenha um papel fisiológico vital em nosso organismo? Por que nos dizem que ela nos faz engordar e adoecer?

A resposta refere-se a uma das funções da insulina que influenciam o armazenamento de gordura. Especificamente, ela inibe a quebra metabólica das células de gordura em energia e estimula a criação de gordura corporal. Ou seja, a insulina diz ao corpo para parar de queimar suas reservas de gordura e, em vez disso, absorver um pouco dos ácidos graxos e da glicose no sangue e transformá-los em mais gordura corporal.

Visto desta maneira, podemos entender por que a insulina se tornou um alvo fácil e bode expiatório e por que os carboidratos são muitas vezes criticados bem ao lado dela. A "lógica" é assim:

> Dieta de alto carboidrato = elevados níveis de insulina = queimar menos gordura e armazenar mais = ficar cada vez mais gordo.

E então, como resultado:

> Dieta de baixo carbono = baixos níveis de insulina = queimar mais gordura e armazenar menos = ficar magro.

À primeira vista, essas afirmações soam plausíveis. Explicações simples são populares e "vá de baixo carboidrato" soa como uma maneira fácil de obter os corpos que desejamos sem termos que mexer com números.

Bem, embora seja verdade que a insulina faz com que as células de gordura absorvam ácidos graxos e glicose e, assim, expandam, não é esse mecanismo fisiológico que fará você engordar ao longo do tempo — é comer em excesso que fará isso.

Lembre-se de que o principal fator na perda ou no ganho de peso é o *balanço energético*. Sem hormônio ele pode magicamente produzir o excedente de energia necessária para "encher" as células de gordura e fazer nossa cintura crescer, e só você pode proporcionar isso, alimentando regularmente o seu corpo com mais energia do que ele queima.

Outro fato que as pessoas com fobia de carboidratos e insulina gostariam de ignorar é que o corpo não precisa de altos níveis de insulina para armazenar a gordura do alimento como gordura corporal graças a uma enzima chamada *proteína estimulante de acilação*.

É por isso que você não pode comer toda a gordura do alimento que quiser e perder peso. E é por isso que pesquisas mostram que a separação de carboidratos e gorduras não afeta a perda de peso (comer carboidratos e gorduras em conjunto ou separadamente não muda nada).

É provável que tudo isso seja novidade e agora você não saiba ao certo o que pensar. Todos os meses, um novo artigo explode na internet exaltando os quase mágicos poderes das dietas de baixo carboidrato para a perda de gordura, geralmente fazendo referência a um estudo ou outro para dar suporte a suas alegações. Tudo parece muito convincente.

Bem, existem cerca de 20 estudos que os defensores do baixo carboidrato usam como prova definitiva da superioridade da dieta de baixo carboidrato para perda de peso. Se você ler apenas os resumos de alguns desses estudos, concluirá que a dieta de baixo carboidrato definitivamente parece mais eficaz:

> Em comparação com uma dieta de baixa gordura, um programa de dieta de baixo carboidrato teve melhor retenção participante e maior perda de peso. Durante a perda de peso ativo, os níveis de triglicérides séricas diminuíram mais e os níveis de colesterol de alta densidade de lipoproteína aumentaram mais com a dieta de baixo carboidrato do que com a dieta de baixo teor de gordura.
>
> Este estudo mostra um claro benefício de uma dieta CMBC (cetogênica muito baixa em carboidratos) sobre uma dieta BG (baixo teor de gordura) para peso corporal de curto prazo e perda de gordura, especialmente em homens. A perda preferencial de gordura na região do tronco com uma dieta CMBC é inédita e clinicamente significativa, mas requer maior validação. Estes dados fornecem suporte adicional para o conceito de vantagem metabólica com dietas que representam extremos na distribuição de macronutrientes.
>
> Indivíduos gravemente obesos com uma alta prevalência de diabetes ou síndrome metabólica perderam mais peso durante seis meses em uma dieta restrita em carboidratos do que em uma dieta com restrição de gordura e calorias, com uma relativa melhora nos níveis de sensibilidade a insulina e triglicérides, mesmo após o ajuste para a quantidade de peso perdido.

Bem, é nesse tipo de resumo superficial que muitos simpatizantes do baixo carboidrato baseiam suas teorias e crenças, mas há um grande problema com muitos desses estudos, e tem a ver com a ingestão de proteínas.

A questão é que as dietas de baixo carboidrato nesses estudos, invariavelmente, continham mais proteína do que as dietas de baixa gordura. Sim, um por um... sem falhar.

O que vemos nesses estudos é uma dieta de alta proteína e baixo carboidrato *versus* uma dieta de baixa proteína e rica em gordura, e a primeira ganha toda vez. Mas não podemos ignorar a parte da alta proteína e dizer que essa dieta é mais eficaz por causa do elemento baixo carboidrato.

Na verdade, estudos mais bem elaborados e executados provam o contrário: que quando a ingestão de proteínas é alta, a dieta de baixo carboidrato não oferece benefícios especiais de perda de peso. Mas nós vamos chegar a isso em um minuto.

Por que a ingestão de proteína é tão importante quando restringimos nossas calorias para perda de gordura? Você já sabe a resposta: porque ela é vital para a preservação da massa magra, tanto em pessoas sedentárias como — e especialmente — nos atletas.

Se não comer bastante proteína quando em dieta para perder peso, você poderá perder um pouco de músculo, o que, por sua vez, dificultará a sua perda de peso de várias maneiras:

1. Fazendo com que a sua taxa metabólica basal caia.
2. Reduzindo a quantidade de calorias que você queima em seus treinos.
3. Prejudicando o metabolismo da glicose e dos lipídios.

Como você pode ver, se quer perder gordura, o seu objetivo número um tem de ser preservar a massa magra e comer uma quantidade adequada de proteínas por dia é vital para alcançar essa meta.

Agora, voltemos nossa atenção para os estudos de "dieta de baixo carboidrato é melhor" mencionados anteriormente. Em muitos casos, aos grupos de baixo teor de gordura foram dadas menos proteínas do que até mesmo a ingestão diária recomendada (IDR) de 0,8g por quilo de peso corporal, o que é simplesmente inadequado para fins de perda de peso. Pesquisas mostram que mesmo dobrar ou triplicar esses níveis de IDR de ingestão de proteína não é suficiente para impedir totalmente a perda de massa magra enquanto se reduzem calorias para perda de gordura.

Então, o que acontece em termos de perda de peso quando a alta ingestão de proteína é combinada com níveis altos e com níveis baixos de ingestão de carboidratos? Existe por acaso alguma pesquisa disponível para observarmos?

Sim.

Eu sei de quatro estudos que atendem a esses critérios e veja você que surpresa: quando a ingestão de proteínas é alta, não há diferença significativa na perda de peso se ela é combinada com uma dieta de baixo carboidrato ou de alto carboidrato.

Aqui estão trechos de cada estudo. Eu recomendo que você leia os documentos inteiros se tem interesse em obter os detalhes ou avaliar a qualidade geral da pesquisa:

> As dietas CBC (cetogênica de baixo carboidrato) e NCB (não cetogênica de baixo carboidrato) foram igualmente eficazes na redução do peso corporal e resistência à insulina, mas a dieta CBC foi associada a várias adversidades metabólicas e efeitos emocionais. O uso da dieta cetogênica para perda de peso não se justifica.

(Caso você esteja se perguntando, a dieta "NCB" acima mencionada não foi particularmente de baixo carboidrato — os indivíduos obtiveram 40% de suas calorias diárias de carboidratos.)

> Dietas de calorias reduzidas resultam em perda de peso clinicamente significativa, independentemente de quais macronutrientes elas enfatizam.

> O objetivo deste trabalho foi avaliar o efeito de dietas de baixo teor de gordura ou de baixo carboidrato para orientação para perda de peso, composição corporal e alterações nos índices metabólicos em sobreviventes de câncer de mama com excesso de peso pós-menopausa.

> A perda de peso média foi de 6,1 (3 4,8 kg) em 24 semanas, e não foi significativamente diferente por grupo de dieta; perda de massa magra também foi evidenciada.

> A perda de peso foi semelhante em dietas de BG [baixo teor de gordura] (100 +/- 4 a 96,1 +/- 4 kg; P <0,001) e BC [baixo nível de carboidrato] (95,4 +/- 4 a 89,7 +/- 4 kg ; P <0,001).

Portanto, enquanto você mantiver um déficit calórico adequado e sua ingestão de proteína alta, irá maximizar a perda de gordura ao mesmo tempo que preservará a massa magra tanto quanto possível. Uma dieta de baixo carboidrato também não ajudará a perder mais peso.

Agora que resolvemos esse assunto, vamos dar uma olhada nos benefícios de comer quantidades adequadas de carboidratos, começando com o papel da insulina no apoio ao crescimento muscular.

Veja, a insulina não induz diretamente a síntese de proteínas como os aminoácidos, mas tem propriedades anticatabólicas. Isso significa que quando os níveis de insulina são elevados, a taxa na qual as proteínas musculares são quebradas diminui. O que, por sua vez, cria um ambiente mais anabólico em que os músculos podem crescer mais rapidamente.

Isso parece bom em teoria, certo? Mas encontra respaldo na pesquisa clínica? Sim. Vários estudos mostram conclusivamente que dietas ricas em carboidratos são superiores às variedades de baixo carboidrato para a construção muscular e de força.

Por exemplo, pesquisadores da Ball State University descobriram que os níveis baixos de glicogênios musculares (que são inevitáveis com a dieta pobre em carboidratos) prejudicam a sinalização celular pós-treino relacionada com o crescimento muscular.

Um estudo conduzido por pesquisadores da Universidade da Carolina do Norte descobriu que, quando combinada com o exercício diário, uma dieta baixa em carboidratos aumentou os níveis de repouso de cortisol e a diminuição dos níveis de testosterona livre. (O cortisol, por sinal, é um hormônio que quebra tecidos, incluindo músculo. Em termos de maximizar o crescimento muscular, você deve buscar baixos níveis de repouso de cortisol e níveis elevados de testosterona livre.)

Esses estudos ajudam a explicar os resultados de um trabalho conduzido por pesquisadores da Universidade de Rhode Island, que analisou como a ingestão de baixos e altos níveis de carboidratos afetam a lesão muscular induzida por exercícios, a recuperação da força e o metabolismo de proteínas de todo o corpo após treino intenso.

Os resultados mostraram que os indivíduos com dietas pobres em carboidratos (não eram todas de baixo carboidrato — cerca de 226g por dia contra 353g por dia para o grupo de alto carboidrato) perderam mais força, recuperam-se mais lentamente e mostraram níveis mais baixos de síntese de proteínas.

Resultados semelhantes foram demonstrados por um estudo realizado por pesquisadores da Universidade McMaster, que comparou dietas de alto e de baixo carboidrato em indivíduos que realizaram treinos de perna diários. Os pesquisadores descobriram que aqueles com dieta pobre em carboidratos apresentaram taxas mais elevadas de quebra de proteínas e menores taxas de síntese de proteínas, o que resultou em menos crescimento muscular geral do que os indivíduos com dietas mais elevadas de carboidratos.

Assim, por todas essas razões, *Malhar, secar, definir* não envolve nenhuma forma de fazer dieta de baixo carboidrato. Em vez disso, você vai comer vários gramas de deliciosos carboidratos por dia, o que o ajudará a ficar grande, magro e forte.

GORDURA ALIMENTAR

A gordura alimentar é a fonte de energia mais densa disponível para o nosso corpo — cada grama de gordura contém mais que o dobro das calorias de um grama de carboidrato ou proteína (9 para 4, respectivamente).

As gorduras saudáveis, como as encontradas em carnes, laticínios, azeite, abacate e várias sementes e nozes, ajudam o organismo a absorver os demais nutrientes, alimentam o sistema nervoso, mantêm as estruturas celulares, regulam os níveis hormonais, além de outros benefícios.

Quimicamente falando, a gordura alimentar é composta por cadeias de átomos de carbono que podem ter de 2 a 22 átomos de comprimento. A maior parte da gordura alimentar encontrada na dieta americana é da variedade "cadeia longa", com 13 a 21 átomos de carbono por molécula.

Se os átomos de carbono estão ligados entre si de uma determinada maneira, o resultado é a forma de gordura insaturada, que é líquida à temperatura ambiente e encontrada em quantidades elevadas em alimentos como peixe, óleos e nozes.

Se não existirem tais ligações entre os átomos de carbono, o resultado é a forma saturada de gordura, que é sólida à temperatura ambiente e encontrada em grandes quantidades em laticínios. Embora as carnes costumem ser consideradas como ricas em gordura saturada (sobretudo a carne vermelha), elas contêm quase tanta gordura insaturada como saturada.

É de senso comum que a ingestão de gordura saturada aumenta o risco de doença cardíaca. No entanto, um grupo de cientistas da Universidade de Cambridge e do Conselho de Pesquisa Médica, da Universidade de Oxford, da Faculdade Imperial de Londres, da Universidade de Bristol, do Centro Médico Universitário Erasmus e da Faculdade de Saúde Pública de Harvard analisou recentemente 72 estudos e mais de um milhão de indivíduos e revelou que isso não é verdade.

Apesar de hoje sabermos que a gordura saturada não é o perigo que um dia pensamos que fosse, não se sabe ao certo qual seria a ingestão diária ideal. O mais recente relatório de diretrizes alimentares publicado pelo Departamento de Agricultura dos Estados Unidos (2010) mantém a recomendação de 2002: devemos obter menos de 10% de nossas calorias diárias de gordura saturada.

Mas pesquisadores apontam que essa recomendação é baseada na pesquisa falha que conecta a ingestão de gordura saturada com doença cardíaca, por isso há uma boa chance de essa restrição ser modificada em futuras orientações. Até lá, eu recomendo que você siga livremente a recomendação do Departamento de Agricultura.

O tipo de gordura que você deve evitar a todo custo é a *gordura trans*. Para o caso de você ter esquecido, a gordura trans é uma forma de gordura insaturada que normalmente não é encontrada na natureza. A gordura trans é produzida artificialmente e adicionada aos alimentos sobretudo para aumentar a vida de prateleira, e isso não é nada bom. Pesquisas têm associado a ingestão de gordura trans com uma variedade de problemas de saúde: doença cardíaca, resistência à insulina, inflamação sistêmica, infertilidade feminina e diabetes, entre outros. Há uma razão para o Instituto de Medicina dos Estados Unidos recomendar que a ingestão de gordura trans seja "a mais baixa possível".

Muitos dos baratos alimentos industrializados contêm gordura trans, como pipoca de micro-ondas, iogurte e manteiga de amendoim. Do mesmo modo, alimentos congelados — como pizza, doces e bolos industrializados e afins e alimentos fritos — são muitas vezes preparados em gordura trans. Qualquer alimento que contém óleo hidrogenado ou óleo parcialmente hidrogenado contém gorduras trans.

Infelizmente, evitar gorduras trans não é tão fácil como encontrar alimentos com rótulos que afirmam ser eles livres de gordura trans. Para atender a definição da FDA (Food and Drug Administration, órgão do governo norte-americano responsável pela administração de alimentos e medicamentos) de "zero grama de gordura trans por porção" não há a obrigação de os alimentos não conterem gorduras trans. Eles devem simplesmente conter menos de 1g por colher de sopa, ou até 7% do peso, ou menos de 0,5g por porção. Assim, se um saco de biscoitos contém 0,49g de gordura trans por porção, o fabricante pode reivindicar que conste na embalagem que seu produto é livre de gordura trans.

A melhor maneira de evitar as gorduras trans é fugir dos alimentos que costumam contê-los, independentemente do que dizem as informações nutricionais do rótulo.

Então, recapitulando, você pode ser bastante flexível na escolha de onde obter suas gorduras alimentares: leite, carne, ovos, óleos, nozes e peixe são fontes saudáveis. Não se preocupe com sua ingestão de gordura saturada, mas esforce-se para garantir muita gordura insaturada em sua alimentação também e coma tão pouca gordura trans quanto possível. (Eu não como absolutamente nenhuma.)

ÁGUA

O corpo humano é constituído de 60% de água no caso dos homens e chega a 70% no caso das mulheres. Os músculos são 70% água.

Apenas esses fatos já indicam a importância de cuidar da hidratação para manter a saúde em ordem e ter um adequado funcionamento do corpo. A capacidade de seu corpo para digerir, transportar e absorver nutrientes dos alimentos depende de uma adequada ingestão de fluidos. A água ajuda a prevenir lesões na academia ao proteger as articulações e outras áreas em que os tecidos são moles.

Quando seu corpo está desidratado, literalmente todos os processos fisiológicos sofrem um efeito adverso.

Para evitar a desidratação, a recomendação do Instituto de Medicina dos Estados Unidos, em 2004, é de que as mulheres consumam cerca de 2,7 litros de água por dia, e os homens, cerca de 3,7 litros por dia.

Porém, é preciso ter em mente que estes números incluem a água encontrada em alimentos, que corresponde a cerca de 20% da água na alimentação da pessoa média.

Há anos eu bebo de 4 a 7 litros de água por dia, o que é mais do que o relatório do Instituto de Medicina recomenda, mas eu suo bastante quando me exercito e moro na Flórida, o que significa perda de ainda mais fluido pela transpiração.

Nunca é demais dizer: a água que você bebe todos os dias tem de ser filtrada; nada de beber direto da torneira.

Muitos dos que já estão conscientes disso passaram a consumir água mineral, mas essa não é uma boa solução.

Martin Wagner, cientista do Departamento de Ecotoxicologia Aquática da Universidade de Frankfurt, nos diz o seguinte:

> A água mineral engarrafada em plástico teve uma maior contaminação de produtos químicos do que a engarrafada em vidro. Há muitos compostos em garrafas de plástico que não deveriam estar lá. Parte vem da lixiviação das garrafas de plástico e/ou tampas ou da contaminação da fonte.

É por isso que eu recomendo investir em um dispositivo de filtração de água eficaz. Eu mesmo só bebo água filtrada.

VITAMINAS E MINERAIS

A importância de vitaminas e minerais é algo que muita gente desconhece.

Os homens correm para lojas atrás do suplemento em pó de última geração, o mais avançado dos avançados, próprio para fortalecer e aumentar a musculatura, um produto que oferece uma "mistura exclusiva" de óleos e compostos exóticos, mas são bem poucos os consumidores que comprarão um multivitamínico.

O fato é que seu corpo precisa de um largo espectro de vitaminas e minerais para executar as milhares de sofisticadas funções que realiza todo dia. O corpo tem uma necessidade básica de vitaminas e minerais, assim como de proteínas, carboidratos, gorduras e água. Com o tempo, negligenciar o aspecto nutricional da alimentação comprometerá gravemente a sua saúde geral e sua capacidade de desempenho.

O ideal seria obter todas as vitaminas e os minerais que precisamos do alimento que comemos, mas isso é mais fácil dizer do que fazer. Em primeiro lugar, há a questão da qualidade sempre decrescente de solo e alimentos (mesmo no mundo dos orgânicos), o que torna mais complicado conseguir uma nutrição adequada de nossa alimentação. Além disso, há o fato de que a manutenção de níveis ideais de vitamina e ingestão de minerais requer um pouco de diversidade alimentar planejada, o que pode ser feito, mas também pode ser demorado.

Eu prefiro uma abordagem mais simples, garantindo que a maioria das minhas calorias sejam provenientes de alimentos ricos em nutrientes, tais como:

- abacate;
- verduras (acelga, couve, repolho, brócolis, mostarda, espinafre);
- pimentão;
- couve-de-bruxelas;
- cogumelo;
- batata assada;
- batata-doce;
- frutos carnosos (melancia, goiaba, pepino, uva, laranja, limão, tomate);
- iogurte desnatado;
- ovos;
- sementes (linhaça, abóbora, gergelim, girassol);
- grãos (grão-de-bico, feijão-vermelho, feijão-branco, feijão-carioca);
- lentilha e ervilha;
- amêndoa, castanha de caju e amendoim;
- grãos integrais (cevada, aveia, quinoa, arroz-integral);
- salmão, linguado, bacalhau, vieiras, camarão e atum;
- carne magra, cordeiro e carne de veado;
- frango e peru.

Também lanço mão de um bom multivitamínico como complemento, para preencher todos os furos deixados por minha alimentação e garantir que meu corpo receba todos os micronutrientes necessários.

Comer uma variedade de alimentos nutritivos, completando com um bom multivitamínico, proverá todas as suas necessidades de micronutrientes. Mas eu quero tirar um minuto para discutir dois minerais em particular, que costumam demandar especial atenção na alimentação da maioria das pessoas: o sódio e o potássio.

EQUILIBRANDO SEUS NÍVEIS DE SÓDIO E POTÁSSIO

O Instituto de Medicina dos Estados Unidos recomenda 1.500 miligramas de sódio por dia, como nível de ingestão adequado para a maioria dos adultos, e um limite máximo de 2.300 miligramas por dia.

No entanto, a maioria das pessoas come muito mais do que isso. De acordo com o Centro de Controle de Doenças dos Estados Unidos, o americano médio com idade acima de dois anos come 3.436 miligramas de sódio por dia. A alta ingestão crônica de sódio não só promove a retenção excessiva de água (o que faz você parecer mais gordo) como também pode elevar a pressão arterial e aumentar o risco de doença cardíaca.

O consumo excessivo de sódio é surpreendentemente fácil também. Uma colher de chá de sal de mesa contém a colossal quantia de 2.300 miligramas de sódio. Sim, você leu certo: uma colher de chá de sal de mesa por dia fornece a você o limite máximo recomendado de sódio!

Por isso, eu aconselho que você fique de olho na sua ingestão de sódio para mantê-la em torno do nível de ingestão recomendado. A estratégia que eu uso é salgar apenas uma refeição por dia (jantar).

Você também deve garantir que seu organismo receba potássio suficiente, uma vez que ele ajuda a equilibrar os níveis de fluido nas células. De acordo com o Instituto de Medicina dos Estados Unidos, o consumo de sódio e de potássio deve ficar em uma proporção de 1:2, com 4.700 miligramas por dia como a ingestão de potássio adequada para adultos.

Existem muitas fontes naturais de potássio — todas as carnes e peixes; legumes como brócolis, ervilhas, tomate, batata-doce e grãos; frutas como banana, damasco seco, abacate e kiwi; laticínios; e nozes. Além disso, você pode adquirir potássio em forma de comprimido, para usar como complemento, se necessário.

FIBRA

Existem duas formas de fibras: as solúveis e as insolúveis.

A fibra solúvel se dissolve em água e tende a retardar o movimento do alimento através do sistema digestivo. Segundo pesquisas, a fibra solúvel é metabolizada pelas bactérias no cólon e, portanto, tem pouco efeito sobre o peso das fezes.

No entanto, ela pode aumentar a produção fecal pela estimulação do crescimento de bactérias saudáveis e ácidos graxos, que são uma importante fonte de combustível para o cólon.

As fontes comuns de fibra solúvel são os feijões e as ervilhas; aveia; algumas frutas como ameixa, banana e maçã; certos vegetais como brócolis, batata-doce e cenoura; e certas nozes, sendo a amêndoa a que contém mais fibra alimentar.

Ao contrário da fibra solúvel, a fibra insolúvel não se dissolve em água e não contribui para o peso das fezes. Ela bate contra as paredes dos intestinos causando danos, mas pesquisas mostram que esses danos e as resultantes reparação e regeneração celular são processos saudáveis.

As fontes comuns de fibras insolúveis são alimentos de grãos integrais como arroz-integral, cevada e farelo de trigo; feijões; alguns legumes como ervilhas, feijão-verde e couve-flor; abacate; e as peles de algumas frutas como ameixa, uva, kiwi e tomate.

A importância de se obter fibra adequada é conhecida há muito tempo. O médico grego Hipócrates (460 a.C.–370 a.C.), que disse a famosa frase "Que o teu alimento seja o teu remédio e o teu remédio seja o teu alimento", recomendou pães integrais para melhorar os movimentos do intestino.

Todavia, garantir a nossa ingestão adequada de fibra é mais importante do que apenas ter um bom desempenho no banheiro...

A INGESTÃO DE FIBRA E O CÂNCER

Um estudo realizado por pesquisadores do Instituto de Medicina Preventiva e Social da Suíça descobriu que o consumo da fibra em grãos integrais está associado à redução do risco de câncer de boca e garganta. Tal associação não se dá com os grãos refinados, porque a fibra é removida durante o processo.

De acordo com uma pesquisa realizada por cientistas da Faculdade Imperial de Londres, ingerir fibra adequada todos os dias também pode reduzir o risco de câncer de mama.

A INGESTÃO DE FIBRAS E DOENÇAS CARDÍACAS

A doença cardíaca é a principal causa de morte nos Estados Unidos.

Este tipo de doença é causada pelo acúmulo de colesterol nos vasos sanguíneos que alimentam o coração (artérias), o que os torna duros e estreitos — tal processo é conhecido como *aterosclerose*. O bloqueio total de uma artéria leva ao ataque cardíaco.

Uma análise conjunta conduzida por pesquisadores da Universidade de Minnesota analisou os dados de 10 estudos para investigar a associação entre a ingestão de fibras e doenças cardíacas. Os pesquisadores descobriram que cada aumento de 10g na ingestão diária de fibras estava associado com uma redução de 14% no risco total de doença cardíaca e com uma redução de 27% no risco de morte por doenças cardíacas.

Uma pesquisa conduzida por cientistas da Universidade de Harvard apoia essas conclusões. Depois de acompanhar 43.757 homens por seis anos, os pesquisadores descobriram que conforme a ingestão de fibra aumentou, o risco de doença cardíaca diminuiu.

Mais pesquisas da Universidade de Harvard demonstraram que a fibra solúvel diminui os níveis de colesterol total e o LDL (o "mau colesterol", na sigla em inglês), o que ajuda a proteger contra doenças cardíacas.

A INGESTÃO DE FIBRA E A SÍNDROME METABÓLICA

A síndrome metabólica é uma combinação de doenças, incluindo hipertensão arterial, níveis elevados de insulina, obesidade (excesso de peso na área do abdômen), níveis elevados de triglicérides (partículas no corpo que carregam gorduras) e baixo HDL (o "bom colesterol", na sigla em inglês). Entre os seus muitos perigos óbvios, a síndrome metabólica aumenta significativamente o risco de doença cardíaca e diabetes.

Uma pesquisa conduzida por cientistas da Universidade Tufts demonstrou que o aumento da ingestão de grãos integrais reduz o risco de se desenvolver a síndrome. Verificou-se que as fibras e o magnésio dos grãos integrais foram principalmente, mas não totalmente, os responsáveis por esses benefícios.

A capacidade da fibra de ajudar a preservar a saúde metabólica não surpreende, uma vez que estudos têm mostrado que ela melhora o controle do açúcar no sangue, reduz a pressão arterial, diminui os níveis de colesterol, pode prevenir o ganho de peso e promover a perda de peso.

A INGESTÃO DE FIBRA E A DIABETES TIPO 2

A diabetes de tipo 2 caracteriza-se por níveis de açúcar no sangue cronicamente elevados e é causada pela incapacidade de produzir insulina suficiente para baixar os níveis de açúcar no sangue ou por células sem condições de usar apropriadamente a insulina.

Estudos têm demonstrado que a fibra reduz o risco de desenvolver diabetes tipo 2, pois melhora a capacidade do organismo de utilizar a insulina e regular os níveis de açúcar no sangue.

Por outro lado, tem sido observado o aumento do risco de desenvolvimento de diabetes tipo 2 e doença cardíaca em indivíduos cuja alimentação é pobre em fibras e rica em carboidratos simples.

A INGESTÃO DE FIBRA E A DIVERTICULITE

Diverticulite é uma inflamação intestinal, e é uma das doenças do cólon mais comuns no mundo ocidental. É muito dolorosa e ocorre especialmente em pessoas com mais de 45 anos.

Pesquisadores da Universidade de Harvard realizaram um estudo que acompanhou 43.881 homens e descobriram que comer fibra adequada — em especial a insolúvel — está relacionado com uma redução de 40% no risco de diverticulite.

DE QUANTA FIBRA PRECISAMOS TODOS OS DIAS?

As evidências são muito claras: coma bastante fibra e você terá mais chances de viver uma vida longa e saudável.

De acordo com o Instituto de Medicina dos Estados Unidos, crianças e adultos devem consumir 14g de fibra para cada 1.000 calorias de alimentos ingeridos.

Aqui estão algumas maneiras fáceis de se certificar de que você atingiu sua necessidade diária:

- Coma frutas inteiras em vez de beber sucos.
- Escolha pães, arroz, cereais e massas integrais em vez dos processados.
- Coma vegetais crus como lanche, em vez de batatas fritas, bolachas ou barras energéticas.
- Inclua legumes na sua alimentação (um jeito saboroso de fazer isso é cozinhar alguns pratos internacionais que usam muitos grãos integrais e legumes, como comida indiana e do Oriente Médio).

SUBTRAINDO A FIBRA DE SUA INGESTÃO DIÁRIA DE CARBOIDRATO

Você já deve ter ouvido falar que a fibra não tem calorias e, portanto, pode ser subtraída de sua ingestão total de carboidratos diária para "liberar" espaço para carboidratos mais gostosos.

Infelizmente, não é assim tão simples.

Somente a fibra *insolúvel* não pode ser processada por seu corpo e passa batido por você. A fibra *solúvel* se transforma em ácido graxo no intestino e contém algo em torno de 2 e 4 calorias por grama (os cientistas ainda não puderam determinar).

Se você assim o desejar, faça as contas de quantos gramas de fibra insolúvel vem comendo diariamente e subtraia esse número de sua ingestão diária de carboidratos. Mas, na minha opinião, não vale a pena esse trabalho para descobrir algo que lhe dará apenas algumas mordidas extras de comida por dia.

Quero aproveitar para resolver rapidamente o conceito de carboidratos "líquidos" ou "ativos" ou "de impacto", como esses termos costumam ser denominados em manobras de marketing para convencer as pessoas de que elas podem comer todos os tipos de alimentos sem que eles contem.

Por exemplo, uma barra de proteína pode anunciar apenas 4g de "carboidratos líquidos", mas quando você verifica as informações nutricionais do rótulo, vê que ela tem 25g de carboidrato e todas as suas calorias. Como assim?!

Bem, o problema é que não existe uma definição legal para esses termos de marketing e o FDA não avalia todas as reivindicações de uso para eles. O que a maioria dos fabricantes faz é pegar o número total de carboidratos que um produto contém, subtrair alcoóis de fibra e de açúcar e listar esse número como líquido, ativo ou de impacto.

Isso é enganoso porque a maioria dos alcoóis de açúcar contém calorias (embora menos do que o padrão de 4 calorias por grama encontrado em outras formas de açúcar) e, como você já sabe, cada grama de fibra solúvel contém calorias também que não podem ser subtraídas.

Você pode comer esses alimentos se quiser, mas somente conte todos os carboidratos e calorias listados nas informações nutricionais do rótulo e ignore os chavões de marketing.

O FUNDAMENTAL

Você pode achar este capítulo um pouco duro de engolir (sem trocadilhos). Algumas pessoas têm dificuldade em mudar os seus hábitos alimentares, mas os benefícios de seguir o meu conselho nesse sentido superam os pontos negativos.

1. Se para você esta é uma maneira completamente nova de comer, eu posso garantir que você vai se sentir melhor do que nunca. Você não terá altos e baixos de energia, nem se sentirá letárgico ou mentalmente obscurecido por causa de deficiências de micronutrientes ou pelo consumo excessivo de açúcares simples.

2. O tipo de proteína, carboidrato e gordura que você come pode ter um impacto significativo sobre sua aparência. Coma mal e você facilmente acabará empolado e inchado. Coma bem e parecerá visivelmente mais magro.

3. Você desfrutará muito mais os alimentos "ruins" quando os comer menos. A pizza parecerá muito mais saborosa quando você ficar uma semana sem ela.

4. Por outro lado, quanto mais você comer alimentos nutritivos, mais virá a apreciá-los, eu garanto! Mesmo que eles não tenham um gosto muito bom para você num primeiro momento, apenas encaixe-os na rotina alimentar e logo você vai preferir seus grãos integrais e frutas em vez de bolos e doces.

RESUMO DO CAPÍTULO

INTRODUÇÃO

- O aspecto nutricional do *fitness* é poderosíssimo e trabalha tanto a favor quanto contra você, multiplicando ou dividindo seus resultados.
- A nutrição adequada resume-se a suprir seu corpo dos nutrientes necessários para recuperar-se eficientemente de seus exercícios e manipular o consumo de energia para perder, manter ou ganhar peso, conforme o desejado.
- Independentemente de qual seja a fonte, um grama de proteína contém 4 calorias, um grama de carboidratos contém 4 calorias, bem como um grama de gordura contém 9 calorias.
- Diversos fatores determinam o total de energia que seu organismo queima diariamente, como tamanho corporal, massa magra total, temperatura do corpo, o efeito térmico dos alimentos, estimulantes como a cafeína e os tipos e as quantidades de atividade física.

PROTEÍNA

- Uma dieta de alta proteína é absolutamente vital para a construção muscular e para preservar a musculatura quando você está de dieta para perda de gordura.
- O exercício físico regular — principalmente o levantamento de peso — aumenta a necessidade de aminoácidos essenciais do seu organismo e, portanto, de proteína.

- Suas melhores opções são carne, laticínios e ovos; em segundo lugar, temos algumas fontes vegetais, como legumes, nozes e vegetais de alta proteína, como ervilhas, brócolis e espinafre.
- A proteína da carne é particularmente útil quando você está levantando peso. Pesquisas têm demonstrado que a ingestão de carnes aumenta os níveis de testosterona e é mais eficaz para a construção muscular do que fontes de origem vegetal.
- Se você é vegetariano, embora seja verdade que você faria melhor se comesse carne, não se desespere: você ainda pode se sair bem no programa, desde que coma bastante proteína todos os dias vinda de fontes de alta qualidade.
- É difícil traçar um limite preciso para a quantidade de proteína que seu corpo pode absorver em uma refeição. Mas é definitivamente muito mais do que os 20 a 30g que algumas pessoas alegam.
- Comer proteína com mais frequência costuma ser melhor que com menos frequência. Cada ingestão de proteína deve conter pelo menos de 30g a 40g gramas de proteína. A alimentação pode conter um pouco mais de proteína, se necessário, para atingir metas diárias.
- Você pode tomar a proteína de soro do leite quando quiser, mas ela é particularmente eficaz como uma fonte de proteína pós-treino, porque é rapidamente digerida, o que provoca um aumento substancial de aminoácidos no sangue (sobretudo a leucina).

CARBOIDRATOS

- Os carboidratos (em todas as formas) não são armazenados como gordura corporal de forma tão eficiente como as gorduras alimentares.
- Os carboidratos desempenham um papel essencial não só no crescimento muscular, mas no funcionamento geral do corpo.
- Os monossacarídeos são os chamados carboidratos simples, por conta de sua estrutura simples.
- Os oligossacarídeos são moléculas que contêm vários monossacarídeos ligados em conjunto em estruturas em forma de cadeia.
- Os polissacarídeos são cadeias longas de monossacarídeos e normalmente contêm 10 ou mais unidades de monossacarídeos.
- Todas as formas de carboidratos que ingerimos são metabolizadas em glicose ou deixadas indigeríveis, servindo assim como fibra alimentar.
- Uma ingestão elevada e de longo prazo de carboidratos simples (dissacarídeos como a sacarose e o XMAF) tem sido associada ao aumento do risco de doença cardíaca e diabetes tipo 2.
- Os corpos sedentários e com excesso de peso não lidam tão bem com açúcares simples como os magros e fisicamente ativos.

- Se você se exercita regularmente e não está acima do peso, seu corpo pode lidar com carboidratos simples muito bem.
- Comer uma grande quantidade de alimentos com adição de açúcares pode reduzir a quantidade de micronutrientes que seu corpo recebe e assim causar deficiências.
- O índice glicêmico (IG) é um sistema numérico que classifica a rapidez com que o organismo converte carboidratos em glicose. A classificação IG até 55 é considerada baixa no índice; a classificação de 56 a 69 é média; e a classificação de 70 para cima é alta.
- Obtenha a maioria de seus carboidratos diários de alimentos nutritivos não processados, que, aliás, têm baixo IG; mas não tenha medo de incluir alguns alimentos de alto IG que você goste.
- A insulina diz ao corpo para parar de queimar suas reservas de gordura e, em vez disso, absorver um pouco dos ácidos graxos e da glicose no sangue e transformá-los em mais gordura corporal... mas não é esse mecanismo fisiológico que fará você engordar ao longo do tempo — é comer em excesso que fará isso.
- Quando a ingestão de proteínas é alta, não há diferença significativa na perda de peso se ela é combinada com uma dieta de baixo carboidrato ou de alto carboidrato.
- Quando os níveis de insulina são elevados, a taxa na qual as proteínas musculares são quebradas diminui. O que, por sua vez, cria um ambiente mais anabólico em que os músculos podem crescer mais rapidamente.

GORDURA ALIMENTAR

- A gordura alimentar é a fonte de energia mais densa disponível para o nosso corpo — cada grama de gordura contém mais que o dobro das calorias de um grama de carboidrato ou proteína.
- As gorduras saudáveis, como as encontradas em carnes, laticínios, azeite, abacate e várias sementes e nozes, ajudam o organismo a absorver os demais nutrientes, alimentam o sistema nervoso, mantêm as estruturas celulares e regulam os níveis hormonais, entre outros benefícios.
- Apesar de hoje sabermos que a gordura saturada não é o perigo que um dia pensamos que fosse, não se sabe ao certo qual seria a ingestão diária ideal. O mais recente relatório de diretrizes alimentares publicado pelo Departamento de Agricultura dos Estados Unidos (2010) mantém a recomendação de 2002: devemos obter menos de 10% de nossas calorias diárias de gordura saturada.
- Pesquisas têm associado a ingestão de gordura trans com uma variedade de problemas de saúde: doença cardíaca, resistência à insulina, inflamação sistêmica, infertilidade feminina e diabetes, entre outras.

- A melhor maneira de evitar as gorduras trans é fugir dos alimentos que costumam contê-los, independentemente do que dizem as informações nutricionais do rótulo.

ÁGUA

- Quando seu corpo está desidratado, literalmente todos os processos fisiológicos sofrem um efeito adverso.
- A recomendação do Instituto de Medicina dos Estados Unidos, em 2004, é de que as mulheres consumam cerca de 2,7 litros de água por dia, e os homens, cerca de 3,7 litros por dia.
- A água que você bebe todos os dias tem de ser filtrada; nada de beber direto da torneira.

VITAMINAS E MINERAIS

- Seu corpo precisa de uma grande variedade de vitaminas e minerais para executar os milhões de processos fisiológicos que o mantêm vivo e bem.
- O ideal seria obter todas as vitaminas e os minerais que precisamos do alimento que comemos, mas isso é mais fácil dizer do que fazer.
- Obtenha a maioria de suas calorias de alimentos ricos em nutrientes.
- O Instituto de Medicina dos Estados Unidos recomenda 1.500 miligramas de sódio por dia como nível de ingestão adequado para a maioria dos adultos e um limite máximo de 2.300 miligramas por dia. Uma colher de chá de sal de mesa contém a colossal quantia de 2.300 miligramas de sódio.
- De acordo com o Instituto de Medicina dos Estados Unidos, o consumo de sódio e de potássio deve ficar em uma proporção de 1:2, com 4.700 miligramas por dia como a ingestão de potássio adequada para adultos.

FIBRA

- As evidências são muito claras: coma bastante fibra e você terá mais chances de viver uma vida longa e saudável.
- De acordo com o Instituto de Medicina dos Estados Unidos, crianças e adultos devem consumir 14g de fibra para cada 1.000 calorias de alimentos ingeridos.
- Somente a fibra *insolúvel* não pode ser processada por seu corpo e passa batido por você. A fibra *solúvel* se transforma em ácido graxo no intestino e contém algo em torno de 2 e 4 calorias por grama.
- Preserve sua segurança em relação aos produtos alimentícios que se promovem como carboidratos "líquidos", "ativos" ou "de impacto" contando todos os carboidratos e calorias listados nas informações nutricionais do rótulo e ignore os chavões de marketing.

13

Como maximizar seus ganhos com nutrição pré e pós-treino

A maioria dos campeões se fez exercitando-se todos os dias, e não empreendendo esforços extraordinários.

— DAN JOHN

VOCÊ JÁ SABE *que horas* e *quantas vezes* você come geralmente não faz diferença. Contanto que bata seus números diários, você pode perder gordura e construir músculos com facilidade. Porém, há duas refeições importantes: as refeições pré e pós-treino.

A REFEIÇÃO PRÉ-TREINO

Como quase tudo do fisiculturismo, o tema da nutrição pré-treino está cheia de contradições. A nutrição pré-treino é mesmo importante? Você deve comer proteína antes de treinar? Carboidratos? Gorduras? Em caso afirmativo, que tipos de alimentos são os melhores e em que quantidades? Ou comer antes do treino não terá nenhum efeito considerável sobre seu desempenho ou seus resultados?

Bem, nós iremos analisar a fundo essas questões e chegaremos a algumas conclusões definitivas, baseadas em ciência, sobre a nutrição pré-treino.

PROTEÍNA PRÉ-TREINO

Algumas pessoas, que baseiam suas alegações citando um ou dois estudos, afirmam que comer proteína antes do treino não faz diferença. 1) Por outro lado, você pode encontrar provas científicas de que proteína pré-treino melhora o crescimento muscular pós-treino. 2) Como assim? Bem, uma grande parte "invisível" desse quebra-cabeça tem a ver com o espaço de tempo em que os indivíduos do estudo tinham comido proteína pela última vez antes de fazer suas refeições pré-treino. Você sabe que seu corpo leva várias horas para absorver completamente os nutrientes contidos nos alimentos ingeridos. 3) Quanto maior a refeição, maior a demora (a pesquisa mostra que a absorção pode levar de duas a seis horas ou mais).

Isto significa que se você tiver comido uma quantidade considerável de proteína uma ou duas horas antes de malhar, seus níveis de aminoácidos no plasma (sangue) estarão bastante elevados quando chegar a hora de treinar e as taxas de síntese de proteína estarão maximamente elevadas. Neste caso, é improvável que mais proteína antes do treino fizesse muita diferença em termos de ajudar a construir mais músculo, porque seu corpo já se encontraria em um estado anabólico.

Por outro lado, se tivessem se passado várias horas desde que você comeu proteína e, especialmente, se a quantidade ingerida tivesse sido pequena (menos de 20g), os níveis de aminoácidos no seu plasma estariam provavelmente reduzidos até o horário do treino e as taxas de síntese de proteínas seriam o mais baixas possível.

Neste caso, pesquisas mostram que a proteína pré-treino deve ajudá-lo a construir mais músculo porque ela aumenta os níveis de aminoácidos no plasma (e, portanto, as taxas de síntese de proteínas) antes do treino.

A maioria das pessoas treina no início da manhã ou várias horas após o almoço (depois do trabalho ou antes do jantar), e é por isso que eu costumo recomendar de 30 a 40g de proteína cerca de 30 minutos antes do treino.

Se, no entanto, você comer pelo menos essa quantidade de proteína de 1 a 2 horas antes do treino, poderá ignorar a proteína pré-treino sem que haja perda de crescimento muscular potencial.

Em relação aos melhores tipos de proteínas pré-treino, sabemos que quanto mais rápido uma proteína é digerida, e quanto mais leucina ela tem, mais ela estimula o crescimento muscular de curto prazo. E embora qualquer forma de proteína pré-treino eleve os níveis de aminoácidos no plasma, uma forma mais rápida de digestão como a proteína de soro do leite — que também é rica em leucina — proporcionará uma elevação ainda maior.

CARBOIDRATO PRÉ-TREINO

Felizmente para nós, as pesquisas sobre comer carboidratos antes do treino são muito mais diretas: eles melhoram o desempenho. Ponto final.

Especificamente, comer carboidratos de 15 a 30 minutos antes do treino irá fornecer a seus músculos combustível adicional para os seus treinos, mas não estimulará diretamente o crescimento muscular adicional.

Eu digo "estimular diretamente" porque, embora comer carboidratos antes do treino não afete as taxas de síntese de proteínas, poderá ajudá-lo a empurrar mais peso e fazer mais repetições em seus treinos e, assim, indiretamente, ajudá-lo a construir mais músculo ao longo do tempo.

Então, se é bom comer carboidratos pré-treino, quais são os melhores?

Mais uma vez, as pesquisas são bem diretas: carboidratos de baixo índice glicêmico são os melhores para prolongados (2 ou mais horas) exercícios de resistência, e carboidratos com alto índice glicêmico são os melhores para treinos mais curtos e mais intensos.

Em termos de o que comer, eu não gosto de suplementos de carboidratos pré-treino. Eles são pouco mais do que supervalorizados e superfaturados tonéis de açúcares simples, como a dextrose e a maltodextrina. Não se deixe levar pela propaganda. Não há nada inerentemente especial sobre essas substâncias além de elas serem de fácil digestão.

Em vez disso, prefiro muito mais obter meus carboidratos pré-treino dos alimentos. As minhas fontes favoritas são leite de arroz (o gosto fica ótimo com proteína de soro do leite!) e banana, mas outras escolhas nutritivas populares são aveia instantânea, tâmaras e figos, melão, batata-inglesa, arroz-branco, passas e batata-doce.

Em termos de números e tempo, eu recomendo comer de 40 a 50g de carboidratos 30 minutos antes de treinar para sentir uma melhora significativa no seu desempenho.

GORDURA ALIMENTAR PRÉ-TREINO

Há quem afirme que a ingestão de gordura alimentar antes do treino pode reduzir a utilização de carboidratos durante o exercício e, assim, melhorar o desempenho. No entanto, pesquisas têm demonstrado o contrário.

Um estudo conduzido por pesquisadores da Ball State University demonstrou que o aumento da ingestão de gordura alimentar 24 horas antes do exercício (ciclismo, neste caso) reduziu o desempenho contrarrelógio em comparação com uma dieta rica em carboidratos.

Um estudo realizado por pesquisadores do Instituto Australiano do Esporte demonstrou que, mesmo quando o seu corpo torna-se "lipoadaptado" e usa carboidratos com mais moderação durante o exercício, o desempenho não melhora.

Veja como pesquisadores da Universidade de Deakin resumiram, em 2004, sua revisão de literatura da ingestão de gordura alimentar pré-treino:

> Deste modo, verifica-se que, embora uma tal estratégia possa ter um efeito significativo sobre o metabolismo do exercício (isto é, redução na utilização de carboidratos), não há nenhum efeito benéfico no desempenho do exercício.

Portanto, sinta-se livre para ingerir gordura alimentar antes do treino, mas não espere ganhar nada especial com isso.

Isto é tudo o que você precisa para a nutrição pré-treino: de 30 a 40g de proteína (e o soro do leite é o melhor) e de 40 a 50g de carboidratos 30 minutos antes do treino.

A REFEIÇÃO PÓS-TREINO

A refeição pós-treino é parte do "preceito da construção do corpo", por assim dizer.

Se você levanta peso há algum tempo, na certa já ouviu falar que se não comer proteína e/ou carboidrato após o treino, irá prejudicar o crescimento muscular ou perder uma oportunidade para acelerá-lo.

Também costuma-se afirmar com frequência que há uma "janela anabólica" de tempo pós-treino em que você deve comer sua comida. Se perder essa janela, dizem, você perderá ou deixará de ter ganhos adicionais.

Bem, a verdade é que, embora esses dogmas sejam exagerados, há alguma verdade neles.

Veja, ao se exercitar, você dá início a um processo no qual as proteínas musculares são quebradas (tecnicamente conhecido como *proteólise*). Esse efeito é suave enquanto você está treinando, mas rapidamente acelera depois disso. Se você está treinando em jejum, a proteólise é ainda maior, sobretudo em três ou mais horas após o treino.

Agora, o desgaste muscular não é inerentemente ruim, mas quando se excede a capacidade do corpo de sintetizar novas proteínas, o resultado é a perda muscular. Por outro lado, quando o corpo sintetiza mais moléculas de proteína do que perde, o resultado líquido é o crescimento muscular.

Os objetivos da alimentação pós-treino são minimizar o desgaste muscular pós-treino e maximizar a síntese de proteínas. E do mesmo modo que na nutrição pré-treino, você consegue esses efeitos comendo proteínas e carboidratos após o treino.

PROTEÍNA PÓS-TREINO

Comer proteína depois do treino estimula a síntese proteica, o que impede o desgaste muscular e inicia o crescimento muscular.

Um estudo conduzido por pesquisadores da Universidade do Texas deixa claro a importância disso. Os cientistas analisaram indivíduos, divididos em três grupos, que realizaram treinos de resistência pesada para a perna. Em seguida, cada grupo foi submetido à ingestão lenta (ao longo de várias horas) de um placebo, ou uma mistura de aminoácidos essenciais e não essenciais, ou uma mistura de aminoácidos essenciais apenas.

O resultado foi: o grupo que bebeu o placebo apresentou um saldo negativo de proteína muscular várias horas após seus treinos (é isso mesmo, eles estavam perdendo músculo), enquanto os grupos que ingeriram as misturas de aminoácidos apresentaram um saldo positivo (eles estavam construindo músculo).

Sabemos também que a proteína pós-treino estimula a síntese de proteínas mais do que a proteína ingerida em repouso. Isso foi demonstrado por um estudo realizado por pesquisadores do Shriners Burns Institute. Eles aplicaram em seis homens normais e destreinados uma infusão intravenosa com uma mistura balanceada de aminoácidos, tanto em repouso quanto após o treino de perna. A infusão pós-treino resultou na síntese de 30% a 100% mais proteínas do que a infusão em repouso.

Embora estes possam parecer pequenos benefícios, eles vão se somando. Quanto mais tempo o seu corpo dedica à construção de proteínas em vez de sua quebra, mais músculos você ganha como resultado. Ao longo de meses ou anos, as pequenas vantagens acumuladas de proteína sintetizada a cada dia poderão somar até vários quilos de massa muscular adicional.

Isso não se trata de apenas uma teoria. Pesquisas clínicas indicam que a proteína ingerida dentro de 1 a 2 horas após o fim do treino pode realmente aumentar o crescimento muscular geral ao longo do tempo.

Por exemplo, um estudo realizado por pesquisadores do Hospital Bispebjerg dividiu em dois grupos 13 homens idosos não treinados seguindo um programa de treinamento de resistência de 12 semanas. Um grupo recebeu um suplemento oral de proteína/carboidratos imediatamente pós-treino e o outro recebeu o mesmo suplemento duas horas após o exercício.

Resultado: o grupo de ingestão pós-treino construiu mais músculo que o grupo que ingeriu duas horas mais tarde.

Também vale a pena darmos uma olhada no estudo bem concebido e bem executado conduzido por cientistas da Universidade de Victoria. O estudo foi realizado com 23 fisiculturistas recreativos que seguiram um programa de levantamento de peso intenso durante 10 semanas, divididos em dois grupos:

1. O grupo comeu uma refeição de proteínas e carboidratos imediatamente antes e imediatamente após o treino.
2. O grupo comeu as mesmas refeições no período da manhã e à noite, pelo menos cinco horas antes e depois dos treinos.

Após 10 semanas, os pesquisadores concluíram que o primeiro grupo (consumo pré e pós-treino) construiu significativamente mais músculo do que o segundo grupo (consumo pela manhã e à noite).

Então... se a proteína pós-treino é boa, a pergunta óbvia é: quanto se deve comer?

Bem, no início do livro, eu mencionei um estudo comumente citado no que se refere a recomendações de proteína pós-treino que demonstrou que 20g de proteína pós-treino estimulam a síntese de proteína muscular máxima em homens jovens. Ou seja, comer mais de 20g de proteína após malhar não acrescenta nada em termos de estimular o crescimento muscular adicional.

Acontece que não podemos assumir que essa cifra de 20 gramas se aplica a todos, porque o metabolismo de proteínas é afetado por vários fatores:

Quanto músculo você tem.

Quanto mais músculo você tem, mais aminoácidos são necessários para o seu corpo manter a musculatura, e em mais lugares o seu corpo pode armazenar excedentes.

Quão ativo você é.

Quanto mais você se movimentar, de mais proteínas o seu corpo precisará.

Qual a sua idade.

Quanto mais velho você fica, mais proteínas seu corpo demanda para manter seu músculo.

Seus hormônios.

Os níveis elevados de hormônio de crescimento e IGF-1 (fator de crescimento semelhante à insulina tipo 1, na sigla em inglês) estimulam a síntese. Se o seu corpo apresenta altos níveis desses hormônios anabólicos, ele usará a proteína melhor do que alguém que apresenta baixos níveis.

Por outro lado, os níveis elevados de cortisol reduzem a síntese de proteínas e aceleram o processo pelo qual o corpo converte aminoácidos em glicose (gliconeogênese), reduzindo assim a quantidade disponível para a produção e a reparação de tecidos. Algumas pessoas apresentam níveis de cortisol cronicamente elevados, o que prejudica o metabolismo de proteínas.

Assim, enquanto 20g de proteína podem ser suficientes para estimular o crescimento muscular máximo em certos indivíduos, sob determinadas condições, não serão o bastante para todos. Algumas pessoas vão precisar de mais para atingir o mesmo nível de síntese e outras poderão se beneficiar de mais proteína (isso resultará na síntese de mais proteína).

E é por isso que eu recomendo que você coma a cifra familiar de 30 a 40g de proteína em sua refeição pós-treino. A proteína que eu uso, que você pode encontrar no relatório gratuito, também contém adição de leucina, que demonstrou aumentar a síntese de proteína muscular mais que a proteína de soro do leite sozinha.

CARBOIDRATO PÓS-TREINO

A razão mais comum que nos recomendam comer carboidratos após o treino é o aumento dos níveis de insulina, que supostamente estimula o crescimento muscular de modo intenso. Isso não é de todo correto, porque, como você já sabe, a insulina não diz a seus músculos para crescer — ela tem apenas propriedades anticatabólicas.

O que é verdade, porém, é que o pico de insulina pós-treino diminui a taxa de degradação de proteínas que ocorre após o exercício. E, como crescimento muscular nada mais é do que as taxas de síntese de proteínas superiores às taxas de degradação de proteínas, qualquer coisa que aumente as primeiras e diminua essas últimas melhora essa "equação" a nosso favor.

Um bom exemplo disso pode ser visto em um estudo realizado por pesquisadores da Universidade McMaster que compararam os efeitos de dietas de alto e de baixo carboidrato em indivíduos envolvidos em exercício regular. Os pesquisadores descobriram que os indivíduos que seguiam a dieta de baixo carboidrato tinham aumentado as taxas de degradação de proteínas e reduzido as taxas de síntese de proteínas, o que resultou em menor crescimento muscular geral.

Esses benefícios dependentes de insulina estabilizam em torno de 15 a 30 mícrons por litro ou cerca de três a quatro vezes os níveis normais de insulina em jejum. "Bater" níveis de insulina mais elevados que estes não entrega mais efeitos "poupadores de proteína"

Acontece que você não precisa mesmo comer carboidratos para chegar a tal nível: você pode consegui-lo apenas com a proteína. Um estudo mostrou que a resposta da insulina à ingestão de 45g de proteína de soro do leite atingiu seu máximo em cerca de 40 minutos, e se manteve durante cerca de 2 horas.

Se você incluir carboidratos na sua refeição pós-treino, no entanto, os níveis de insulina subirão mais rápido e permanecerão elevados por mais tempo. Um estudo mostrou que a ingestão de uma refeição mista contendo 75g de carboidrato, 37g de proteína e 17g de gordura resultou numa elevação dos níveis de insulina durante mais de cinco horas. (Na marca de cinco horas, quando os pesquisadores pararam os testes, os níveis de insulina ainda estavam o dobro do nível em jejum.)

Portanto, duas razões para incluir carboidratos em sua refeição pós-treino são aumentar rapidamente os níveis de insulina e mantê-los elevados por longos períodos.

Outra razão diz respeito ao glicogênio. Se você estiver levantando peso regularmente, será importante manter seus músculos tão cheios de glicogênio quanto possível. Ele melhora o desempenho e pesquisas mostram que, quando os níveis de glicogênio muscular são baixos, o desgaste muscular induzido pelo exercício se acelera.

Exercícios anaeróbicos como levantamento de peso e treinamento cardiovascular intervalado de alta intensidade causam acentuadas reduções nos estoques de glicogênio muscular; e quando seu corpo está nesse estado pós-treino de esgotamento de glicogênio, a sua capacidade de usar carboidratos para repor os estoques de glicogênio é muito maior. Nesse estado, seus músculos podem "supercompensar" com glicogênio, o que significa que podem armazenar mais do que podiam antes do esgotamento.

Essa "supercompensação" não deverá afetar o seu desempenho de treino, a menos que você se envolva em vários episódios de exercício intenso no mesmo dia. Contanto que você coma bastantes carboidratos ao longo de todo o dia, seu corpo acabará por encher de novo seus estoques de glicogênio.

Dito isso, o estado pós-treino empobrecido cria um agradável "escoadouro de carboidrato", que você pode usar para desfrutar de um grande número de carboidratos com pouco ou nenhum armazenamento de gordura (pois o corpo não irá armazenar carboidratos como gordura até que os estoques de glicogênio sejam reabastecidos). Em termos de quantidade de carboidrato para comer em sua refeição pós-treino, uma boa regra de ouro é cerca de 1g de carboidrato por quilograma de peso corporal.

E em termos de quando comer os carboidratos, a recomendação geral é "imediatamente após o exercício". Pesquisas também mostram que comer cerca de 0,5g de carboidrato por quilograma total 2 horas depois pode ajudar ainda mais a repor os estoques de glicogênio, mas isso é opcional, visto que os efeitos não são tão pronunciados como na refeição inicial pós-treino. Eu recomendo que você inclua essa segunda refeição pós-treino se ela se adapta às suas necessidades de planejamento de refeições.

E QUANTO AOS EXERCÍCIOS CARDIOVASCULARES?

Todos os conselhos acima são para exercícios de levantamento de peso. No que se refere a exercícios cardiovasculares, é bom comer alguma proteína antes para neutralizar qualquer perda muscular potencial, mas, fora isso, você não precisa fazer nada de especial.

Se você precisa ter um bom desempenho (em esportes, por exemplo), então incluir carboidratos em sua refeição pré-treino é uma boa ideia também.

Proteína pós-treino ou carboidrato só será necessário se o exercício cardiovascular for particularmente longo e intenso (mais de 1 hora, com uma quantidade razoável de corrida).

RESUMO DO CAPÍTULO

- Comer proteína antes de malhar, sobretudo uma proteína de rápida digestão rica em leucina como a do soro do leite, pode ajudá-lo a construir mais músculo ao longo do tempo. Eu recomendo de 30 a 40g de proteína 30 minutos antes do treino.
- Comer carboidrato antes de malhar, sobretudo uma forma de rápida digestão, irá melhorar o seu desempenho. Eu recomendo de 40 a 50g de carboidratos 30 minutos antes do treino.
- Comer gordura alimentar antes de malhar não oferece benefícios.
- Os objetivos da alimentação pós-treino são minimizar o desgaste muscular pós-treino e maximizar a síntese de proteínas. E, assim como na nutrição

pré-treino, você consegue esses efeitos por comer proteínas e carboidratos após o treino.

- Comer proteína depois de malhar, e sobretudo uma proteína de rápida digestão rica em leucina, como a do soro do leite, pode ajudá-lo a construir mais músculo ao longo do tempo. Eu recomendo comer, pelo menos, de 30 a 40g de proteína em sua refeição pós-treino.
- Comer carboidratos depois de malhar, e sobretudo um carboidrato de rápida digestão, aumenta os níveis de insulina mais rápido e os mantêm elevados por mais tempo, o que por sua vez mantém baixas as taxas de desgaste muscular. Eu recomendo 1g de carboidrato por quilo de peso corporal em sua refeição pós-treino, que você deve comer imediatamente após o exercício.
- Segundo pesquisas, comer cerca de 0,5g de carboidrato por quilo total cerca de 2 horas depois pode ajudar ainda mais a repor o glicogênio.
- É recomendável tomar alguma proteína antes de um treino com exercícios cardiovasculares a fim de neutralizar qualquer potencial perda muscular. As proteínas pós-treino ou carboidratos só serão necessários se os exercícios forem muito intensos e com mais de 1 hora de duração.

14

Construa o corpo que você quer comendo aquilo que você adora

A "DIETA" DE *MALHAR, SECAR, DEFINIR*

Você tem razão em ser cauteloso. Há muita besteira. Desconfie de mim também, porque eu posso estar errado. Forme a sua própria opinião depois de avaliar todas as evidências e a lógica.

— MARK RIPPETOE

NESTE CAPÍTULO, vamos pegar tudo que você aprendeu sobre nutrição adequada e transformar em um plano alimentar simples e fácil de seguir.

Especificamente, iremos aprender a criar três tipos de planos de refeição: um para *cutting*, um para *bulking* e outro para *maintaining*.

Cutting é o "termo *fitness*" para alimentar o seu corpo com menos energia do que ele queima todos os dias para maximizar a perda de gordura, minimizando a perda de músculo.

Bulking refere-se a alimentar seu corpo com um pouco mais de energia do que ele queima todos os dias, de modo a maximizar o crescimento muscular. Você também ganha gordura corporal durante o *bulking*.

Maintaining é quando você adapta a alimentação para fazer um lento aumento da musculatura, sem adicionar nenhuma gordura.

Por exemplo, você sabia que a restrição de calorias dificulta a capacidade do seu corpo para construir músculos, ao passo que comer um ligeiro excedente de calorias a maximiza?

Todos os dias, as nossas células musculares passam por um processo natural pelo qual as células degradadas são eliminadas e novas células são criadas para tomar seu lugar. Sob circunstâncias normais de saúde e alimentação, o tecido muscular é bastante estável e o ciclo de degradação e regeneração se mantém equilibrado. Ou seja, a pessoa média não perde nem ganha massa muscular em um ritmo acelerado;

seu nível de massa magra se mantém mais ou menos o mesmo. (Bem, a menos que treinemos nossos músculos, perderemos massa magra aos poucos com a idade; mas você já entendeu a ideia.)

Quando nos empenhamos em treinos de resistência, que danificam as células nas nossas fibras musculares, isso sinaliza ao corpo para acelerar a taxa normal de síntese proteica para reparar o grande número de células danificadas.

Quando você restringe suas calorias, no entanto, seus níveis de hormônios anabólicos caem e a capacidade do corpo para sintetizar proteínas torna-se prejudicada. Ou seja, um déficit calórico embota a capacidade do seu corpo de reparar integralmente o dano que você causa a seus músculos através do exercício. É por isso que é também mais fácil se entrar em sobretreinamento (*overtraining*) quando se está em um déficit calórico.

É por esse motivo que geralmente não se pode construir o músculo de forma eficiente enquanto se restringem calorias para perda de gordura, o que costuma ser chamado de "recomposição corporal", e muitas vezes tem sido visto como a nova escola da musculação.

Aqueles que vendem a recomposição corporal normalmente dirão que a ideia de *bulking* e *cutting* não funciona ou é ultrapassada e que toda e qualquer pessoa pode ficar grande e magra, simultaneamente, seguindo algum tipo de dieta ou rotina de exercícios extravagante. Bem, eles estão mentindo.

Os únicos indivíduos que podem mesmo (e naturalmente) construir músculos e perder gordura ao mesmo tempo são os novatos que têm uma certa quantidade de gordura para perder e aqueles que sempre estiveram em boa forma e agora estão voltando a ela (a "memória muscular" permite que você recupere rapidamente o músculo que um dia teve).

No entanto, se você é um levantador experiente, que já construiu uma boa quantidade de músculo, não será capaz de construir nenhuma quantidade apreciável de músculo ao restringir suas calorias para perda de gordura. Não importa o tipo de dieta ou protocolo de treinamento que você use. Ponto. Seu objetivo em *cutting* é preservar o músculo, não ganhá-lo.

O "grande segredo" de levantadores de peso experientes e talentosos que são capazes de construir músculo e força e se manter magros... são as drogas. Muitas e muitas drogas.

Assim, não se torne um dos muitos caras que tentam a sorte durante anos perseguindo a "recomposição corporal" saltando de um treino e uma dieta da moda para os próximos, que no final pouco terão feito por você.

Sendo assim, o que fazer, afinal? Se não podemos recompor nosso caminho para o físico ideal, como iremos chegar lá?

Com *bulking* e *cutting*. De maneira correta.

Veja, algumas das críticas populares dessa abordagem não têm validade. É fato que muitos dos programas de *bulking* que você pode encontrar na internet são falhos de várias formas, a saber: treino inadequado, que não resulta em muito crescimento muscular; comer em excesso, que resulta no armazenamento de gordura rápida; e o *cutting* indevido, que queima músculo demais.

Esses programas resultam em ciclos de *bulking* e *cutting* como este: ganhar algum músculo e um monte de gordura ao mesmo tempo ganhando massa e peso, tirar gordura e músculo durante o *cutting* — ou seja, exatamente a mesma aparência do ponto de partida.

Isso é incrivelmente comum e frustrante e dá ao *bulking* e ao *cutting* uma má reputação.

É simplesmente o resultado de *bulking* e *cutting* realizados incorretamente. Se você sabe o que está fazendo, no entanto, pode construir uma quantidade significativa de músculo em *bulking* sem adicionar camadas espessas de gordura e mantendo todo o seu músculo durante o *cutting*, deixando ir apenas os quilos extras.

O *bulking* adequado começa com a compreensão de que, quando você aumenta sua ingestão de calorias e evita que seu corpo tenha um déficit, seus níveis hormonais anabolizantes sobem e a capacidade do corpo para sintetizar proteínas é restaurado para níveis normais.

É por isso que o *bulking* envolve comer um pouco mais de energia do que você está queimando, mas de modo algum engolir tudo o que vê pela frente, o que levaria ao armazenamento de gordura excessiva. Isso não só o faria parecer uma criatura grande e inchada como também tornaria mais fácil engordar e prejudicar o crescimento muscular.

Quando os níveis de gordura corporal sobem, a sensibilidade à insulina cai, o que significa que as células se tornam menos sensíveis aos sinais da insulina. À medida que o organismo se torna mais resistente à insulina, a sua capacidade de queimar gordura diminui e a probabilidade de armazenamento de carboidratos como gordura aumenta. Além disso, a resistência à insulina suprime a sinalização intracelular responsável pela síntese de proteínas, o que significa menos crescimento muscular total.

Pesquisas mostram também que à medida que ficamos mais gordos os nossos níveis de testosterona livres caem e os níveis de estrogênio aumentam. Como a testosterona desempenha um papel vital no processo de construção muscular e altos níveis de estrogênio promovem o armazenamento de gordura, as desvantagens dessas consequências são claras.

A realidade é que o ganho de peso que vem de comer quantidades obscenas de comida todos os dias é extremamente contraproducente. Ele é a pedra no caminho do crescimento muscular e tornará mais árduos os esforços posteriores para se livrar do excesso de gordura corporal.

É por isso que eu sempre recomendo que os caras que têm mais de 15% de gordura corporal não avolumem e que encerrem seus *bulkings* assim que atinjam 15% a 17% e iniciem o *cutting* (é aqui que os problemas acima começam a acontecer). Então, uma vez que eles atingem a faixa de gordura corporal de 10%, estão prontos para ganhar massa novamente e adicionar mais músculo a seus físicos.

Se você não tiver certeza de como determinar a sua porcentagem de gordura corporal, a maioria dos especialistas concorda que exames hidrostáticos, desintometria (raios X DEXA) e BodPod são os métodos mais acurados para determinar o percentual de gordura em seu corpo. Ao mesmo tempo, são métodos inconvenientes e dispendiosos.

Portanto, recomendo que você arrume um bom compasso calibrador de gordura.

Agora, vamos mudar de assunto e falar sobre dois outros tipos de pessoas que eu costumo encontrar por aí: o cara pequeno, relativamente magro, que é um tanto preocupado demais em ganhar um pouco de gordura corporal enquanto ganha volume de maneira correta; e o cara que quer acima de tudo ficar muito magro.

A armadilha em que o primeiro cara provavelmente cairá é simples: pelo fato dele comer muitíssimo menos do que precisa e, em seguida, costumar obter ganhos de força na academia, mas nenhum ganho real de tamanho, em algum momento ele se entregará à frustração.

Não cometa esse erro. Se você está ganhando força, mas não tamanho, é porque não está comendo o suficiente.

E alguns caras têm de comer muito para fazer constantes progressos na balança. Já trabalhei com homens com 80kg que comiam mais de 4.000 calorias por dia para ganhar apenas de 200g a 400g por semana!

E o sujeito relativamente magro cujo objetivo maior é ficar trincado? Bem, mesmo se ele for novo em levantamento de peso e capaz de construir algum músculo enquanto perde gordura, isso não será suficiente para poupá-lo de parecer absolutamente magrelo na escala de gordura corporal de 7% a 8%.

O que muitos homens não percebem é o quanto do tamanho visual eles perdem uma vez que ficam abaixo de 10%. A gordura corporal que eles estão removendo "recheia" todos os seus músculos, fazendo-os parecer maior, e a menos que se tenha massa magra real considerável, eles só parecerão pequenos.

É por isso que eu recomendo que você lide com seus *cuttings* e *bulkings* para permanecer na faixa de gordura corporal de 10% a 15% ou 17% até chegar a um ponto em que estará absolutamente satisfeito com o seu tamanho total em 10%, e em seguida, faça o *cutting* abaixo desse ponto. Na verdade, muitos homens (inclusive eu) acham que precisam chegar a um ponto em que sentem que são muito grandes em 10% para ter a aparência que querem em 7%.

Então, essa é a teoria de *bulking*, *cutting* e *maintaining*. Vamos agora entrar nos números alimentares e nos detalhes de cada um.

Você já aprendeu a calcular seu TMB e GETD, e depois recebeu algumas orientações básicas sobre como quebrar as calorias em metas diárias de macronutrientes.

Eu também disse que iria simplificar tudo para você e fornecer-lhe fórmulas fáceis de seguir. Bem, aqui é onde nós temos essa simplificação.

Antes de chegarmos aos números, quero ressaltar que não se deve adicionar ou subtrair do seu consumo total de calorias com base no exercício que você faz no programa. As fórmulas que forneço a seguir assumem que você fará de quatro a seis horas de exercício por semana, que é o que o programa exige.

Se for fazer significativamente mais ou menos exercício do que isso, você poderá começar com as fórmulas e os ajustes para cima ou para baixo de acordo com as respostas do seu corpo. (Voltaremos a falar sobre isso mais adiante.)

Agora, vejamos o *cutting*, o *bulking* e o *maintaining* separadamente.

CUTTING: COMO COMER PARA PERDA MÁXIMA DE GORDURA

O *cutting* exige um pouco mais de precisão alimentar e o cumprimento do *bulking* e *maintaining*, porque se você comer um pouco demais em uma dieta *bulking* ou *maintaining*, ainda ganhará músculo e peso.

Entretanto, se comer demais em um *cutting*, você poderá rapidamente se ver preso em um impasse.

Você deve procurar perder entre 230g e 450g por semana, quando em *cutting*, e se isso soa pouco para você, lembre-se de que a perda de peso demasiadamente rápida é indesejável, porque significa que você está perdendo uma boa quantidade de músculo e de gordura também.

Se você tem um pouco de gordura a mais, poderá se ver perdendo em torno de 900g a 1,3kg por semana durante as primeiras semanas, e tudo bem. Com o passar do tempo, porém, você deve ver essa perda desacelerar para um ritmo de 230g a 450g de perda semanal.

CALCULANDO A SUA DIETA *CUTTING*

No *cutting*, primeiro você irá calcular um ponto de partida e ajustar conforme necessário. É aqui que você começa:

- 1,2g de proteína por 450g de peso corporal por dia;
- 1g de carboidrato por 450g de peso corporal por dia;
- 0,2g de gordura por 450g de peso corporal por dia.

Para um homem de 90kg, o *cutting* ficaria assim:

- 240g de proteína por dia;
- 200g de carboidrato por dia;
- 40g de gordura por dia.

Isso seria cerca de 2.120 calorias por dia, o que é um bom ponto de partida para um cara de 90kg procurando perder peso.

Para aqueles com mais de 25% de gordura corporal, a fórmula é ligeiramente diferente:

- 0,8g de proteína por 450g de peso corporal por dia;
- 0,6g de carboidrato por 450 de peso corporal por dia;
- 0,3g de gordura por 450 de peso corporal por dia.

Para um homem com 113kg, o *cutting* ficaria assim:

- 200g de proteína por dia;
- 150g de carboidrato por dia;
- 75g de gordura por dia.

Isso também seria cerca de 2.120 calorias por dia — e é aqui que um homem de 113kg com um percentual de gordura corporal superior a 25% deve começar. (Lembre-se de que quanto mais gordura corporal você tem a perder, maior o déficit em que você pode se colocar com segurança.)

Se você é extremamente obeso — mais de 30% de gordura corporal —, então eu recomendo que você encontre o seu TMB conforme discutido anteriormente neste livro e faça o seguinte:

1. Multiplique-o por 1,2. Esta será a sua ingestão calórica diária.
2. Obtenha 40% dessas calorias de proteínas, 30% de carboidratos e 30% de gordura alimentar.

Veja como calcular isso:

a. Multiplique sua ingestão calórica diária total por 0,4 e divida o resultado por 4. O valor encontrado é a quantidade de proteína em gramas que você vai comer todos os dias.

b. Multiplique sua ingestão calórica diária total por 0,3 e divida o resultado por 4. O valor encontrado é a quantidade de carboidrato em gramas que você vai comer todos os dias.

c. Multiplique sua ingestão calórica diária total por 0,3 e divida o resultado por 9. O valor encontrado é a quantidade de gordura alimentar que você vai comer todos os dias.

Por exemplo, se a sua ingestão calórica diária total é de 2.200, o cálculo ficará assim:

(2.200 x 0,4) / 4 = 200g de proteína por dia
(2.200 x 0,3) / 4 = 165g de carboidrato por dia
(2.200 x 0,3) / 9 = 73g de gordura alimentar por dia

RECOMENDAÇÕES GERAIS DE *CUTTING*

Embora comer demais seja o erro mais comum quando em *cutting*, algumas pessoas tendem a comer de menos.

Se houver exagero, isso pode ser pior do que comer demais, pois poderá causar significativa perda de massa muscular.

Durante a sua primeira ou segunda semana de *cutting*, você poderá sentir um pouco de fome às vezes, e até certa gula, o que não significa que você está perdendo músculo ou que algo mais está errado. Isso é de se esperar nessas circunstâncias, mas passará em algumas semanas. Um *cutting* adequado não tem de ser um exaustivo teste de vontade.

Quando eu estou em *cutting*, procuro me manter dentro de 50 calorias de minha meta diária. Alguns dias eu subo um pouco, em outros eu desço um pouco, mas não tenho nenhuma grande oscilação na minha ingestão.

Fique apenas com fontes magras de proteína e você não terá problemas para montar um plano alimentar que funcione. Se suas fontes de proteína contiverem muita gordura, você terá dificuldade em manter suas calorias no lugar com adequadas proporções de macronutrientes.

Após 7 ou 10 dias seguindo a dieta *cutting*, você deve avaliar como está indo. Perder peso, porém, não é o único critério a levar em consideração quando for decidir se sua dieta está certa ou errada. Você deve avaliar sua evolução baseando-se nos seguintes critérios:

- seu peso (continua o mesmo ou baixou?);
- suas roupas (estão mais folgadas, mais apertadas, ou como antes?);
- o espelho (você parece mais magro, mais gordo ou igual?);
- seu nível de energia (você se sente energizado, cansado ou um pouco de cada?);
- sua força (está maior, menor ou mais ou menos a mesma?);
- seu sono (você se sente exausto antes de ir dormir, tem dificuldade de desacelerar ou nada mudou?).

Vejamos cada um desses pontos rapidamente.

SEU PESO

De um modo geral, se o seu peso está subindo em um *cutting*, você está comendo demais ou se movendo muito pouco.

Há uma exceção, no entanto: se você é novo em levantamento de peso, não só construirá músculo enquanto perde gordura, o que aumenta o peso, como seus músculos também poderão absorver um pouco de glicogênio e água, o que pode facilmente adicionar alguns quilos no primeiro mês.

Considerando que você geralmente perde cerca de 450g de gordura por semana, você pode ver como a perda de gordura pode ficar ofuscada na balança.

Então, se você é novo em levantamento de peso e está começando com um *cutting*, eu recomendo o monitoramento de sua medida de cintura, bem como de seu peso, durante as primeiras quatro a seis semanas. Se a sua cintura está diminuindo, você está perdendo gordura, independentemente do que mostra a balança.

Com o tempo, os níveis de glicogênio e água de seus músculos vão se estabilizar. Embora você possa continuar a construção muscular ao mesmo tempo que perde gordura, você vai, eventualmente, perder mais gordura (em quilos) a cada semana do que ganhará em músculo, o que resultará em perda de peso líquido ao longo do tempo.

Se você é um levantador de peso mais experiente, porém, e seu peso permanece o mesmo após várias semanas de *cutting*, é provável que você simplesmente esteja comendo demais ou se movendo muito pouco.

SUAS ROUPAS

A diminuição de sua medida de cintura (na altura do umbigo) é um sinal confiável de que você está perdendo gordura; por isso, se seu jeans está largo, veja nisso uma indicação confiável de perda de gordura.

SEU ESPELHO

Embora possa ser difícil enxergar as mudanças no corpo porque todo dia nos vemos no espelho, você sem dúvida perceberá uma diferença após algumas semanas de uma dieta *cutting*. Você parecerá menos inchado e visivelmente mais magro. Se não parecer, deve ser porque seu peso não mudou ou aumentou e suas calças jeans não parecem mais largas. Este é um sinal claro de que algo está errado e é hora de reavaliar sua ingestão de alimentos ou programa de exercícios.

SEU NÍVEL DE ENERGIA

Você nunca deve se sentir morto de fome e de barriga vazia quando estiver seguindo uma dieta *cutting* para perder peso. Dependendo de como você comia antes de começar o processo de perder gordura, pode sentir um pouco de fome nas duas primeiras semanas, mais ou menos, mas depois disso deverá se sentir confortável o dia todo.

Em termos de energia, todos temos nossos dias de alta e de baixa, mas, se você está sem energia com mais frequência do que antes, então o mais provável é que não esteja comendo o suficiente ou esteja contando com muitos carboidratos com alto índice glicêmico.

SUA FORÇA

Se você é novato no levantamento de peso e começa o treino com uma dieta *cutting*, sua força deverá aumentar semana após semana

Se você já tem experiência no levantamento de peso, é normal perder algumas repetições de uma forma geral durante o *cutting*, mas você não deve levantar menos de 13kg no agachamento até o final da primeira semana. Se sua força cair consideravelmente, o mais provável é que você esteja comendo menos do que deve.

SEU SONO

Se você se sente cansado na hora de ir dormir, esse não é necessariamente um mau sinal. Isso é comum quando as pessoas começam a treinar corretamente. O importante, no entanto, é que você durma profundamente e por um número suficiente de horas. Se seu coração fica acelerado à noite e você se sente ansioso, gira de um lado para outro e se debate na cama ou acorda várias vezes durante a noite, pode estar comendo menos do que deve ou treinando além da conta.

O PERIGO DAS CALORIAS CAMUFLADAS

Uma enorme e fatal armadilha para as dietas de redução calórica é que as pessoas comem muitas "calorias camufladas" ao longo do dia e depois se espantam quando não conseguem perder peso.

As calorias camufladas estão onde você menos espera que estejam, e damos a seguir alguns exemplos de seus "esconderijos":

- as duas colheres de sobremesa de azeite de oliva que você usou para preparar seu peito de frango (240 calorias);
- as duas colheres de sobremesa de maionese que você usou em sua salada caseira com peito de frango (200 calorias);
- os três cubinhos de queijo feta em sua salada (140 calorias);
- as três colheres de sobremesa de creme de leite no café (80 calorias);
- as duas pazinhas de manteiga espalhada na torrada (70 calorias).

As calorias camufladas são a razão número 1 para as pessoas não obterem os resultados esperados. Simplesmente não há uma grande margem para erro quando você procura manter um déficit calórico moderado todos os dias.

Por exemplo, digamos que você está procurando manter um déficit de 500 calorias diárias para perder cerca de 450g de gordura por semana, mas sem querer acaba comendo mais 400 calorias do que deveria ter comido, o que o deixa em um déficit de 100 calorias em vez disso. Agora levará um mês ou mais para perder os 450g de gordura. É simples assim.

Parece muita paranoia tomar cuidado com quantas colheres de *ketchup* você coloca na comida por dia, mas, se contar suas calorias com muita atenção enquanto seguir a dieta *cutting*, é *garantido* que você alcançará os resultados almejados.

O melhor modo de evitar as calorias camufladas é você mesmo preparar suas comidas, pois assim saberá exatamente o que cada prato contém. Para a maioria das pessoas, isso significa somente preparar alguma coisa para comer na hora do almoço, no local de trabalho, pois o café da manhã e o jantar costumam ocorrer em casa.

AJUSTANDO SEUS NÚMEROS

Se durante sete a dez dias o seu peso se manteve o mesmo, sem nenhum emagrecimento para você, mantendo-o 100% emperrado nos seus índices, você simplesmente precisa se mover mais ou reduzir a ingestão de calorias.

A minha primeira escolha é sempre "se mover mais", mas tudo o que você pode fazer é muito exercício. Eu recomendo fazer não mais do que cinco sessões de 60 minutos de levantamento de peso e quatro sessões de 30 minutos de cardiovascular por semana.

Esta é uma quantidade considerável, e mais do que isso colocaria muito estresse sobre um corpo quando ele está em um déficit calórico.

Se você já está se exercitando muito e não está ficando mais magro, terá de reduzir sua ingestão calórica diária. Isso é feito eliminando-se 25g de carboidrato de seus índices diários (cortando 100 calorias de sua ingestão diária) durante sete a dez dias, e depois reavaliando.

É importante notar que você não deve reduzir a ingestão abaixo de seu TMB, pois isso poderia causar muita desaceleração metabólica. No caso de você não se lembrar, aqui está como calcular seu TMB:

TMB = 370 + (21,6 X MCM [massa corporal magra])

Isso responde à questão da duração da redução: você pode reduzir até sua ingestão atingir o TMB, mas não a reduza a menos do que isso.

Se você está fazendo o máximo de exercício recomendado, tem gradualmente reduzido o seu consumo para o seu TMB e sua perda de peso estagnou, mas você pretende manter a perda de gordura, primeiro você terá de voltar a acelerar o seu metabolismo. Você pode fazer isso voltando a aumentar aos poucos a sua ingestão de alimentos para o seu GETD, até o ponto em que você poderá retornar a um déficit normal e continuar a perder gordura.

O nome disso é "dieta reversa".

Dieta reversa é mais relevante para o halterofilista experiente e bem desenvolvido que procura chegar à faixa de gordura corporal de 6% a 8%, mantendo a força e a massa magra, do que para o iniciante que pretende construir músculos e chegar à faixa de 10%. No entanto, você deve saber sobre ela.

Por último, mas não menos importante, vamos falar sobre como comer nos dias em que você não está levantando peso ou se exercitando de modo algum. No caso de *cutting*, é simples: mantenha seus números os mesmos. Você não precisa se ajustar para cima nem para baixo.

BULKING:
COMO COMER PARA GANHAR O MÁXIMO DE MÚSCULO

Conforme aprendemos, se você estiver na faixa de gordura corporal de 10% a 12% e procurando ganhar músculo tão rápido quanto possível, deve fazer o *bulking*.

Sim, você ganhará um pouco de gordura no processo, mas, se trabalhar direito, esse ganho não será excessivo e sairá com facilidade uma vez que você esteja pronto para o *cutting*.

Com base na minha experiência de trabalho com milhares de pessoas, o indivíduo médio em um *bulking* adequado irá ganhar massa muscular e gordura corporal em uma proporção de cerca de 1 : 1 (450g de gordura adquirida para cada 450g de músculo).

Em termos de ganho de peso durante o *bulking*, você deverá ver o seu peso subindo a uma taxa de 230 a 450g por semana. Mais do que isso e você estará ganhando muita gordura.

Se você é novo no levantamento de peso, no entanto, provavelmente ganhará de 900g a 1,3kg por semana durante as primeiras semanas, enquanto seus músculos se enchem de água e glicogênio. Isso não significa que você está ganhando muita gordura, e você deve ver esse número se ajustar entre 230g a 450g dentro de suas primeiras quatro a seis semanas no programa.

Depois de medir seu volume, você deverá aumentar as repetições em seus principais levantamentos todas as semanas e o peso na barra a cada três a quatro semanas.

CALCULANDO A SUA DIETA *BULKING*

Como você sabe, uma dieta *bulking* adequada requer que você coma todos os dias mais calorias do que queima.

Agora isso pode parecer ótimo, mas não se surpreenda se você se sentir péssimo em algum ponto ao longo do caminho por comer "toda essa comida". Você não irá devorar milhares de calorias extras por semana como alguns programas gostariam que você fizesse, mas mesmo uma ligeira superalimentação pode acabar causando um certo desconforto.

Também é esperado que você retenha mais água do que o normal — o que o fará parecer meio "inchado" —, uma vez que comerá uma quantidade substancial de carboidratos por dia. De novo: isso é apenas parte do "preço" a pagar para otimizar o crescimento muscular.

Então, vamos aos números alimentares reais para *bulking*. É aqui que você começa:

- comer 1 grama de proteína para cada meio quilo do seu peso, por dia;
- comer 2 gramas de carboidratos para cada meio quilo do seu peso, por dia;
- comer 0,4 gramas de gordura para cada quilo do seu peso, por dia.

Esse é o seu ponto de partida. Para um homem pesando 68 kg, ficaria mais ou menos assim:

- 150g de proteína por dia;
- 300g de carboidratos por dia;
- 60g de gordura por dia.

Essa alimentação totaliza em torno de 2.340 calorias por dia (lembre-se que proteínas e carboidratos contêm cerca de 4 calorias por grama e a gordura contém cerca de 9), que é o ponto de partida certo para um homem com 68 kg começar seu trabalho de aumento de massa muscular.

Esses números talvez sejam mais baixos do que os que você encontrou na internet. Isso porque muitos programas de *bulking* por aí são mero exagero. Eles recomendam um enorme excedente de calorias com a explicação de que você tem que "comer grande para ficar grande".

Bem, embora seja verdade que você tem de comer mais do que o normal para maximizar o crescimento muscular, essa quantia não é tanta como alguns querem fazer crer.

RECOMENDAÇÕES GERAIS PARA *BULKING*

Quando estou em *bulking*, procuro me manter dentro de 100 calorias da minha meta diária, com possibilidade de erro para cima (é melhor estar acima da meta do que abaixo).

Não pense em um *bulking* como uma licença para comer o que quiser quando quiser, pois isso inevitavelmente o levará a comer com excessivo exagero e, portanto, a armazenar gordura em excesso, o que abrandará seus ganhos em longo prazo.

Você pode ter uma refeição de trapaça toda semana, mas mantenha-a moderada. Iremos falar sobre o motivo em breve, mas uma refeição de trapaça de alta proteína e rica em carboidratos é preferível a uma com elevado teor de gordura.

Eu recomendo comer muita carne durante o *bulking*, porque ela é particularmente eficaz para a construção muscular. De um modo geral, eu como duas porções de carne por dia (almoço e jantar) e alterno entre vários tipos, como peru moído, frango, carne magra e peixe.

AJUSTANDO SEUS NÚMEROS

Os números indicados na fórmula acima são pontos de partida e há uma chance de você precisar comer mais para ganhar efetivamente força e músculo (sobretudo se você tiver um corpo ectomórfico, que é naturalmente magro e esbelto). Parte do jogo é encontrar "pontos ideais" do seu corpo para o *bulking*, o *cutting* e o *maintaining*.

Felizmente, isso é fácil de fazer. A maioria dos caras encontrará os seus pontos ideais entre 10% a 15% das metas inicialmente calculadas, mas alguns precisam comer mais para ganhar peso de forma constante (é raro para um homem ganhar gordura muito rapidamente seguindo as recomendações acima e tendo de reduzir a ingestão).

Portanto, se depois de sete a dez dias o seu peso não tiver subido, apesar de você estar pegando pesado em seus treinos, é porque você não está comendo o suficiente. Assim, aumente a sua ingestão diária de 100 calorias (adicionando mais carboidratos, de preferência) e reavalie ao longo dos próximos sete a dez dias. Se isso não resultar em ganho de peso, torne a aumentar e repita o processo até que você esteja ganhando peso a uma taxa de cerca de 230 a 450g por semana.

Se você é como a maioria dos caras, aqui está como proceder: comece com a fórmula anterior e ganhe peso durante um ou dois meses, e depois pare. Em seguida, aumente a sua ingestão diária de uma a duas vezes e comece a ganhar novamente. Em algum ponto, você provavelmente vai parar de novo, aumentar de novo, e começar a ganhar novamente. Após um pouco mais de progresso, a sua porcentagem de gordura corporal alcançará a faixa de 15% e você terá mais ou menos um mês para deixar o *bulking* antes de cortar a gordura e repetir o processo.

Você pode reduzir suas calorias para um nível de *maintaining* em seus dias de descanso, se quiser, ou aderir a seus números de *bulking*. A pequena redução não fará diferença em termos de armazenamento de gordura total, mas há quem goste de fazer uma pausa de toda a comida uns dois dias por semana.

MAINTAINING: COMO COMER PARA "GANHOS MAGROS" LENTOS E CONSTANTES

Maintaining refere-se a comer mais ou menos a quantidade de energia que você queima em uma base diária ou semanal e é recomendado para quando você quer manter um certo nível de gordura corporal ao mesmo tempo continuando a obter ganhos lentos na academia.

As pessoas costumam mudar para *maintaining* quando querem ficar magras por um determinado período, como o verão, ou se já conquistaram a composição total do corpo que desejavam e procuram simplesmente manter essa aparência (eu, por exemplo).

Se nenhum desses casos descreve suas necessidades atuais, não se preocupe com o *maintaining*. Realize o *bulking* e o *cutting* até que esteja feliz com o seu tamanho e desenvolvimento geral e em seguida use uma dieta de *maintaining* para ficar magro.

No entanto, não entenda o "*maintaining*" como "permanecer o mesmo". Eu acho que seu objetivo deve sempre ser tornar-se pelo menos um pouco mais forte a cada mês. A maioria dos caras adoraria ficar um pouco maior em determinadas áreas do corpo. Eu, por exemplo, gostaria de um pouco mais de ombros, panturrilhas e dorsais. Sempre defina metas e busque se aprimorar. Não procure simplesmente permanecer o mesmo, porque a tendência das coisas é melhorar ou piorar.

De um modo geral, eu aprecio ver um ganho de 110 a 230g por mês no *maintaining*, dependendo do quão magro estou tentando ficar.

Por exemplo, se eu mantiver uma gordura corporal muito magra — 6% a 7% —, irei achar que não conseguirei comer o suficiente para ganhar muito músculo e, portanto, verei o meu peso subir só cerca de 110g por mês; em alguns meses, pode ser que não haja nenhuma mudança. Por outro lado, se eu mantiver 8% a 9% de gordura corporal, conseguirei comer mais comida todos os dias e ver algo mais próximo de 230g por mês em ganhos.

Como você pode constatar, no *maintaining* o seu peso não é um indicador imediato do progresso, como é no *cutting* ou no *bulking*. A sua progressão de força é que é — você deve ver um aumento constante nas repetições e no peso ao longo do tempo.

Você também deve notar pequenas mudanças positivas no espelho e em como está cabendo em suas roupas: suas camisas devem ficar mais apertadas, bem como a área das coxas de suas calças.

Você ainda pode trapacear uma vez por semana, quando estiver no *maintaining*, desde que não exagere. Se você acabar indo longe demais na trapaça, minha recomendação é que reduza sua ingestão para um nível de *cutting* por alguns dias para perder o pouco de gordura que terá ganhado.

CALCULANDO SUA DIETA *MAINTAINING*

Veja agora como determinar seu ponto de partida:

- coma 1 grama de proteína para cada 450g de peso corporal, por dia;
- coma 1,6 grama de carboidratos para cada 450g de peso corporal, por dia;
- coma 0,35 grama de gordura para cada 450g de peso corporal por dia.

É aqui que você começa. Para um homem de 81 kg, resultaria num cardápio mais ou menos assim:

- 180 gramas de proteína por dia;

- 290 gramas de carboidratos por dia;
- 63 gramas de gordura por dia.

Com isso, você tem em torno de 2.450 calorias por dia, o que deve funcionar para você obter ganhos lentos e regulares de massa muscular, sem aumentar sua gordura.

AJUSTANDO SEUS NÚMEROS

Fórmulas alimentares nunca são "tamanho único". Parte da alimentação adequada está em aprender o que funciona melhor com o seu corpo, e isso se aplica tanto ao *maintaining* quanto ao *cutting* e ao *bulking*.

A boa notícia é que isso é simples. Se o seu peso e a sua gordura corporal estão subindo muito rapidamente, você está comendo demais — diariamente ou nas refeições de trapaça semanais — ou precisa adicionar algum exercício a sua rotina.

Se comer demais é o vilão, reduza a sua ingestão diária de 100 calorias reduzindo a sua ingestão diária de carboidratos para 25 gramas. Veja como seu corpo responde ao longo dos próximos sete a dez dias. Se o seu peso se estabilizar e seu treinamento ainda for bom, fique aí. Se o seu peso continuar a aumentar muito rapidamente, reduza de novo e reavalie. Provavelmente, você não precisará fazer nada disso, mas se precisar, um ou dois ajustes deverão bastar. Por outro lado, se o seu peso estiver caindo, e você, ficando mais magro, você se encontra em um déficit calórico e precisará comer mais para sair dele. Lembre-se de que embora ficar mais enxuto seja sempre gratificante, a capacidade do seu corpo para construir músculos é drasticamente reduzida quando em um déficit calórico.

Também devo avisá-lo de uma armadilha em que muitas pessoas acabam caindo: elas comem severamente demais de dois a três dias por semana e, em seguida, têm que entrar em um déficit o resto da semana para desfazer o dano. Isso é bom para manter uma certa composição corporal, mas não funciona bem se você também deseja progredir na academia. Agir assim o colocará num beco sem saída.

Se você for um pouco além da sua ingestão normal um dia, poderá ficar um pouco aquém no dia seguinte, e isso equilibrará tudo. Não relaxe muito, porém, cometendo enormes excessos num dia e ficando quase sem comer no próximo. O *maintaining* é um pouco mais descontraído do que o *bulking* e o *cutting*, mas você ainda precisa de uma ingestão equilibrada relativamente estável para garantir que continue a progredir no seu treino.

ALIMENTAÇÃO FLEXÍVEL BÁSICA:
PLANEJAMENTO FACILITADO DE REFEIÇÕES

Você vai adorar esta parte do livro.

Aqui é onde eu começo a lhe dizer que você pode comer mais ou menos o que quiser para alcançar suas metas diárias de macronutrientes.

Como você sabe, minha recomendação é que você adote uma alimentação nutritiva, mas fora isso não existem regras, a não ser *acertar os seus números todos os dias*. Você gosta de carboidratos ricos em amido? Ótimo, coma-os diariamente.

E quanto aos grãos integrais? Impressionante, eu também. Laticínios? Eles são básicos na minha alimentação. Carne vermelha todos os dias? Por que não? Um pouco de sobremesa depois do jantar? Eu recomendo.

Agora, algumas pessoas abusam dessa liberdade alimentar e tentam comer tanta porcaria calórica quanto possível permanecendo dentro dos seus índices. Enquanto isso tecnicamente "trabalha" com o único propósito de construir músculo e perder gordura, as deficiências inevitáveis de micronutrientes ficam no caminho do seu desempenho e, portanto, de seus ganhos em longo prazo (para não mencionar a sua saúde).

Só porque você pode comer uma caixa de biscoito recheado todos os dias e perder peso não significa que você deva. Claro, nosso corpo pode usar os hambúrgueres da lanchonete da esquina para construção muscular (até certo ponto, pelo menos), e poderíamos lançar mão da alimentação flexível para comê-los todos os dias, mas valem a pena os potenciais riscos para a saúde associados com o consumo regular de carne de baixa qualidade?

Tudo bem se para você ficar trincado o seu perfil hormonal se desequilibre, o seu sistema imunológico se sobrecarregue e seu corpo fique faminto por nutrientes? Acho que não.

Então, aqui estão algumas boas regras de ouro para o seu planejamento de refeições:

> Obtenha pelo menos 80% de suas calorias diárias de alimentos saudáveis (micronutrientes densos) de que você gosta.

Um dos maiores problemas com que as pessoas deparam quando fazem dieta é que chega uma hora em que elas simplesmente não podem mais tolerar frango e legumes no vapor e o gosto de alguma coisa saborosa acaba por levá-las a uma farra total.

Bem, a melhor maneira de evitar isso é simplesmente comer alimentos que você aprecia todos os dias.

Por exemplo, se você gosta mais de bife do que de frango, use-o em seu plano alimentar (ajustando a gordura adicional). Se você adoraria alguma massa de trigo integral (baixo IG, grande fonte de fibra), ajuste as suas refeições para o dia para permitir isso. Se um pouco de iogurte grego com gordura integral seria uma boa ideia, corte o azeite ou o queijo de sua salada do almoço para encaixá-lo.

Não tenha medo de pequenas indulgências.

Enquanto a grande maioria de suas calorias diárias vier de alimentos saudáveis cheios de micronutrientes, sinta-se à vontade para incluir algumas guloseimas, se assim o desejar.

Por exemplo, se você adora chocolate, trabalhe um pouco em seus números para o dia. Se estiver pensando naquele sorvete incrível que comeu há dois dias, não hesite em criar espaço para merecidas 100 calorias depois do jantar.

Particularmente, de 90% a 95% das minhas calorias diárias vêm de alimentos não processados relativamente nutritivos, mas eu não tenho receio de consumir um pouco de açúcar ou de "besteira" aqui e ali.

PLANEJAMENTO ALIMENTAR BÁSICO

COMO ELABORAR PLANOS ALIMENTARES AGRADÁVEIS E EFICAZES

Você já sabe como alcançar seus alvos de calorias e macronutrientes com base em seus objetivos e para que você comece a desfrutar de alimentos de que realmente gosta. O último passo é aprender a transformar esses números em um plano alimentar que você possa seguir todos os dias.

E graças à toda a flexibilidade que você tem em relação aos alimentos que você come e a quando comê-los, isso é fácil de fazer. Vamos recapitular rapidamente para fixar bem:

- Fique dentro de 50 a 100 calorias de seu número alvo, de acordo com aquilo que você está fazendo com a sua dieta (*cutting* ou *bulking*);
- Obtenha a maioria de suas calorias dos alimentos ricos em nutrientes já listados no livro:
  - abacate;
  - verduras (acelga, couve, repolho, brócolis, mostarda, espinafre);

- pimentão;
- couve-de-bruxelas;
- cogumelo;
- batata assada;
- batata-doce;
- frutos carnosos (melancia, goiaba, pepino, uva, laranja, limão, tomate);
- iogurte desnatado;
- ovos;
- sementes (linhaça, abóbora, gergelim, girassol);
- grãos (grão-de-bico, feijão-vermelho, feijão-branco, feijão-carioca);
- lentilha e ervilha;
- amêndoa, castanha de caju e amendoim;
- grãos integrais (cevada, aveia, quinoa, arroz-integral);
- salmão, linguado, bacalhau, vieiras, camarão e atum;
- carne magra, cordeiro e carne de veado;
- frango e peru.

- Coma alimentos que você gosta;
- Não tema incluir um pequeno prazer todos os dias;
- Faça muitas ou poucas refeições por dia, como preferir, mas eu recomendo comer a cada 3-4 horas, o que você provavelmente achará mais agradável;
- Comer proteína com mais frequência costuma ser melhor que com menos frequência, e cada ingestão deve conter pelo menos de 30 a 40g de proteína;
- Coma cerca de 30 a 40g de proteína e de 40 a 50g gramas de carboidratos 30 minutos antes do treino;
- Coma de 30 a 40g de proteína e 1g de carboidrato por quilo de peso corporal após o treino de levantamento de peso;
- Considere comer 0,5g de carboidrato por quilo de peso corporal 2 horas após o treino de levantamento de peso.

Essas são as regras. Agora vejamos o processo de elaborar um plano alimentar.

Eu recomendo que primeiro você faça uma longa lista de alimentos nutritivos que você gosta e poderia comer todos os dias. Você pode dividi-los em alimentos de desjejum, de lanche (principalmente fontes rápidas e fáceis de proteínas e carboidratos, como iogurte grego, queijo cottage, nozes, frutas e assim por diante), de almoço e de jantar.

Essas listas devem ser feitas em uma planilha no computador, com folhas separadas para cada tipo de refeição, e depois em colunas para alimentos, quantidade, proteínas, carboidratos, gordura e calorias, como esta:

ALIMENTO	QUANTIDADE	PROTEÍNAS	CARBOIDRATOS	GORDURAS	CALORIAS
Aveia	1/2 xícara	3	14	2	83

Construa essas listas utilizando tabelas práticas como esta: http://www.hipertrofia.org/fórum/topic/12258-tabela-de-alimentos-saud%C3%A1veis-pra-montar-uma-dieta// ou esta mais voltada a profissionais: https://www.yazio.com/pt/alimentos. Assim você pode procurar os vários alimentos que aprecia.

Uma vez satisfeito com as suas listas de alimentos, é hora de começar a fazer o plano alimentar real. Como você sabe, o principal objetivo é permanecer 50 calorias dentro de sua meta.

Eu também gosto de fazer meus planejamentos alimentares em planilhas e os arranjo assim (este é meu atual plano de *cutting*):

REFEIÇÃO	ALIMENTO	PROTEÍNAS	CARBOIDRATOS	GORDURAS	CALORIAS
1	1 xícara de leite de arroz	1	25	2	122
1	1 banana	1	25	0	104
1	1 colher de proteína	24	3	1	117
2	2 colheres de proteína	48	6	2	234
2	1 banana	1	25	0	104
2	2 xícaras de leite de arroz	1	56	2	246
3	4 colheres de sopa de manteiga de amendoim em pó	8	12	2	98
3	muffin inglês	1	25	1	113
3	Gelatina	0	18	0	72
4	130g de carne	30	0	4	156
4	Legumes	1	10	0	44
4	Tempero	0	0	8	72
5	1 colher de proteína	30	5	0	140
5	130g de carne	30	0	3	147
5	Legumes	1	20	0	84

REFEIÇÃO	ALIMENTO	PROTEÍNAS	CARBOIDRATOS	GORDURAS	CALORIAS
5	Carboidratos	1	50	0	204
5	Sobremesa	2	40	10	258
6	1 xícara de iogurte grego	23	10	5	177
Suplementos	Óleo de peixe	0	0	8	72
TOTAIS		203	330	48	2564

Eu uso fórmulas para calcular automaticamente "Calorias" e "Totais", para que eu possa jogar facilmente com os vários alimentos e refeições.

Começo digitando meus números de alimentação pré e pós-treino, pois eles são "fixos". No meu caso, essas são as refeições 1 e 2 acima (1 é pré-treino e 2 é pós-treino).

Depois de colocar no lugar a sua alimentação pré e pós-treino, você estará livre para "gastar" seus macronutrientes conforme o seu agrado. Se você prefere um grande desjejum, coloque-o junto e veja o que isso deixa para você para o resto do dia. Se preferir uma manhã leve e um grande almoço ou jantar, vá por esse caminho e veja no que dá.

Como você também pode ver no meu exemplo acima, eu tenho registros para "carne", "legumes", "carboidratos" e "sobremesa", porque eu os mudo diariamente com base no que sinto vontade de comer. Um dia os meus legumes podem ser ervilhas, no outro, feijão-verde, no seguinte, uma mistura de pimentas e cogumelos, e assim por diante. Eu só tenho opções simples incluídas na minha cota de "carboidratos vegetarianos".

Você também deve ter notado que eu incluí o óleo de peixe no meu plano alimentar. Não se esqueça de contabilizar as calorias de quaisquer suplementos que você tome.

Como você trabalhará com os alimentos e seus números, rapidamente verá o que funciona e o que não funciona.

Por exemplo, alimentos extremamente gordurosos não costumam funcionar porque eles "comem" muito da sua cota diária de gordura alimentar de uma só vez. A maioria das pessoas achará mais agradável comer uma variedade de alimentos com baixos índices de gordura no decorrer do dia do que uma refeição rica em gordura que lhes deixe com pouco espaço para todo o restante.

Nas páginas seguintes, você encontrará vários exemplos de planos alimentares personalizados que minha equipe criou para os nossos clientes.

PLANO DE *BULKING* PARA HOMENS COM 70KG

REFEIÇÃO	ALIMENTAÇÃO	CALORIAS	PROTEÍNAS	CARBOIDRATOS	GORDURAS
1 CAFÉ DA MANHÃ	2 panquecas de proteína de batata-doce do Dieta de Academia*	358	24	59	3
	2 colheres (sopa) de melaço	104	0	26,8	0
	1 colher (sopa) de manteiga	102	0	0	11,6
	250ml de suco de laranja	118	1,8	27,3	0,5
	Multivitamínico, 3g de óleo de peixe	30	0	0	3
TOTAL	**REFEIÇÃO 1**	**712**	**25,8**	**113,1**	**18,1**
2 ALMOÇO	2 fatias de pão integral	160	8	28	0,2
	100g de presunto extra magro 5% de gordura	107	23,2	0	1,3
	Alface, mostarda, tomate, molho picante (opcional)	10	0	2,5	0
	1 colher (sopa) de maionese	90	0	0	10
TOTAL	**REFEIÇÃO 2**	**367**	**31,2**	**30,5**	**11,5**
3 SHAKE PRÉ-TREINO	1 medida de proteína do soro do leite (eu recomendo Legion Whey+)	100	22	2	0
	300ml de leite de arroz	152	1,3	31,7	2,5
	1 banana grande	121	14	31	0
	1 colher (sopa) de manteiga de amendoim	94	4	3,2	8,1
	pré-treino	5	0	1	0
TOTAL	**REFEIÇÃO 3**	**472**	**28,7**	**68,9**	**10,6**
LEVANTAMENTO DE PESO					
4 SHAKE PÓS-TREINO	1 medida de proteína do soro do leite	100	22	2	0
	300ml de leite de arroz	152	1,3	31,7	2,5
	2 bananas grandes	242	2,8	62	0
	50g de mirtilo	29	0,4	7,2	0,2
	5g de creatina	0	0	0	0
TOTAL	**REFEIÇÃO 4**	**523**	**26,5**	**102,9**	**2,7**
5 JANTAR	100g de peito de frango, com a gordura removida	107	23,2	0	1,3
	250g de macarrão de trigo integral (cozido)	311	13,4	66,4	1,4
	100ml de molho de tomate	96	1,9	16,3	1,9
	20g de chocolate ao leite	106	1,4	12	6
	3g de óleo de peixe	30	0	0	3
TOTAL	**REFEIÇÃO 5**	**650**	**39,9**	**94,7**	**13,6**
	TOTAIS	2724	152,1	410,1	56,1
	OBJETIVO	2722	150	394,4	60,5

*livro publicado pela Faro.

PLANO DE *BULKING* PARA HOMENS COM 80KG

REFEIÇÃO	ALIMENTAÇÃO	CALORIAS	PROTEÍNAS	CARBOIDRATOS	GORDURAS
1 CAFÉ DA MANHÃ	1 medida de proteína do soro do leite	100	22	22	0
	1 xícara de leite integral	150	8	12	8
	1 banana grande	121	1,4	31	0
	¼ de xícara (medida seca) de aveia em flocos grossos	75	2,5	13.5	1,5
	2 colheres (sopa) de manteiga de amendoim	188	8	6,3	16,1
	multivitamínico, 3g de óleo de peixe, fibras	30	0	0	3
TOTAL	REFEIÇÃO 1	664	41,9	64,8	28,6
2 LANCHE	2 fatias de pão integral	160	8	28	0,2
	2 colheres (sopa) de manteiga de amendoim	188	8	6,3	16,1
	1 colher e ½ (sopa) de geleia	84	0,2	20,7	0
	1 maçã grande	116	0	30,8	0
TOTAL	REFEIÇÃO 2	548	16,2	85,8	16,3
3 ALMOÇO	110 gramas de peito de frango, com a gordura removida	120	26	0	1,5
	½ xícara (medida seca) de arroz basmati	300	6	66	1
	85g de vegetais (couve-flor, aspargo, abobrinha, vagem, cebola, pepino, cenoura)	29	2,4	5,6	0,3
	1 colher (chá) de manteiga	34	0	0	3,9
	Suco de limão, coentro (opcional)	10	0	2,5	0
TOTAL	REFEIÇÃO 3	493	34,4	74,1	6,7
4 JANTAR	110 gramas de peito de frango, com a gordura removida	120	26	0	1,5
	230g de batata-doce	195	3,5	45,7	0,2
	¾ de xícara de ervilha	88	5,9	15,8	0,5
	1 colher (chá) de manteiga	34	0	0	3,9
	canela para a batata (opcional)	4	0	1	0
	Multivitamínico, 3g de óleo de peixe	30	0	0	3
TOTAL	REFEIÇÃO 4	471	35,4	62,5	9,1
5 SHAKE PRÉ-TREINO	1 medida de proteína do soro do leite	100	22	2	0
	1 xícara de leite de arroz	120	1	23	2,5
	1 banana grande	121	14	31	0
	Recomendação: 1 a 2 medidas de Pre-workout. Recomendo Legion Pulse	5	0	5	0
TOTAL	REFEIÇÃO 5	346	24,4	61	2,5
LEVANTAMENTO DE PESO					
6 SHAKE PÓS-TREINO	1 medida de proteína do soro do leite	100	22	2	0
	1 xícara de leite de arroz	120	1	23	2,5
	2 bananas grandes	242	2,8	62	0
	10g de chocolate amargo	93	1	13	6,2
	Recomendação: Legion Recharge	0	0	0	0
TOTAL	REFEIÇÃO 6	555	26,8	100	8,7
	TOTAIS	3077	179,1	448,2	71,9
	OBJETIVO	3067	175	438,5	68,2

PLANO DE *BULKING* PARA HOMENS COM 90KG

REFEIÇÃO	ALIMENTAÇÃO	CALORIAS	PROTEÍNAS	CARBOIDRATOS	GORDURAS
1 CAFÉ DA MANHÃ	4 ovos brancos, 20g de queijo cheddar	145	19,4	1,1	7
	2 colheres (sopa) de salsa (opcional)	10	0	2,5	0
	40g (medida seca) de aveia em flocos grossos	150	5	27	3
	Canela, estévia, noz-moscada, essência de baunilha (opcional)	10	0	1,3	0
	1 medida de proteína do soro do leite	100	22	2	0
	250ml de leite de amêndoa (sem adoçar)	30	1	1	2,5
	Multivitamínico, magnésio, 1g de vitamina C, L-carnitina	0	0	0	0
	Recomendação: ½ porção de Phoenix	0	0	0	0
TOTAL	REFEIÇÃO 1	445	47,4	34,9	12,5
2 SHAKE PRÉ-TREINO	1 medida de proteína do soro do leite	100	22	2	0
	250ml de leite de amêndoa (sem adoçar)	30	1	1	2,5
	1 maçã média	95	0	25,1	0
	2 colheres (sopa) de manteiga de amendoim	188	8	6,3	16,1
	Recomendação: ½ porção de Phoenix	0	0	0	0
	Recomendação: 1 a 2 medidas de pre-workout	5	0	5	0
TOTAL	REFEIÇÃO 2	418	31	39,4	18,6
LEVANTAMENTO DE PESO					
3 ALMOÇO	200g de camarão	214	46,4	0	2,7
	250g de arroz integral (cozido)	257	5,1	54,8	1,7
	100g de legumes cozidos no vapor (brócoli, couve-flor, aspargo, pimentão, vagem, cenoura, cebola)	34	2,8	6,6	0,3
	Recomendação: Legion Recharge	0	0	0	0
TOTAL	REFEIÇÃO 3	505	54,3	61,4	4,7
4 JANTAR	160g de seitan	181	34	0	2,7
	200g de batata inglesa	155	2,8	36,3	0,1
	Salada (60g de espinafre, ½ cenoura, ½ pepino, 1 talo de aipo)	47	2,4	6	0,3
	3 colheres (sopa) de vinagre balsâmico	30	0	6	0
	1 colher (chá) de manteiga	34	0	0	3,9
TOTAL	REFEIÇÃO 4	447	39,2	48,3	6,4
5 LANCHE	200g de iogurte grego 0%	118	21,2	8,2	0
	100g de morango	28	0	7,2	0
	1 colher (sopa) de sementes de chia	29	1,5	3	2,5
TOTAL	REFEIÇÃO 5	175	22,7	18,4	2,5
	TOTAIS	1990	194,6	202,4	44,7
	OBJETIVO	1983	198,3	198,3	44,1

PLANO DE *CUTTING* PARA HOMENS COM 100KG

	REFEIÇÃO	ALIMENTAÇÃO	CALORIAS	PROTEÍNAS	CARBOIDRATOS	GORDURAS
1	PRÉ-TREINO	Recomendação: 1 a 2 medidas de Legion Pulse	5	0	5	0
		Recomendação: 10g de ACR (necessários para o treinamento em jejum)	0	0	0	0
		Recomendação: ioimbina (para o treinamento em jejum)	0	0	0	0
	TOTAL	**REFEIÇÃO 1**	**5**	**0**	**5**	**0**
		LEVANTAMENTO DE PESO				
2	CAFÉ DA MANHÃ	2 oatcakes de banana de alta proteína do livro *Dieta de Academia*	351	31	45	6
		1 colher (sopa) de melaço	52	0	134	0
		1 xícara de leite 2%	130	9	12	5
		multivitamínico, glucosamina, 2.000 UI de vitamina D-3, 2g de CLA	20	0	0	2
		Recomendação: Legion Recharge	0	0	0	0
		Recomendação: ½ porção de Phoenix	0	0	0	0
	TOTAL	**REFEIÇÃO 2**	**553**	**40**	**70,4**	**13**
3	ALMOÇO	Frango glaceado com mel do Dieta de Academia	199	40	10	1
		1 xícara de arroz integral (cozido)	200	4	42,7	1,3
		85g de vegetais (brócoli, couve-flor, aspargo, abobrinha, vagem, pimentão, cenoura, cebola)	29	2,4	5,6	0,3
		Recomendação: ½ porção de Phoenix	0	0	0	0
	TOTAL	**REFEIÇÃO 3**	**428**	**46,4**	**58,3**	**2,6**
4	LANCHE	1 fatia de pão integral	80	4	14	0,1
		1 colher (sopa) de manteiga de amendoim	94	4	3,2	8,1
		1 medida de proteína do soro do leite	100	22	2	0
		1 xícara de leite de amêndoa (sem adoçar)	30	1	1	2,5
	TOTAL	**REFEIÇÃO 4**	**304**	**31**	**20,2**	**10,7**
5	JANTAR	230g de lombo de vaca, com a gordura removida	304	51,2	0	8,8
		150g de quinoa (cozida)	180	6,6	31,9	2,9
		Salada (2 xícaras de espinafre, ½ cenoura, ½ pepino, ½ tomate médio)	54	2,9	8,4	0,5
		3 colheres (sopa) de vinagre balsâmico	30	0	6	0
		2g de CLA, multivitamínico	20	0	0	2
	TOTAL	**REFEIÇÃO 5**	**588**	**60,7**	**46,3**	**14,2**
		HIIT CÁRDIO				
6	LANCHE	200g de queijo cottage 2%	179	27,1	7,2	3,9
		¼ de xícara de abacaxi	22	0	5,4	0
	TOTAL	**REFEIÇÃO 6**	**201**	**27,1**	**12,6**	**3,9**
		TOTAIS	2079	205,2	212,8	44,4
		OBJETIVO	2077	207,7	207,7	46,2

Você deve ter notado que as calorias e os macronutrientes são ligeiramente diferentes do que as fórmulas indicadas anteriormente. Isso acontece porque podemos trabalhar com a quantidade exata de exercício que as pessoas fazem a cada semana e, assim, ajustar os seus números de ingestão para serem o mais precisos possível.

Gostaria de obter alguma ajuda com o seu planejamento alimentar? Saiba mais sobre meu serviço de plano alimentar sob encomenda em www.muscleforlife.com/mp.

COMO "TRAPACEAR" SEM ARRUINAR A SUA DIETA

Muitos têm dificuldade com dietas que falam de "dias de trapaça". A ideia é: se você se comporta bem durante a semana, pode cair de boca nos fins de semana.

Bem, a menos que você tenha um metabolismo muito acelerado, não é assim que funciona. Se você seguir uma dieta rigorosa e um programa de exercícios, poderá perder de 450g a 900g por semana. Mas se você enlouquecer na sua trapaça, talvez ganhe tudo isso de volta (e mais!) em um fim de semana. E se você estiver em *bulking*, poderá ganhar o dobro da gordura que normalmente teria essa semana.

Há maneiras muito mais inteligentes de trapacear.

Primeiro, eu quero que você pense em *refeições* de trapaça, não *dias*. Nenhuma dieta sensata deve incluir dias inteiros de excessos, mas uma única sessão de excessos moderada por semana é aconselhável quando você está de dieta para perder peso.

Por quê?

Bem, há o estímulo psicológico, que mantém você feliz e motivado, o que, em última análise, torna a sua dieta mais fácil.

Há também um estímulo fisiológico, mas não se trata do impulso metabólico em que você pode estar pensando. Sim, estudos sobre a superalimentação (o termo científico para compulsão alimentar) mostram que ela pode aumentar a sua taxa metabólica em torno de 3% a 10%; mas isso não significa muito quando você considera que teria de comer de algumas centenas a alguns milhares de calorias extras por dia para alcançar esse efeito, negando assim os benefícios metabólicos.

O efeito psicológico pelo qual procuramos refere-se à *leptina*, que é um hormônio que regula a fome, a taxa metabólica, o apetite, a motivação e a libido, entre muitas outras funções.

Quando você está em um déficit calórico e perde gordura corporal, os níveis de leptina caem. Isto, por sua vez, faz com que a sua taxa metabólica desacelere, o apetite aumente, a sua motivação diminua e o seu humor azede.

Quando você aumenta muito seus níveis de leptina, no entanto, isso pode ter efeitos positivos sobre a oxidação de gordura, a atividade da tireoide, o humor e até mesmo os níveis de testosterona.

Comer carboidratos é a maneira mais eficaz para aumentar os níveis de leptina; comer proteína é moderadamente eficaz; comer gordura alimentar tem pouco ou nenhum efeito sobre os níveis de leptina; e beber álcool os diminui.

Assim, uma boa refeição de trapaça é uma refeição rica em proteína e carboidratos, tem baixo teor de gordura e não contém álcool e, portanto, não o colocará em um grande excedente de calorias para o dia.

Não há problema algum em terminar o dia com algumas centenas de calorias além do seu consumo normal, mas você vai ter problemas se comer além de 1.000 calorias a mais do que queimou durante o dia — especialmente quando uma grande porcentagem dessas calorias excedentes for proveniente da gordura alimentar. Adicione a isso um pouco de álcool — que não só enfraquecerá a produção de leptina como também acelerará o armazenamento da gordura alimentar como gordura corporal — e você poderá anular uma boa parte do progresso da sua semana em uma única refeição.

CONSIDERE "REALIMENTAR" EM VEZ DE TRAPACEAR

Outra maneira agradável de ter uma pausa psicológica na sua dieta e aumentar os níveis de leptina é o "dia de realimentação".

É simples. Veja como funciona:

Pegue a sua ingestão calórica diária atual e a aumente em 30%. Isso fornecerá o suficiente de um excedente para conferir os benefícios de realimentação sem adicionar muita gordura corporal.

Em seguida, quebre as calorias no perfil de macronutrientes seguinte:

- 1 grama de proteína por 450g de peso corporal;
- o mínimo de gordura alimentar possível (a maioria das recomendações citam 20 gramas ou menos por dia);
- o restante de carboidratos.

Esta é a sua meta de macronutrientes para o seu dia de realimentação. Por exemplo, eu terminei recentemente um *cutting* com 84kg, comendo cerca de 2.200 calorias por dia. Aqui está como o meu dia de realimentação ficou:

- meta de calorias: 2.900;
- 190g de proteína;
- 15 a 20g de gordura (acidental de outros alimentos);
- 500g de carboidratos.

Caso você esteja se perguntando como eu calculei 500g de carboidrato, simplesmente subtraí as calorias da minha proteína e gordura (760 e 135, respectivamente) de 2.900. O resultado — 2.000 (arredondados) — eu dividi por 4 para converter as calorias em gramas de carboidratos.

E caso você esteja se perguntando como cheguei a esses resultados, eu adquiro a minha proteína do frango, de proteína em pó, do iogurte grego 0% de gordura e meus carboidratos de frutas, batata, batata-doce, macarrão de trigo integral e panquecas.

Recomendo planejar a sua realimentação no dia seguinte a um dia de treino. Muitos caras planejam para o dia anterior ao de formar o(s) seu(s) grupo(s) muscular(es) em atraso, porque o aumento de carboidratos resulta em maior energia na academia.

O resultado concreto de uma realimentação é que você se sentirá melhor tanto física como psicologicamente, estará muito menos propenso a ceder a tentações e retroceder e poderá até mesmo experimentar uma boa aceleração da perda de gordura ao longo dos 3 a 5 dias seguintes.

Há uma ressalva, porém: a realimentação requer autocontrole.

Se você abusar desses episódios controlados de superalimentação, irá simplesmente ganhar muita gordura como consequência de fazer deles auxiliares habituais da perda de peso.

Se você prefere não se realimentar, no entanto, e se ater a uma moderada refeição de trapaça por semana, ótimo. Vá para o seu restaurante favorito, coma o seu prato predileto de alto carboidrato, peça uma sobremesa e desfrute, sabendo que nada está se interpondo no caminho de alcançar seus objetivos.

O FUNDAMENTAL

Fazer dieta é muito mais fácil e agradável do que a maioria imagina. Embora comer o que se quiser quando quiser não funcione, com um pouco de criatividade e elaboração em seu plano alimentar você poderá fazer uma variedade infinita de refeições pelas quais aguardará ansioso todos os dias.

Você não deve se sentir excessivamente empanturrado ou faminto, nem desprovido ou estressado com coisas como o que você deve ou não deve — ou pode ou não pode — comer. E manter seu corpo progredindo em direção a seus objetivos finais não pode demandar mais do que pequenos ajustes de ingestão e exercício.

RESUMO DO CAPÍTULO

INTRODUÇÃO

- *Cutting* é o "termo *fitness*" para alimentar o seu corpo com menos energia do que ele queima todos os dias para maximizar a perda de gordura, minimizando a perda de músculo. Geralmente, não se pode construir músculo quando se está em *cutting*.
- *Bulking* refere-se a alimentar seu corpo com um pouco mais de energia do que ele queima todos os dias, de modo a maximizar o crescimento muscular. Você também ganha gordura corporal durante o *bulking*.
- *Maintaining* refere-se a alimentar seu corpo com a energia que ele queima todos os dias, o que permite a você fazer ganhos musculares lentos sem a adição de nenhuma gordura.
- A restrição de calorias prejudica a capacidade do seu corpo para construir músculos e comer um ligeiro excedente de calorias a maximiza.
- Os únicos indivíduos que podem mesmo (e naturalmente) construir músculos e perder gordura ao mesmo tempo são os novatos que têm uma certa quantidade de gordura para perder e aqueles que sempre estiveram em boa forma e agora estão voltando a ela (a "memória muscular" permite que você recupere rapidamente o músculo que um dia teve).
- Eu recomendo que você lide com seus *cuttings* e *bulkings* para permanecer na faixa de gordura corporal de 10% a 17% até chegar a um ponto em que estará absolutamente satisfeito com o seu tamanho total em 10%, e em seguida, faça o *cutting* abaixo desse ponto.

CUTTING

- Você deve procurar perder entre 230 e 450g por semana, quando em *cutting*, e se isso soa pouco para você, lembre-se de que a perda de peso demasiadamente rápida é indesejável, porque significa que você está perdendo uma boa quantidade de músculo e de gordura também.
- Se você tem um pouco de gordura a mais, poderá se ver perdendo em torno de 900g a 1,3kg por semana durante as primeiras semanas, e tudo bem. Com o passar do tempo, porém, você deve ver essa perda desacelerar para um ritmo de 230g a 450g de perda semanal.

- Durante a sua primeira ou segunda semana de *cutting*, você poderá sentir um pouco de fome às vezes, e até certa gula, o que não significa que você está perdendo músculo ou que algo mais está errado.
- Quando eu estou em *cutting*, procuro me manter dentro de 50 calorias de minha meta diária. Alguns dias eu subo um pouco, em outros eu desço um pouco, mas não tenho nenhuma grande oscilação na minha ingestão.
- De um modo geral, se o seu peso está subindo em um *cutting*, você está comendo demais ou se movendo muito pouco.
- A diminuição de sua medida de cintura (na altura do umbigo) é uma indicação confiável de que você está perdendo gordura; por isso, se seu jeans estiver largo, isso é um bom sinal.
- Embora possa ser difícil enxergar as mudanças no corpo porque todo dia nos vemos no espelho, você sem dúvida perceberá uma diferença após algumas semanas de *cutting*. Você parecerá menos inchado e visivelmente mais magro.
- Em termos de energia, todos temos nossos dias de alta e de baixa, mas, se você está sem energia com mais frequência do que antes, então o mais provável é que não esteja comendo o suficiente ou esteja contando com muitos carboidratos com alto índice glicêmico.
- Se sua força cai consideravelmente, o mais provável é que você esteja comendo menos do que deve e precisa aumentar sua ingestão de alimentos.
- Se seu coração fica acelerado à noite e você se sente ansioso, gira de um lado para outro e se debate na cama ou acorda várias vezes durante a noite, pode estar comendo menos do que deve ou treinando além da conta.
- O melhor modo de evitar as calorias camufladas é você mesmo preparar sua comida, pois assim saberá exatamente o que cada prato contém.
- Se durante sete a dez dias o seu peso se manteve o mesmo, sem nenhum emagrecimento para você, mantendo-o 100% emperrado nos seus índices, você simplesmente precisa se mover mais ou reduzir a ingestão de calorias.
- Você não deve reduzir a ingestão abaixo de seu TMB, pois isso poderia causar muita desaceleração metabólica.

BULKING

- Se você estiver na faixa de gordura corporal de 10% a 12% e procurando ganhar músculo tão rápido quanto possível, deve fazer o *bulking*.
- Com base na minha experiência de trabalho com milhares de pessoas, o indivíduo médio em um *bulking* adequado irá ganhar massa muscular e gordura corporal em uma proporção de cerca de 1 : 1 (450g de gordura adquirida para cada 450g de músculo).

- Em termos de ganho de peso durante o *bulking*, você deverá ver o seu peso subindo a uma taxa de 230 a 450g por semana. Mais do que isso e você estará ganhando muita gordura. Se você é novo no levantamento de peso, no entanto, provavelmente ganhará de 900g a 1,3kg por semana durante as primeiras semanas, enquanto seus músculos se enchem de água e glicogênio.
- Depois de medir seu volume, você deverá aumentar as repetições em seus principais levantamentos todas as semanas e o peso na barra a cada três a quatro semanas. Também é esperado que você retenha mais água do que o normal, uma vez que comerá uma quantidade substancial de carboidratos por dia.
- Quando estou em *bulking*, procuro me manter dentro de 100 calorias da minha meta diária, com possibilidade de erro para cima (é melhor estar acima da meta do que abaixo).
- Não pense em um *bulking* como uma licença para comer o que quiser quando quiser, pois isso inevitavelmente o levará a comer com excessivo exagero e, portanto, a armazenar gordura em excesso, o que abrandará seus ganhos no longo prazo.
- Você pode ter uma refeição de trapaça toda semana, mas mantenha-a moderada. Lembre-se de que uma refeição de trapaça de alta proteína e rica em carboidratos é preferível a uma com elevado teor de gordura.
- Eu recomendo comer muita carne durante o *bulking*, porque ela é particularmente eficaz para a construção muscular. De um modo geral, eu como duas porções de carne por dia (almoço e jantar) e alterno entre vários tipos, como peru moído, frango, carne magra e peixe.
- Você pode reduzir suas calorias para um nível de *maintaining* em seus dias de descanso, se quiser, ou aderir a seus números de *bulking*.
- Se depois de sete a dez dias o seu peso não tiver subido, apesar de você estar pegando pesado em seus treinos, é porque você não está comendo o suficiente. Assim, aumente a sua ingestão diária em 100 calorias (adicionando mais carboidratos, de preferência) e reavalie ao longo dos próximos sete a dez dias. Se isso não resultar em ganho de peso, torne a aumentar, e repita o processo até que você esteja ganhando peso a uma taxa de cerca de 230g a 450g por semana.

MAINTAINING

- Realize o *bulking* e o *cutting* até que esteja feliz com o seu tamanho e desenvolvimento geral e em seguida use uma dieta de *maintaining* para ficar magro.
- De um modo geral, eu aprecio ver um ganho de 110 a 230g por mês no *maintaining*, dependendo do quão magro estou tentando ficar.

- Você ainda pode trapacear uma vez por semana, quando no *maintaining*, desde que não exagere. Se você acabar indo longe demais na trapaça, minha recomendação é que reduza sua ingestão para um nível de *cutting* por alguns dias para perder o pouco de gordura que terá ganhado.

PLANO ALIMENTAR

- Minha recomendação é que você adote uma alimentação nutritiva, mas fora isso não existem regras, a não ser acertar os seus números todos os dias.
- Obtenha pelo menos 80% de suas calorias diárias de alimentos saudáveis (micronutrientes densos) de que você gosta.
- Enquanto a grande maioria de suas calorias diárias vier de alimentos saudáveis cheios de micronutrientes, sinta-se à vontade para incluir algumas guloseimas, se assim o desejar.
- Faça muitas ou poucas refeições por dia, como preferir, mas eu recomendo comer a cada 3-4 horas, o que você provavelmente achará mais agradável.
- Comer proteína com mais frequência costuma ser melhor que com menos frequência, e cada ingestão deve conter pelo menos de 30g a 40g de proteína.
- Coma cerca de 30g a 40g de proteína e 40g a 50g de carboidrato 30 minutos antes do treino.
- Coma de 30g a 40g de proteína e um grama de carboidrato por quilo de peso corporal após o treino de levantamento de peso.
- Considere comer 0,5g de carboidrato por quilo de peso corporal 2 horas após o treino de levantamento de peso.
- Eu gosto de fazer meus planejamentos alimentares em planilhas e uso fórmulas para calcular automaticamente "Calorias" e "Totais", para que eu possa jogar facilmente com os vários alimentos e refeições.
- Depois de colocar no lugar a sua alimentação pré e pós-treino, você estará livre para "gastar" seus macronutrientes conforme o seu agrado.
- Não se esqueça de contabilizar as calorias de quaisquer suplementos que você tome.
- Se precisar de alguma ajuda com o seu planejamento alimentar, saiba mais sobre meu serviço de plano alimentar sob encomenda em www.muscleforlife.com/mp.

TRAPACEANDO

- Se você seguir uma dieta rigorosa e um programa de exercícios, poderá perder de 450g a 900g por semana. Mas se você enlouquecer na sua trapaça, talvez ganhe tudo isso de volta (e mais!) em um fim de semana. E se você estiver em *bulking*, poderá ganhar o dobro da gordura que normalmente teria essa semana.

- Eu quero que você pense em *refeições* de trapaça, não *dias*. Nenhuma dieta sensata deve incluir dias inteiros de excessos, mas uma única sessão de excessos moderada por semana é aconselhável quando você está de dieta para perder peso.
- Uma boa refeição de trapaça é uma refeição rica em proteína e carboidratos, tem baixo teor de gordura e não contém álcool e, portanto, não o colocará em um grande excedente de calorias para o dia.

REALIMENTAÇÃO

- O resultado concreto de uma realimentação é que você se sentirá melhor tanto física como psicologicamente, estará muito menos propenso a ceder a tentações e retroceder e poderá até mesmo experimentar uma boa aceleração da perda de gordura ao longo dos 3 a 5 dias seguintes.
- Recomendo planejar a sua realimentação no dia seguinte a um dia de treino. Muitos caras planejam para o dia anterior ao de formar o(s) seu(s) grupo(s) muscular(es) em atraso, porque o aumento de carboidratos resulta em maior energia na academia.
- A realimentação requer autocontrole. Se você abusar desses episódios controlados de superalimentação, irá simplesmente ganhar muita gordura como consequência de fazer deles auxiliares habituais da perda de peso.

15

Como ingerir alimentos saudáveis sem sair do orçamento

Não se avalie pelo que você tem realizado, mas pelo que você deve realizar com a sua habilidade.

— JOHN WOODEN

AO RECEBER A MAIORIA de suas calorias de alimentos nutritivos, você desfrutará de níveis de energia melhorados, saúde imunológica, desempenho cognitivo e uma sensação geral de bem-estar.

E informalmente falando, os caras que eu conheço com os melhores físicos são consumidores de uma alimentação *clean*, natural, que deixam apenas uma pequena parte de suas calorias diárias para as indulgências "não saudáveis".

No entanto, os benefícios de comer alimentos nutritivos não são novidade para ninguém. Mas, força de vontade à parte, há um grande problema com o qual aqueles que tentam comer de forma saudável esbarram: o custo.

De acordo com uma pesquisa realizada por cientistas da Universidade de Washington, comer de forma saudável pode custar até 10 vezes mais do que viver de porcarias baratas e muito processadas.

Claro, seria ótimo comer principalmente alimentos orgânicos, mas para isso talvez você tenha de vender um rim. Comer muitas carnes altamente processadas, de baixa qualidade, representa riscos graves para a saúde, mas encontrar opções saudáveis viáveis pode ser difícil. Assim, não é nenhuma surpresa que muitos creiam que comer saudavelmente exige que se detone metade do salário em mantimentos.

Ocorre que, felizmente, comer bem não tem que ser tão caro como se possa imaginar. Com um pouco de planejamento, você poderá elaborar seus planos alimentares com toda a sorte de alimentos nutritivos sem quebrar o orçamento.

FONTES DE PROTEÍNAS E GORDURA SAUDÁVEIS

Não importa qual o seu objetivo para o corpo, você terá de comer muita proteína. E é possível adicioná-la rapidamente.

Aqui estão as minhas proteínas favoritas de alta qualidade e acessíveis.

OVOS

Os ovos são uma das melhores e mais versáteis fontes de proteína, com cerca de 6 gramas por ovo, além de serem uma grande fonte de gorduras saudáveis.

Os ovos também proporcionam vários benefícios à saúde, como a redução do risco de trombose e a elevação das concentrações de dois poderosos antioxidantes no sangue: a luteína e a zeaxantina.

Ah, e se você tem receio de que o colesterol nos ovos aumente o seu risco de doença cardíaca, saiba que esse mito foi totalmente desacreditado pelas pesquisas epidemiológica e clínica.

Eles são imbatíveis em termos de nutrição e custo.

PEITO DE FRANGO

Há várias razões para os amantes da boa forma comerem muito frango: ele é barato, rico em proteínas e com baixo teor de gordura.

E embora seja verdade que os índices de ômega-6 e ômega-3 das aves estejam fora de sintonia (cerca de 10 : 1, enquanto na carne é de cerca de 2 : 1), podemos facilmente lidar com quaisquer desequilíbrios de ácidos graxos suplementando com óleo de peixe ou de krill ou comendo peixes gordos como salmão, atum, truta, arenque, sardinha ou cavala.

O preço do peito de frango é bastante acessível e 450g têm cerca de 100g de proteína.

AMÊNDOAS

As amêndoas são de longe o meu tipo favorito de noz. Elas são deliciosas e nutritivas e em um punhado (cerca de 15g) temos 9g de gordura saudável, 4g de proteína e pouco menos de 4g de carboidratos. Como ocorre com os ovos, às amêndoas têm sido associados vários benefícios para a saúde, tais como a redução do risco de diabetes e do peso corporal.

Pacotes de 100g de amêndoas podem caber em qualquer orçamento. Elas são ótimas sem nenhum acompanhamento e também ficam deliciosas em cereais como granola e aveia.

QUEIJO COTTAGE COM BAIXO TEOR DE GORDURA

Uma xícara de queijo cottage com baixo teor de gordura tem cerca de 14 gramas de proteína e apenas 1 grama de gordura.

Eu adoro o queijo cottage com apenas uma pitada de sal e pimenta, mas também aprecio com frutas, como abacaxi ou uva.

PROTEÍNA EM PÓ

Muitas pessoas ficam surpresas ao saber do custo-benefício da proteína em pó.

Uma ótima proteína de soro do leite 100% isolada, naturalmente adoçada (sobre a qual você pode aprender mais no final do livro), custa cerca de US$ 18 (454g) nos EUA. No Brasil, uma de boa qualidade não custa menos de R$ 100,00.

ABACATE

O abacate é uma grande fonte de gordura alimentar e de gordura monoinsaturada em particular (um abacate contém cerca de 15 gramas), que tem sido associada a melhores níveis de colesterol, redução do risco de doença cardiovascular e melhora da função cerebral. Acima de tudo, o abacate é rico em fitoquímicos que combatem o câncer.

Você pode fazer com eles mais do que apenas guacamole — eles ficam ótimos com ovos, sopas e saladas.

Embora os preços flutuem devido às elevações e baixas sazonais, esta é uma fruta que costuma ser bastante acessível.

FONTES BARATAS DE CARBOIDRATOS SAUDÁVEIS

As formas mais populares de carboidratos nos Estados Unidos são alimentos processados de baixa qualidade, que, como se sabe, podem representar riscos graves para a saúde se consumidos regularmente por um longo tempo. Por outro lado, a ingestão regular de carboidratos nutritivos tem sido associada à redução do risco de doença crônica.

Aqui estão as minhas fontes favoritas de carboidratos saudáveis:

AVEIA

Uma xícara de flocos grossos de aveia contém pouco mais de 50 gramas de carboidratos, 10 gramas de proteína e 6 gramas de gordura.

Você pode adquiri-la a granel por um preço bem em conta. Esta é uma ótima fonte de carboidratos de médio IG e fibra alimentar. Pesquisas também demonstraram que a aveia pode reduzir os níveis de LDL ("mau" colesterol).

A "tigela de aveia" é um item básico na dieta de muitos fisiculturistas, mas você pode também usar a aveia em forma de farinha no lugar da farinha comum para assar pães e bolos ou usá-la no lugar de farinha de rosca para empanar o frango.

FEIJÃO-PRETO

O feijão-preto é uma impressionante fonte de carboidrato, bem como de proteína, potássio, cálcio, ácido fólico e fibra.

Uma xícara de feijão-preto contém cerca de 40 gramas de carboidrato, 15 gramas de proteína e 1 grama de gordura.

Eles combinam muito bem com qualquer prato de proteína, mas também são perfeitos para preparar sopas e molhos.

ARROZ-INTEGRAL

Como a aveia, o arroz-integral é o que há de melhor em matéria de alimentos para os amantes da boa forma, e por boas razões.

Além de não custar caro, uma xícara de arroz-integral fornece cerca de 45 gramas de carboidratos, 5 gramas de proteína e 2 gramas de gordura. O arroz-integral tem cerca de quatro vezes mais fibra que o arroz-branco, bem como mais vitaminas, minerais e outros micronutrientes.

QUINOA

A quinoa é fácil de preparar, saborosíssima e cheia de proteína saudável e carboidrato.

Um copo da semente seca tem 110 gramas de carboidrato, 24 gramas de proteína e 10 gramas de gordura e ela pode ser preparada da mesma maneira que o arroz-integral.

FRUTAS

Não é possível errar com frutas. Minhas escolhas favoritas são uva, maçã, banana e laranja, que possuem toda uma variedade de antioxidantes, vitaminas, minerais e fibras.

Mas se você teme que a frutose possa ser ruim para sua saúde, sossegue. Você teria que comer uma quantidade ridiculamente absurda de frutas todos os dias para desenvolver algum problema.

De acordo com uma meta-análise de ensaios clínicos que avaliaram a ingestão de frutose, ingerir de 25 a 40g de frutose por dia não tem impacto negativo na nossa saúde. Ou seja: de 3 a 6 bananas, de 6 a 10 xícaras de morangos ou de 2 a 3 maçãs por dia. Como se dizia antigamente, algumas porções de frutas todos os dias fazem muito bem.

Problemas com a ingestão de frutose são vistos apenas entre aqueles que consomem regularmente grandes quantidades de açúcares refinados, como xarope de milho rico em frutose (HFCS) ou sacarose.

Por exemplo, uma garrafa de 600ml de refrigerante adoçado com HFCS contém cerca de 35 gramas de frutose. Um grama de sacarose é cerca de metade glicose e metade frutose, por isso, se você comer uma sobremesa com 50 gramas de açúcar, receberá cerca de 25 gramas de frutose. Mesmo o néctar de agave, que é tido como saudável por muitos devido a suas propriedades de baixa glicemia, pode conter 90% de frutose. Outras formas menos processadas podem ter apenas 55%.

O mais importante é que você pode evitar todas as complicações de saúde associadas à ingestão de frutose limitando a ingestão de alimentos com adição de açúcares, como agave, sacarose, mel, xarope de bordo, açúcar refinado, melaço, açúcar mascavo, HFCS, açúcar turbinado, e por aí vai.

BATATA-DOCE

A batata-doce é perfeita quando você quer algo doce e nutritivo. Ela é saborosíssima quando bem preparada (com sal, canela, *pumpkin spice** e um pouco de manteiga fica espetacular), está no meio do índice glicêmico e é rica em vitamina A e outros micronutrientes.

Uma xícara de purê de batata-doce fornece cerca de 60 gramas de carboidrato, 4 gramas de proteína e menos de 1 grama de gordura. Se eu fosse você, não deixaria de incluir batata-doce nos seus planos alimentares.

* Pumpkin spice é uma mistura de condimentos que contém canela, gengibre, cravo, pimenta-da-jamaica e noz-moscada, todos em pó.

O FUNDAMENTAL

Então, é isso: sim, é possível comer de maneira saudável sem estourar o limite de seus cartões de crédito.

Na verdade, você pode até economizar dinheiro se usar alguns outros truques, como comprar legumes congelados, comprar a granel, prestar atenção às promoções e ao que está dentro e fora de estação e preparar a sua comida em porções para que você possa aproveitar tudo o que adquirir.

E não nos esqueçamos de que o ganho maior em comer bem está na longevidade, na vitalidade e na prevenção de doenças — não dá para colocar um preço em nada disso.

Bem, eu sei que esta seção do livro lhe deu muito o que processar, mas eu tenho uma boa notícia: o que você aprendeu é tudo o que de fato é preciso saber sobre dieta. Você nunca terá de lutar com a construção muscular nem precisará perder gordura de novo se seguir os princípios e conselhos que eu compartilhei. Se achar que deve, releia esta parte do livro para fixar bem os ensinamentos.

Vamos agora falar sobre o treino e aprender a tirar o máximo proveito do nosso tempo na academia todos os dias.

PARTE IV

TREINAMENTO

16

A filosofia de treinamento de *Malhar, secar, definir*

Grande parte dos fisiculturistas dedicam muito tempo a exercitar os grupos musculares menores, como os bíceps, em detrimento dos grupos musculares maiores, como as coxas, e depois se perguntam por que nunca obtêm ganhos gerais de tamanho e força.

— RORY "REG" PARK

INÚMEROS PROGRAMAS de treinamento divulgados e promovidos em revistas e materiais publicitários são iguais: um monte de máquinas, muitos exercícios de isolamento, muitas repetições com pouco peso e muito tempo na academia.

Tais programas são melhores do que nada, em minha opinião, mas esse é todo o elogio que posso fazer. Há formas muitíssimo melhores de gastar o seu tempo e a sua energia se o objetivo é construir um físico, não apenas mover o corpo.

É irônico que as máquinas tenham se tornado quase um sinônimo de academia não por serem especialmente eficientes, mas porque são convidativas.

Não têm um ar tão intimidante quanto os halteres e as barras.

Bem, há algumas poucas máquinas que vale a pena usar, como o *Leg Press* ou a estação de musculação, mas a grande maioria é inferior aos halteres e exercícios de barra em termos de produção de músculos maiores e mais fortes. Isso inclui a máquina Smith, que já se provou ser menos eficaz para agachamento e supino do que o agachamento livre com peso e barra e o supino. Por isso, o foco do programa que proponho neste livro está nos pesos livres e não nas máquinas.

Nós já falamos que os exercícios de isolamento produzem bem menos resultados, mas você deve estar se perguntando por que eles são tão populares entre os fisiculturistas, cujas vidas giram em torno de esculpir cada última fibra muscular de seus corpos para competições. Muitos desses caras são assustadoramente enormes e, se é assim que eles treinam, deve haver algo de bom nesses exercícios, não é? Quem dera pudéssemos ter um terço do tamanho deles — estaríamos todos felizes.

Acontece que há mais nessa história...

E o resumo é: todos os fisiculturistas profissionais que estão se dando bem no esporte usam drogas. Muitas drogas. Eles gastam de US$ 50.000 a US$100.000 em drogas por ano. Sim, cada um, não importa o que eles digam.

E, embora existam diferentes escolas de pensamento quanto ao estilo ideal de treino quando se está nas drogas, muitos levantadores quimicamente reforçados obtêm êxito apenas sentados na academia horas a fio todos os dias fazendo série após série com pesos relativamente leves.

Assim, graças às drogas, seus corpos são capazes de sintetizar proteínas musculares a velocidades alarmantes e isso por si só lhes permite fazer um monte de coisas com seu treino e suas dietas que simplesmente não iriam funcionar com métodos naturais.

O grande problema com o foco em exercícios de isolamento é que o indivíduo médio precisa construir uma base geral sólida de força e músculo, não ganhar dois centímetros extras em seus deltoides posteriores ou estender seus dorsais dois centímetros mais para baixo no tronco.

Há apenas uma maneira de construir essa base naturalmente: fazer muito levantamento de peso composto pesado. E mesmo assim, são necessários alguns anos para se ganhar os 10kg a 15kg de músculo que transforma um cara "normal" num "trincado".

É por isso que o programa de *Malhar, secar, definir* contém basicamente exercícios compostos, como agachamento, levantamento terra, desenvolvimento com barra, supino reto e muitos outros. Esses são os exercícios que lhe fornecem o melhor retorno do investimento: o maior fortalecimento e condicionamento físico total possível em relação ao tempo e ao esforço que você dedicou.

O método de treino com pesos de *Malhar, secar, definir* segue uma fórmula como esta:

1 — 2 | 4 — 6 | 9 — 12 | 3 — 4 | 45 — 60 | 5 — 7 | 8 — 10

Não, não se trata de nenhum código secreto que você tem de decifrar... Vamos entender essa fórmula parte por parte:

1 — 2:
TREINAR 1-2 GRUPOS MUSCULARES POR DIA

A fim de alcançar a máxima sobrecarga e estimulação muscular, você treinará um ou dois grupos musculares por sessão de treino (por dia).

Enquanto programas de divisão de superior/inferior e corpo inteiro podem funcionar se programados corretamente, eles possuem vários inconvenientes.

O primeiro é o fato de que o treino de vários grupos musculares principais em uma sessão é muito difícil quando seu foco está no levantamento de peso composto pesado. Se você fizer seis séries pesadas de supino e em seguida tentar passar para o desenvolvimento de ombro pesado, você simplesmente não levantará tanto quanto levantaria se tivesse deixado seu trabalho de ombro para outro dia.

Ao treinar apenas um ou dois grupos musculares por dia você conseguirá dar a seus treinos 100% de foco e intensidade e treinar duro sem enfrentar a fadiga muscular sistêmica que surge quando se tenta fazer muito de uma vez.

Trabalhar vários grupos musculares principais em um treino também leva muito tempo. Eu costumava fazer longos treinos de uma hora e meia a 2 horas e, sejamos francos, ninguém está muito a fim disso. Agora não levo mais que uma hora, o que é muito mais agradável e me ajuda a manter o programa a longo prazo.

4 — 6:
FAÇA SÉRIES DE 4 A 6 REPETIÇÕES EM PRATICAMENTE TODOS OS EXERCÍCIOS

A fim de obter o máximo crescimento muscular, você fará de 4 a 6 repetições de cada série em praticamente todos os exercícios (falaremos das exceções em breve).

Isso quer dizer que você usará pesos que permitam fazer pelo menos 4 repetições, mas não mais que 6 (se você não conseguir fazer 4 repetições, está muito pesado; se você conseguir fazer 6 ou mais, está muito leve). De modo geral, isso é cerca de 80% a 85% de seu 1RM (repetição máxima) para cada exercício.

Você não fará séries de esgotamento, superséries, *drop sets* ou coisas do gênero, mas pesadas séries controladas. Deixe a confusão de rotinas leves de peso e músculo para os amadores e será apenas uma questão de tempo até que eles venham até você perguntando como você pode estar ganhando muito fazendo "tão pouco".

A ênfase no levantamento de peso composto pesado é um aspecto importantíssimo do programa e é o "coração" da abordagem de treinamento conjunto. É também uma das recomendações mais "controversas" no livro, assim como o número "ideal" de repetições para o crescimento muscular ainda é um assunto de intenso debate, em vez de certeza científica.

Dito isso, eu não escolhi esse número de repetições à toa — ele se baseia em uma quantidade considerável de evidências clínicas e de experiência prática. Mas antes de prosseguirmos, eu quero me deter um pouco nisso para que você tenha uma melhor compreensão do motivo de eu não recomendar de 10 a 12 repetições — o número mais tradicional — para "hipertrofia".

Em 2007, foi publicada pela Universidade de Gotemburgo uma volumosa revisão de artigos sobre treinamento físico. Esse trabalho trazia duas descobertas cruciais para os nossos propósitos:

1. treinar com pesos no intervalo de 70% a 85% do URM produziu máxima hipertrofia nos pesquisados, embora cargas menores ou maiores também gerassem resultados acentuados;
2. um volume moderado de treinamento, com 30 a 60 repetições por sessão, produziu máxima hipertrofia. Verificou-se que 30 repetições era o número ideal no trabalho com pesos dentro da faixa de 70% a 85% do URM e com a diminuição da carga aumentava o número ideal de repetições.

O Colégio Americano de Medicina Esportiva publicou um artigo em 2002 baseado no estudo de centenas de testes. Essa pesquisa concluiu que o treino com pesos que não permita mais de 5-6 repetições é o mais eficiente para aumentar a força e que descansar por 3 minutos entre as séries é o ideal quando se treina desta forma.

Pesquisadores da Universidade Estadual do Arizona avaliaram 140 outros estudos sobre levantamento de peso e concluíram que o treinamento com pesos que são 80% do 1RM do indivíduo produz ganhos de força máxima.

Mais um sinal da eficácia do levantamento de pesos pesados é encontrado em um estudo publicado por cientistas da Universidade de Ohio, que acompanhou durante oito semanas 32 homens sem treino em levantamento de peso.

Eles foram divididos em três grupos: um trabalhou no intervalo de 3 a 5 repetições, outro no intervalo de 9 a 11 repetições e o último no intervalo de 20 a 28 repetições. No final do período de oito semanas, o grupo que trabalhou no intervalo de 3 a 5 repetições obteve significativamente mais ganhos de força e massa muscular do que os outros dois grupos.

Agora, se você costuma ler muito sobre o mundo do *fitness*, sem dúvida já se deparou com estudos com resultados contrários aos descritos acima. Por exemplo, existem pelo menos dois estudos que conheço que costumam ser usados para vender às pessoas a ideia de que levantar pesos leves é tão eficaz para a construção muscular quanto levantar pesos pesados, desde que você treine à exaustão.

No entanto, há sérios problemas com essas conclusões, porque elas não condizem com as observações do mundo real.

Ou seja, aqueles que construíram físicos impressionantes com treino de "esgotamento" de alta repetição quase sempre lançaram mão de um reforço químico em algum ponto ao longo do caminho. Por outro lado, quase todas as pessoas que você encontrará que construíram um corpo forte e musculoso de forma natural o terão feito concentrando-se em levantamento de peso pesado. A partir de então, elas poderão manter seu físico com treinamento de alta repetição, mas não chegaram lá com ele.

Eu mesmo passei por isso. Quase oito anos de cansativos treinos de alta repetição me deram não mais que 11kg a 13kg de massa magra e, pelo menos, metade disso nos primeiros três anos. Eventualmente, me vi empacado, sem obter ganhos reais sobre os quais falar por vários anos.

Eu voltei a progredir aplicando o que proponho neste livro: levantamento de pesos pesados e equilíbrio e controle da minha ingestão de alimentos. Desde que passei a fazer essas alterações, a minha força aumentou muito e meu físico mudou radicalmente — eu aumentei meus pesos em cada levantamento entre 50% e 100% e passei de cerca de 90kg e 16% de gordura corporal aos meus atuais 85kg e 7%, que mantenho com facilidade.

Também tive a oportunidade de trabalhar diretamente com milhares de pessoas e os resultados são os mesmos, independentemente da idade, genética ou histórico de treinamento. Todos os dias eu recebo e-mails de caras que empacaram como eu e agora voltaram a obter ganhos concentrando-se em levantamento pesado e dieta adequada.

Portanto, não ligue se as pessoas questionam a sua abordagem e lhe dizem para aliviar a carga e aumentar as repetições. Ainda não há uma resposta única universalmente aceita para qual é a maneira verdadeira e absolutamente eficaz de treinar para força e hipertrofia, e talvez nunca haja. O assunto é complicadíssimo, com um número impressionante de variáveis a considerar e controlar.

Mas saiba disto: cada estudo bem concebido e bem executado que encontrei concorda que o treinamento com 70% a 85% de seu 1RM funciona. Neste ponto, eu posso dizer com absoluta certeza que há algo "especial" em enfatizar o levantamento de peso composto pesado no seu treino.

Estou em boa companhia aqui também. Muitas das pessoas mais respeitadas nessa indústria, como Brad Schoenfeld, Charles Poliquin, Mark Rippetoe, Layne Norton, Alan Aragão, Lyle McDonald e Pavel Tsatsouline, defendem o mesmo estilo de treinamento para resultados máximos na academia.

E a melhor parte é que você não tem que confiar na minha palavra. Se você apenas seguir a rotina de exercícios definida neste livro e no relatório gratuito, obterá força e ganhos de tamanho surpreendentes.

9 — 12:
FAÇA DE 9 A 12 SÉRIES PESADAS POR TREINO

Independentemente de quais exercícios você faça, os exercícios deste programa exigirão de 9 a 12 séries pesadas (ou funcionais) por treino, que são as séries de construção muscular que você fará após o aquecimento.

Como você verá, os treinos nos planos de 5 e 4 dias sempre conterão 9 séries funcionais para treinar o principal grupo muscular, mas também fornecerão 3 séries adicionais opcionais que você poderá fazer se estiver disposto. Se você for novo em levantamento de peso e se cansar muito após as 9 séries, não se sinta obrigado a fazer essas 3. Se você for mais experiente ou apenas se sentir com muita energia ao final das 9 séries, faça as 3 extras.

Não se exceda, porém, fazendo mais do que isso em cada treino, mesmo se estiver se sentindo como se pudesse continuar depois de 12 séries funcionais. Agir assim não o ajudará a construir mais músculo e poderá, eventualmente, levá-lo ao sobretreinamento.

Se você está acostumado a passar horas na academia todos os dias se acabando em série após série, talvez estranhe esse estilo de treinamento. De fato, num primeiro momento você poderá se sentir mal, achando-se preguiçoso (foi assim que eu me senti, pelo menos). Você poderá duvidar que consiga ficar maior e mais forte do que nunca malhando menos do que todos os outros. Mas não se preocupe, não será exigido que você dê nenhum grande salto de fé. Confie no programa e ele lhe dará o que propõe. Deixe de lado a sua descrença por apenas algumas semanas e os resultados falarão por si.

Pesquisas e evidências me mostraram que de 50 a 70 repetições pesadas realizadas com cada grupo muscular principal a cada cinco a sete dias é um "ponto ideal" para tirar o máximo proveito do levantamento de peso natural.

3 — 4:
DESCANSE 3-4 MINUTOS ENTRE AS SÉRIES

Quando você levanta peso, muitas atividades fisiológicas estão acontecendo para que você consiga realizar cada exercício. Para o músculo se contrair, é preciso haver energia nas células, oxigênio, algumas reações químicas e muitos outros processos moleculares. Ao executar cada repetição, você esgota a capacidade que seus músculos têm de se contrair com vigor.

Quando trabalha erguendo pesos maiores, você força seus músculos ao máximo de sua capacidade de contração. Portanto, um tempo adequado para o restabelecimento entre as séries é o que lhe permitirá repetir o processo um número suficiente de vezes para alcançar o nível ótimo de sobrecarga muscular que é capaz de estimular e forçar novos crescimentos da musculatura. Basicamente, o propósito do descanso entre as séries é justamente preparar seus músculos para levantarem o máximo de peso possível na série seguinte. Não se trata de mera teoria — a pesquisa clínica tem correlacionado o tempo de descanso entre as séries a ganhos de força e de tamanho muscular.

Por exemplo, um estudo realizado por pesquisadores da Universidade Federal do Paraná, no Brasil, constatou que quando os indivíduos realizaram supino e agachamento com intervalos de descanso de 2 minutos, eles puderam realizar significativamente mais repetições por treino do que quando os intervalos de descanso foram encurtados a de 15 em 15 segundos (1:45, 1:30, 1:15, e assim por diante).

Isso é significativo porque, como você sabe, o volume total do exercício é um fator importante na obtenção de sobrecarga e estímulo do crescimento muscular. Assim, não surpreende saber que um estudo realizado por pesquisadores da Universidade Estadual de Kennesaw constatou que os indivíduos ganharam mais massa muscular durante o treinamento à exaustão com períodos de descanso de 2,5 minutos do que nos períodos de 1 minuto.

Dependendo da quantidade de peso que estiver usando nos exercícios de *Malhar, secar, definir*, você deverá descansar por 3 a 4 minutos entre suas séries. Esse espaço de tempo pode parecer excessivo, mas ele não foi escolhido aleatoriamente — é baseado em pesquisa clínica.

Por exemplo, uma extensa revisão de estudos de halterofilismo conduzida por pesquisadores da Universidade do Estado do Rio de Janeiro descobriu o seguinte:

> Em termos de respostas agudas, uma das principais constatações foi que, quando treinando com cargas entre 50% e 90% de uma repetição máxima, 3-5 minutos de descanso entre as séries permitiram maiores repetições ao longo de várias séries.
>
> Além disso, em termos de adaptações crônicas, descansar 3-5 minutos entre as séries produziram maior aumento da força absoluta, devido a maiores intensidades e volumes de treinamento. Da mesma forma, níveis mais elevados de força muscular foram demonstrados ao longo de vários conjuntos com 3 ou 5 minutos *versus* 1 minuto de descanso entre as séries.

Estas descobertas são semelhantes às de outro estudo realizado por cientistas na Eastern Illinois University com homens treinados em resistência:

> Os resultados do presente estudo indicam que grandes ganhos de força de agachamento podem ser conseguidos com um mínimo de 2 minutos de descanso entre as séries e pequenos ganhos adicionais são derivados do descanso de 4 minutos entre as séries.

Em outro trabalho, a mesma equipe de pesquisa analisou o desempenho de supino com os mesmos indivíduos e descobriu o seguinte:

> Quando o objetivo do treinamento é o desenvolvimento de força máxima, devem ser feitos 3 minutos de descanso entre as séries, para evitar diminuições significativas nas repetições. A capacidade de sustentar repetições mantendo a intensidade constante pode resultar em um maior volume de treinamento e, consequentemente, maiores ganhos de força muscular.

Os períodos de repouso mais longos vão lhe causar muita estranheza à primeira vista, assim como os treinos mais curtos. Você achará que está mais descansando do que se exercitando.

No entanto, mais uma vez, deixe que os resultados falem por si. Você acabará percebendo que conserva muito melhor a sua força, série após série, quando se dá períodos de descanso adequados, o que é crucial para continuar a incorporar fibras musculares máximas com cada série.

Alguns dias você se sentirá energizado e pronto para levantar peso novamente depois de 3 minutos, mas em outros você vai se sentir um pouco mais lento e precisará de todos os 4 minutos. A propósito, o teste não é se você quer fazer a série seguinte — é se a sua frequência cardíaca diminuiu desde a última série e você sente que tem energia para fazer outra.

45 — 60:
TREINE DURANTE 45-60 MINUTOS

Se seus treinos se estenderem por mais de uma hora, tem alguma coisa errada. Você deve conseguir terminar todo o treino de *Malhar, secar, definir* em 45-60 minutos.

Treinos longos são não apenas desnecessários — mas são muitas vezes contraproducentes também. Como você sabe, apesar do seu caráter extremamente exaustivo, exercícios de alto volume não passam de receita para a estagnação.

Quando a intensidade do treino é alta, como é com este programa, o volume de treino precisa ser moderado ou você vai acabar sobretreinando. Isso significa treinos mais curtos.

Cronometre seus períodos de descanso, mantenha a conversa num nível mínimo e você ganhará com seus exercícios de forma eficiente, o que irá ajudá-lo a manter o foco em seus treinos e dedicar-se a eles 100%.

5 — 7:
TREINE CADA GRUPO MUSCULAR UMA VEZ A CADA 5-7 DIAS

A quantidade de tempo que você dedica ao descanso de um grupo muscular antes de voltar a treiná-lo novamente tem um papel vital no aumento da massa muscular.

Há vários programas de treinamento em que é preciso executar dois ou três treinos completos para os principais grupos musculares a cada semana, muitas vezes alternando entre pesos muito pesados e mais leves.

Embora alguns desses programas se baseiem em boa pesquisa científica, eles ficam aquém em uma área: a recuperação.

A recuperação, tanto muscular como nervosa sistêmica, é decisiva em todo o seu trabalho para obter o corpo que almeja. Se você não permitir que seu corpo se recupere totalmente de um treino antes de submeter os mesmos músculos de novo a uma sobrecarga, não importa quão rigoroso você seja em seguir sua dieta ou este protocolo de treino — seus esforços servirão apenas para fazê-lo se sentir cada vez mais fraco fisicamente ao longo do tempo.

Se você continuar a treinar com recuperação insuficiente por muito tempo, poderá perder força e músculo, bem como toda a motivação para malhar. Você também poderá acabar com sintomas semelhantes aos da depressão e fadiga crônica, perda de apetite e do desejo sexual e problemas com o sono, além de outros efeitos negativos.

Cada um dos levantadores de peso naturais com quem tenho falado que têm tentado vários desses programas de dois a três treinos por semana vêm se deparando com esses problemas de recuperação, especialmente quando estão em dieta para perda de peso, como de déficit calórico, que torna ainda mais fácil tornar-se subtreinado.

Bem, você não enfrentará nenhum desses problemas se adotar o programa de treinamento de *Malhar, secar, definir*, que cuidadosamente equilibra frequência de treinamento, volume, intensidade e recuperação.

Como você verá, a cada semana o programa atingirá os principais grupos musculares com um primeiro treino pesado e intenso e alguns exercícios adicionais mais leves (nem tanto!) na parte superior do corpo — para garantir que ela não fique para trás — e a opção de exercício adicional na parte inferior do corpo, se necessário.

8 — 10:
A CADA 8-10 SEMANAS, TIRE UMA DE DESCANSO

No começo, levantar peso desse modo pode ser brutal, pois demanda muito esforço físico e concentração mental. Seus músculos vão ficar doloridos. Suas articulações terão de se adaptar.

Como se não bastasse, isso ainda coloca o sistema nervoso central sob enorme tensão, que se manifesta de maneiras sutis. Embora existam teorias contraditórias sobre o que de fato acontece aqui fisiologicamente, o que sabemos com certeza é que períodos repetidos de levantamento de peso causam o desenvolvimento de fadiga não muscular. Esta, por sua vez, leva a uma redução na velocidade, potência e capacidade de executar movimentos técnicos ou exercícios.

Algumas pesquisas indicam que isso pode ser mais uma sensação ou emoção do que um verdadeiro problema físico, mas o importante é que irá afetá-lo, então você precisa saber como lidar com ela. E a maneira mais fácil de "revigorar" todo o seu corpo é reduzir periodicamente a intensidade do seu treino ou tirar uma semana de folga dos pesos.

Assim, entre cada uma de suas fases de 8-10 semanas, o programa de *Malhar, secar, definir* inclui escolher entre uma *semana de destreino* ou vários dias, ou até mesmo uma semana inteira, sem pesos. Vamos falar sobre como exatamente a semana de destreino funciona no próximo capítulo, mas ele basicamente envolve o treinamento de baixa intensidade por uma semana.

A escolha entre uma semana de destreino e uma pequena pausa nos pesos é totalmente sua.

Eu recomendo que você comece com destreinos semanais, mas se ao fim deles você não sentir vigor físico e não estiver pronto mentalmente para encarar de novo os pesos pesados, então minha sugestão é que você tente qualquer treino de pelo menos 4 a 5 dias antes de voltar ao destreino.

Muitos temem diminuir de tamanho ou perder força se tirarem uma semana ou até mesmo alguns dias de folga dos pesos, mas isso simplesmente não acontece.

Pesquisas mostram que mesmo em idosos a perda de força não é significativa em até cerca de cinco semanas sem nenhum exercício.

Em termos de como se alimentar em sua semana de destreino ou semana sem pesos, se você está em *bulking*, pode reduzir suas calorias para um nível de *maintaining*, e se está em *cutting*, não tem que mudar nada.

COMO O PROGRAMA EVOLUI

Como você sabe, o aspecto essencial do levantamento de peso é efetuar sobrecarga progressiva, continuando a adicionar peso para seus levantamentos ao longo do tempo.

Se você fizer tudo certo — alimentando-se corretamente, focando em levantamento de peso composto pesado e treinando com adequada frequência —, mas simplesmente não adicionar peso na barra, logo irá estacionar. Isso é muito importante.

E é por este motivo que o método de progressão do programa de *Malhar, secar, definir* é tão simples: uma vez que você atingir 6 repetições numa série deverá adicionar peso para sua próxima série. O aumento padrão é um total de 5kg: 2,5kg adicionados em cada lado da barra ou um aumento de 2,5kg em cada haltere.

Por exemplo, se você levantou 100kg em 6 repetições em sua primeira série de supino inclinado, em seguida deve adicionar 5kg (2,5kg em cada lado da barra), repousar e levantar 105kg daí para a frente.

Se depois de subir assim você conseguir fazer apenas 2 ou 3 repetições, você pode reduzir o peso em 2,5kg (deixando-o com 2,5kg a mais do que o peso com o qual você fez as 6 repetições) ou, se a sua academia não tiver anilhas de 1,25kg, simplesmente retorne ao peso que você usou nas 6 repetições e termine suas séries restantes com ele. Então, na semana seguinte, tente fazer o salto mais uma vez recomeçando com a sua primeira série e faça 4 ou 5 repetições. Na maioria das vezes, no entanto, quando você atinge as 6 repetições, adiciona 5kg, descansa, e, em seguida, faz 4 repetições em séries subsequentes.

Seu principal objetivo com cada treino deve ser bater os números da semana anterior, mesmo que apenas por uma repetição. Se você fizer isso de novo na semana seguinte, estará pronto para subir de peso.

Você deve saber, no entanto, que em algumas semanas isso não acontecerá. Em certas ocasiões, você conseguirá apenas levantar exatamente o que levantou na semana anterior, e outras vezes nem isso.

Coisas assim acontecem, e não necessariamente significam que algo está errado. Basta continuar trabalhando nisso e com o tempo você deverá ver um aumento constante no peso levantado.

CADÊ O MEU *PUMP*?!*

Se você está acostumado com treinos *pump* de alta repetição, saiba que o treino pesado de baixa repetição é bem diferente. Não se surpreenda se, nas primeiras semanas, seus músculos parecerem menos cheios do que você está acostumado. É normal.

Veja, o levantamento pesado dá um *pump* legal, mas não do tipo "meus músculos estão prestes a explodir" a que muitos caras obsessivos dão tanta importância. Lembre-se, no entanto, de que enquanto um enorme *pump* pode ser ótimo para exibir na academia, ele tem pouco a ver com o crescimento muscular a longo prazo. Sobrecarga é o que queremos. Um *pump* é apenas um subproduto.

Enquanto você continuar batendo forte os pesos, seus músculos irão crescer e com o crescimento dos seus músculos você vai ter muito mais do que um *pump* desse levantamento pesado — você será um dos raros caras com um visual incrível sem nenhum *pump*, porque você terá uma verdadeira base de massa magra sólida, não pequenos músculos que precisam se encher de sangue para poderem ser notados.

O RITMO DE REPETIÇÃO ADEQUADO PARA GANHOS MÁXIMOS

"Tempo de repetição" é a velocidade com que você levanta e baixa os pesos, e há muitas opiniões por aí sobre qual é o melhor.

Uma das mais populares correntes de pensamento usa repetições muito lentas para maximizar o "tempo sob tensão" e, assim, o crescimento muscular. "Seus

* O pump na musculação ocorre quando uma grande quantidade de sangue se concentra no tecido muscular devido ao treinamento com pesos, deixando o músculo denso, grande e vascularizado. O termo "pump" significa bombar, mas não no sentido de tomar esteroides, e sim do aumento do fluxo sanguíneo bombeado no músculo. http://www.portaleducacao.com.br/educacao-fisica/artigos/51322/pump-na-musculacao

músculos não entendem de peso", muitos fisiculturistas dizem, quase filosoficamente, "eles só entendem de tensão, e isso é o que estimula o crescimento".

Bem, conforme os muitos "estranhos segredinhos" do mundo *fitness* — como aqueles que dizem aumentar instantaneamente a carga do seu supino ou derreter a gordura da barriga —, o tempo sob tensão não é tão importante assim para justificar uma atenção especial; ele não passa de um subproduto do treino adequado, que pode ser mais ou menos ignorado.

Veja, quão mais lentamente você executa suas repetições com um determinado peso, menos repetições você poderá executar com ele. Dependendo de quão devagar você levantar, acabará fazendo metade das repetições ou até menos que um ritmo normal de repetições.

Ao reduzir o número de repetições que executa, você também reduz o trabalho total realizado pelo músculo; e como você reduziu a quantidade de trabalho realizado, reduziu também o potencial de construção de músculo e de força do exercício.

A questão, então, é se a "troca" do tempo sob tensão pelo trabalho total vale a pena. Será que o aumento do tempo sob tensão "compensa" a redução do trabalho realizado e resulta em evolução de força e crescimento muscular?

As pesquisas dizem que não. Por exemplo...

- Um estudo realizado por cientistas da Universidade de Sydney revelou que os indivíduos que seguiram o treinamento tradicional "rápido" no supino ganharam mais força que os de treinamento lento.
- Um estudo conduzido por pesquisadores da Universidade de Connecticut revelou que o treinamento muito lento resultou em baixos níveis de pico de força e energia quando comparado com um ritmo normal autorregulado.
- Um estudo realizado por cientistas da Universidade de Wisconsin revelou que, mesmo em indivíduos não treinados, um treinamento de ritmo tradicional resultou em maior força no agachamento e maior potência de pico no salto com contramovimento.
- Um estudo conduzido por pesquisadores da Universidade de Oklahoma revelou que quatro semanas de treinamento tradicional de resistência foram mais eficazes para aumentar a força do que o treinamento superlento.

Essas descobertas não são exatamente surpreendentes se levarmos em consideração a mecânica subjacente do crescimento muscular e o quão dependente ela é da construção de força (se você quer músculos maiores, terá que ficar mais forte).

É importante também que se diga que, quando não sabia o que estava fazendo, eu costumava realizar muitas séries lentas para maximizar o tempo sob tensão e os resultados que obtive foram imperceptíveis. Eu achava que elas seriam mais eficazes do que as minhas rotinas de treinamento regulares, cuja qualidade era bem baixa, na realidade.

Então, o tempo de repetição que eu recomendo é tanto o "2-1-2" quanto o "2-1-1". Isso significa que a primeira parte da repetição deve ter cerca de 2 segundos, seguida por um 1 segundo (ou menos) de pausa, seguido pela parte final da repetição, que deverá ter entre 1 e 2 segundos para ser realizada.

Por exemplo, se aplicarmos isso ao supino, iremos baixar a barra para o peito em 2 segundos, pausa de 1 segundo ou menos, e elevá-la em 1 segundo ou 2.

INTENSIDADE E FOCO:
SUAS DUAS ARMAS SECRETAS

Se você já treinou antes, sabe muito bem o que um ótimo treino é capaz de fazer: nós nos sentimos cheios de energia, os pesos parecem leves, nos mantemos completamente focados nos nossos levantamentos e conseguimos empurrar ainda mais do que o esperado.

Grande parte de fazer esse tipo de treino o mais frequentemente possível é elevar de forma consciente a intensidade e o foco. E isso não tem nada a ver com a gritaria de um *death metal* em seus fones de ouvido. Embora alguns dos caras que fazem isso treinem muito intensamente, nenhum exibicionismo é necessário.

Em vez disso, eu recomendo que você leia a respeito do famoso método dos levantadores búlgaros e imite o seu tipo de treino contraintuitivo para superar levantamentos 1RM. Eles não batem o pé no chão como loucos nem passam 15 minutos ampliando o som das guitarras e dos vocais gritados, mas apenas caminham até a barra e superam o levantamento com toda a calma e toda a solidez possíveis.

Se eles não superestimulassem seus sistemas nervosos para realizar seus levantamentos acabariam por achar os levantamentos pesados demais.

A intensidade é simplesmente o nível de esforço físico e mental que você dá para o seu treino. É com quanta intenção você está se empurrando para fora da sua zona de conforto e fazendo progressos. É o seu desejo de não apenas completar a sua série, mas de realizar algo com ela.

Um treino de alta intensidade é aquele em que você sente que deu tudo de si. Você não se contenta com um peso mais leve quando sabe que pode aumentar. Sua mente não divaga em outro lugar enquanto você levanta — nada de movimentos robóticos. Você se mantém consciente e com calma e determinação bate cada repetição e cada série.

Foco quer dizer concentração mental: ter sua mente em seus levantamentos e não no programa de TV a que você assistiu ontem, a festa daquela noite, a conversa com a sua namorada ou qualquer outra coisa.

Embora não haja nada de errado em falar durante o descanso, não embale na conversa, porque ela inevitavelmente será uma distração. Os seus períodos de repouso se arrastarão por muito tempo e você terá a mente dispersa quando se sentar para fazer a sua série. Portanto, é contraproducente. Deixe a confraternização para depois da academia.

Eu não quero ficar buzinando na sua orelha que você deve visualizar hipnoticamente cada levantamento antes de realizá-lo, mas sem dúvida há algo a ser dito sobre concentrar 100% de sua atenção em mover o peso à sua frente. É "mente sobre a matéria", como se diz.

As rotinas de treinamento de *Malhar, secar, definir* foram concebidas para ajudá-lo a manter um alto nível de intensidade e foco. É muito mais fácil fazer de 4 a 6 repetições com máxima intensidade e foco do que de 10 a 12. É muito mais fácil manter-se acelerado e determinado por 45 minutos do que por 90 minutos.

Mas a rotina em si não fornece a intensidade e o foco. É você quem faz isso.

ALGO MUDA NO *CUTTING*?

Uma das muitas dicas de treinamento terríveis que costumo ouvir entre os "irmãos" é: treinar com pesos leves e altas repetições no *cutting* "faz os cortes aparecerem".

Isso é 100% errado.

Concentrar-se exclusivamente no treino de alta repetição não ajuda a queimar mais gordura do que os pesos mais pesados.

Ele não irá "trincá-lo", nem torná-lo vascularizado.

Ironicamente, treinar pesado é em particular importante quando você está em *cutting* porque o xis da questão é a preservação muscular e você precisa manter a sobrecarga dos músculos para alcançá-la.

Então treine pesado quando estiver em *cutting* e continue a tentar subir em força. A maioria dos caras experimenta uma queda inicial na força quando passa de um *bulking* para um *cutting*, mas eu sempre consegui reconstruir a minha força e terminar mais ou menos onde comecei com pouca ou nenhuma perda de massa muscular (alguma perda de músculo que eu possa vir a ter durante o *cutting* não será visível no espelho).

COMO USAR CÁRDIO PARA CONSTRUIR MÚSCULOS

Muitos caras temem o exercício cardiovascular (cárdio) como se cada minuto gasto na execução significasse uma perda de massa muscular e força. Alguns fisiculturistas o criticam simplesmente porque não gostam de fazê-lo.

Embora seja evidente que cárdio excessivo provoque perda muscular (basta olhar para qualquer corredor de maratona), quantidades moderadas de cárdio regular podem ajudá-lo a construir mais músculo com o tempo.

Vejamos como isso funciona:

CÁRDIO E RECUPERAÇÃO MUSCULAR

Como você sabe, o exercício intenso provoca danos às fibras musculares, que devem então ser reparados.

Esse dano é a principal causa provável da dor que você sente um dia ou dois após o treino, conhecida como dor muscular tardia, ou DMT.

A reparação dos danos é um processo complexo parcialmente regulado por dois fatores simples: a quantidade de "matérias-primas" necessárias para o reparo que são trazidas para o músculo danificado ao longo do tempo e a velocidade com que os resíduos são removidos.

Bem, o cárdio pode ajudar seu corpo a reparar a lesão muscular mais rapidamente, porque aumenta o fluxo sanguíneo para várias áreas do organismo. Esse tipo de "recuperação ativa" fornece mais "matérias-primas" para uso dos músculos e remove os resíduos, o que resulta em um período de mais rápida recuperação geral.

É importante notar, contudo, que esses benefícios são verificados principalmente nas pernas, porque a maioria das formas de cárdio não envolvem a parte superior do corpo. Se você quiser aumentar a recuperação de todo o corpo, então precisará fazer algo que trabalhe a parte superior, como uma máquina de remo ou trabalhar os braços na máquina elíptica.

CÁRDIO E O SEU METABOLISMO

No nosso sonho alimentar coletivo, todos os nutrientes consumidos seriam sugados pelos músculos e absorvidos ou queimados e nenhum resultaria em armazenamento de gordura; e quando restringíssemos nossas calorias para perda de gordura, todas as nossas necessidades energéticas seriam satisfeitas pela queima de apenas gordura, não de músculo.

A realidade, porém, é que nossos organismos fazem tudo isso em graus variados. Os corpos de algumas pessoas armazenam menos gordura quando elas comem demais do que os de outras e alguns podem apresentar déficits calóricos maiores sem perder músculo.

Genética e níveis hormonais anabolizantes são os principais fatores aqui, o que significa que não há muito o que possamos fazer sobre como nossos corpos naturalmente respondem às calorias excedentes ou à falta delas.

Porém, nem tudo está perdido se você não faz parte da elite genética, porque a sensibilidade à insulina — que é um fator importante para o que o organismo faz com o alimento que comemos — é algo que nós podemos influenciar positivamente.

Como já vimos no livro, manter a sensibilidade à insulina é altamente benéfico quando você está comendo um excedente de calorias para construir músculos, ao passo que a resistência à insulina inibe o crescimento muscular e promove o armazenamento de gordura.

É aqui que o cárdio entra, porque ele melhora a sensibilidade à insulina e faz isso de uma forma dependente da dose (ou seja, quanto mais você faz, mais benefícios obtém).

Desta forma, fazer cárdio pode ajudar seus músculos a absorver melhor os nutrientes que você ingere, o que pode significar maior crescimento muscular e menor armazenamento de gordura ao longo do tempo.

CÁRDIO E CONDICIONAMENTO

Um problema comum no mundo do fisiculturismo é a redução dramática na aptidão cardiovascular quando o foco está apenas em ganho de volume e levantamento de peso pesado por meses a fio.

Construir o próprio reforço de condicionamento cardiovascular não é só desconfortável — mas não fazer absolutamente nenhum cárdio durante várias sessões por semana, além de colocá-lo em um déficit calórico, lançará muito estresse sobre o corpo. Esse estresse torna a perda de peso mais difícil, física e psicologicamente, e pode até mesmo acelerar a perda de massa muscular.

Ao manter o cárdio regular durante todo o ano, no entanto, você pode manter o seu condicionamento metabólico e evitar o "distúrbio" sistêmico que muitos experimentam no início de um *cutting*.

Também é comum que aqueles que fazem *bulking* por meses sem cárdio experimentem um atraso inicial na perda de peso. Eu ainda não tenho uma explicação satisfatória para o motivo de isso ocorrer, mas pode estar relacionado ao fato de que o exercício melhora a capacidade do organismo de metabolizar a gordura e assim o cárdio regular pode otimizar e preservar esse mecanismo.

O FUNDAMENTAL

O mais importante é que quantidades moderadas de cárdio certamente não prejudicam o crescimento muscular e podem até acelerá-lo. Além disso, o cárdio proporciona outros benefícios à saúde também. Eu recomendo que você faça do cárdio uma parte regular de sua rotina, esteja você em *cutting*, *bulking* ou *maintaining*.

Os benefícios do cárdio relacionados aos músculos são em especial verdadeiros para exercícios que imitam rigorosamente os movimentos, usados nos exercícios realizados para construir músculos, como andar de bicicleta ou remar.

Esses benefícios foram demonstrados em um estudo particularmente interessante realizado por pesquisadores da Stephen F. Austin State University. O que eles descobriram foi que o tipo de cárdio realizado teve um efeito profundo na capacidade dos indivíduos de ganhar força e tamanho no seu levantamento de peso. Os indivíduos que fizeram da corrida e da caminhada o seu cárdio ganharam significativamente menos força e tamanho do que aqueles que pedalaram.

Um efeito similar também foi visto em um estudo realizado por pesquisadores da Universidade de Wisconsin. Separaram-se 30 homens não treinados em dois grupos. Um teve de seguir um programa de treinamento de peso três dias por semana; os outros fizeram o mesmo com o acréscimo de 50 minutos de ciclismo.

Após 10 semanas, eles descobriram que os homens que pedalavam além de fazer treinamento com pesos ganharam mais músculo de coxa do que o grupo que só levantou pesos.

Eu, particularmente, pratiquei na bicicleta reclinada de duas a quatro vezes por semana por mais de um ano e obtive enormes melhorias nos meus índices de resistência cardiovascular e frequência cardíaca em repouso. Embora não possa afirmar de modo conclusivo que construí mais músculo da perna com ele, eu notei um aumento inicial na força das pernas à medida que elas tiveram de se adaptar ao novo estímulo.

O MELHOR TIPO DE CÁRDIO PARA PERDER GORDURA — NÃO MÚSCULO

Máquinas de cárdio muitas vezes mostram gráficos bonitinhos indicando onde sua frequência cardíaca deve estar para "queima de gordura" *versus* "o treinamento cardiovascular".

Você calcula esse mágico índice cardíaco subtraindo sua idade de 200 e multiplicando o resultado por 0,6. Se você mantiver o seu ritmo cardíaco nesse número — dizem —, estará na "zona de queima de gordura".

Bem, há apenas um pequeno fundo de verdade aqui.

Você queima gordura e carboidratos quando se exercita e a proporção varia de acordo com a intensidade do exercício. Atividades de muito baixa intensidade, como caminhar, queimam principalmente as reservas de gordura, enquanto corridas de alta velocidade puxam muito mais fortemente dos estoques de carboidratos. Em cerca de 60% do esforço máximo, o seu corpo recebe mais ou menos metade da sua energia dos carboidratos e metade das reservas de gordura (é por isso que muitos "especialistas" alegam que você deve trabalhar na faixa de 60 a 70% por cento do esforço máximo).

Com base no acima exposto, você pode achar que eu estou defendendo o cárdio em estado estacionário (cárdio que envolve firmemente manter seu esforço e os batimentos cardíacos em um determinado intervalo), mas há muito mais a considerar.

A primeira questão é o total de calorias queimadas durante o exercício. Se você se livrar de 100 calorias, 85 das quais provenientes de reservas de gordura, isso não será tão eficaz quanto se dedicar a uma corrida moderada, que queima 200 calorias, com 100 delas provenientes de gordura. E isso, por sua vez, não será tão eficaz quanto se dedicar a fazer intervalos de corrida de alta velocidade, que queimam 500 calorias com 150 delas provenientes de gordura.

Contudo, os benefícios da corrida de alta velocidade se estendem para além de calorias queimadas durante o exercício. Um estudo realizado por cientistas da Universidade de Western Ontario nos dá uma visão do quão mais eficaz ela é como cárdio de alta intensidade. Os pesquisadores dividiram em dois grupos 10 homens e 10 mulheres que treinaram três vezes por semana. Um grupo fez entre quatro e seis corridas de alta velocidade de 30 segundos na esteira (com quatro minutos de descanso entre elas) e o outro grupo fez de 30 a 60 minutos de cárdio em estado estável (correr na esteira na "zona mágica de perda de gordura" de 65% à VO_2 max).*

* VO_2 max é a capacidade máxima do corpo de um indivíduo para transportar e metabolizar oxigênio durante um exercício físico incremental; é a variável fisiológica que mais reflete a capacidade aeróbica de um indivíduo.

Os resultados: após seis semanas de treinamento, os indivíduos que fizeram os intervalos tinham perdido muito mais gordura corporal. Sim, de quatro a seis corridas de alta velocidade de 30 segundos queimam mais gordura do que 60 minutos de caminhada na esteira inclinada.

Estas conclusões são apoiadas por vários outros estudos, como os realizados por pesquisadores da Universidade Laval, da Universidade Estadual do Leste do Tennessee, da Baylor College of Medicine e da Universidade de Nova Gales do Sul, que têm demonstrado que sessões mais curtas de cárdio de alta intensidade resultam em maior perda de gordura ao longo do tempo do que mais sessões de baixa intensidade.

Embora os mecanismos exatos de como cárdio de alta intensidade supera cárdio em estado estacionário para fins de perda de gordura não sejam ainda totalmente compreendidos, os cientistas isolaram por completo alguns dos fatores, que incluem o seguinte:

- aumento da taxa metabólica de repouso por mais de 24 horas após o exercício;
- melhora da sensibilidade à insulina nos músculos;
- maiores níveis de oxidação de gordura nos músculos;
- picos significativos nos níveis de hormônio do crescimento (que ajuda na perda de gordura) e nos níveis de catecolaminas (substâncias químicas que o corpo produz para induzir diretamente a mobilização de gordura);
- supressão do apetite pós-exercício.

O treino intervalado de alta intensidade não só queima mais gordura em menos tempo do que o cárdio em estado estacionário como também preserva o tamanho muscular e melhora o desempenho.

Segundo pesquisas, quanto mais longas as sessões de cárdio, mais elas prejudicam a força e a hipertrofia. Assim, manter curtas as suas sessões de cárdio é importante quando se trata de maximizar seus ganhos na sala de musculação e preservar o músculo. Somente o treinamento intervalado de alta intensidade (HIIT, na sigla em inglês) permite que você faça isso e queime gordura suficiente para fazer valer a pena.

Eu gosto da bicicleta reclinada para o meu cárdio e aqui está como eu pratico:

1. Começo o meu treino com 2 a 3 minutos de aquecimento de baixa intensidade na menor resistência.
2. Em seguida, aumento bem a resistência, mas não a ponto de "fritar" os quadríceps logo de cara, e pedalo o mais rápido possível por 30 a 45 segundos.

3. Então, eu reduzo a resistência à sua configuração mais lenta e pedalo em um ritmo moderado durante 45 a 60 segundos. Se você é novo no treinamento intervalado de alta intensidade, pode ser que precise estender esse período de descanso para 90-120 segundos.
4. Depois disso, eu repito esse ciclo completo e os intervalos de recuperação por 25 a 30 minutos.
5. Termino com 2 a 3 minutos de desaquecimento em uma intensidade baixa.

É isso. Aproveito para ler ou assistir algo no meu iPad e o tempo voa.

Gostaria de praticar uma forma diferente de cárdio intervalado de alta intensidade, como remo, corrida, natação, pular corda ou qualquer outra coisa que lhe permita esse cárdio? Esteja à vontade. Você pode aplicar os mesmos princípios simples: explosões relativamente curtas de esforço máximo, que aumentem a sua taxa cardíaca, seguidas por períodos de recuperação de baixa intensidade, que a trarão de volta aos níveis normais.

Se você quiser incluir alguns cárdios em estado estacionário em sua rotina, tudo bem também. Apenas lembre que eles não são tão eficazes para fins de perda de gordura e, se você praticar muito, poderá prejudicar o crescimento muscular. Eu não faria mais do que 45 a 60 minutos de cárdio em estado estacionário em uma sessão. Em termos de frequência semanal, falaremos disso em um instante.

O MELHOR MOMENTO PARA FAZER O CÁRDIO

Quando fazer o seu cárdio em relação aos seus levantamentos de peso é uma questão relevante.

Ao trabalhar com atletas bem treinados, em 2009, pesquisadores do Instituto Real de Tecnologia de Melbourne descobriram que "a combinação de exercícios de resistência e cárdio na mesma sessão pode perturbar genes durante o anabolismo". Em termos leigos, eles descobriram que a combinação de cárdio e treinamento de resistência envia "sinais mistos" para os músculos. O cárdio antes do treino de resistência suprimiu hormônios anabólicos, como a IGF-1 e MGF, e o cárdio após o treinamento de resistência aumentou a ruptura do tecido muscular.

Vários outros estudos, como os realizados por pesquisadores do Children's National Medical Center, nos EUA, do Instituto de Tecnologia Waikato, na Nova Zelândia, e da Universidade de Jyvaskyla, na Finlândia, chegaram às mesmas conclusões: fazer treinos de resistência e de força simultaneamente prejudica os seus ganhos em ambas as frentes. Treinar exclusivamente para a força ou tão somente para a resistência em um treino é de longe muito melhor.

Fazer cárdio antes do levantamento de peso também suga a energia e torna muito mais difícil treinar pesado, o que por sua vez inibe o crescimento muscular.

Portanto, minha recomendação é que você separe o seu levantamento de peso das sessões de cárdio por pelo menos algumas horas, se possível. Eu, particularmente, faço meu levantamento de manhã cedo e deixo o meu cárdio para depois do trabalho, antes do jantar.

Se não houver jeito de você separar seu cárdio do levantamento de peso, faça o seu treinamento de peso em primeiro lugar, pois fazer primeiro o cárdio irá drenar a energia que você precisará para o seu levantamento. Embora esse arranjo não seja o ideal, não é um problema enorme. Você ainda poderá fazer bem o programa.

Se for possível, eu recomendo beber um *shake* de proteína após o levantamento de peso e antes do seu cárdio — isso ajudará a reduzir a degradação muscular.

COM QUE FREQUÊNCIA VOCÊ DEVE FAZER CÁRDIO?

Em termos de frequência, aqui está como eu faço:

- Quando estou em *bulking*: duas sessões de 25 minutos de treinamento intervalado de alta intensidade (HIIT) por semana.
- Quando estou em *cutting*: de três a cinco sessões de 25 minutos de HIIT por semana.
- Quando estou em *maintaining*: de duas a três sessões de 25 minutos de HIIT por semana.
- Nunca faço mais do que cinco sessões de cárdio por semana. Do contrário, a minha força na academia começa a cair, conforme descobri.

Muitos ficam chocados ao saber que não faço mais do que uma hora e meia a duas horas de cárdio por semana durante o *cutting*, mas eu consigo chegar à faixa de gordura corporal de 6% a 7% com facilidade. Bem, a ideia de que você tem que fazer uma tonelada de cárdio para trincar é um mito. Não é apenas desnecessário, mas nocivo também.

Você não tem que fazer cárdio para perder gordura, mas se deseja ficar na faixa de 10% ou menos, eu posso praticamente garantir que você terá que fazer pelo menos duas ou três sessões por semana.

Se você preferir ficar com o cárdio em estado estacionário ou incluí-lo em sua rotina, adote as recomendações de frequências indicadas acima. Você pode misturar e combinar as modalidades (HIIT com cárdio de baixa intensidade estado estável — LISS, na sigla em inglês), mas eu ainda não faria mais do que cinco sessões semanais.

O FUNDAMENTAL

Parabéns! Você acabou de aprender os princípios básicos do programa de treinamento de *Malhar, secar, definir*. É provável que esta seja uma nova abordagem de treinamento para você, e se esse for o caso, anime-se!

Logo você estará desfrutando de crescimento muscular explosivo e rápida perda de gordura, praticando exercícios estimulantes relativamente curtos pelos quais aguardará ansioso todos os dias e obtendo os resultados com que outros caras podem apenas sonhar.

E você nunca irá se acabar em horas e horas de cárdio extenuante.

Na verdade, se você for como eu, irá desfrutar das suas sessões de cárdio, porque elas vão melhorar visivelmente o seu desempenho e a sua saúde geral sem que seja necessário despender muito do seu tempo livre.

A seguir, o tema são os exercícios de levantamento de peso individuais que você executará no programa. Siga em frente para descobrir quais são!

RESUMO DO CAPÍTULO

LEVANTAMENTO DE PESO

- Há algumas poucas máquinas que vale a pena usar, como o *Leg Press* ou a estação de musculação, mas a grande maioria é inferior aos halteres e exercícios de barra em termos de produção de músculos maiores e mais fortes.
- O indivíduo médio precisa construir uma base geral sólida de força e músculo e há apenas uma maneira de conseguir isso naturalmente: fazer muito levantamento de peso composto pesado.
- Para alcançar sobrecarga máxima e estimulação muscular, você vai treinar um ou dois grupos musculares por treino (por dia).
- Você trabalhará na faixa de 4 a 6 repetições em quase todos os exercícios.

- Os exercícios deste programa exigirão de 9 a 12 séries pesadas (ou funcionais) por treino.
- Dependendo da quantidade de peso que estiver usando em exercícios de *Malhar, secar, definir* você deverá descansar por 3 a 4 minutos entre suas séries.
- Você deve conseguir terminar todo o treino de *Malhar, secar, definir* em 45-60 minutos.
- Entre cada uma de suas fases de 8-10 semanas, o programa de *Malhar, secar, definir* inclui escolher entre uma semana de destreino ou vários dias, ou até mesmo uma semana inteira, sem pesos.
- Eu recomendo que você comece com destreinos semanais, mas se ao fim deles você não sentir vigor físico e não estiver pronto mentalmente para encarar de novo os pesos pesados, então minha sugestão é que você tente qualquer treino de pelo menos 4 a 5 dias antes de voltar ao destreino.
- O programa de *Malhar, secar, definir* tem um método simples de progressão: uma vez que você atingir 6 repetições numa série deverá adicionar peso para sua próxima série. O aumento padrão é um total de 5kg: 2,5kg adicionados em cada lado da barra, ou um aumento de 2,5kg em cada haltere.
- Enquanto você continuar batendo forte os pesos, seus músculos irão crescer, e com o crescimento dos seus músculos você vai ter muito mais do que um *pump* desse levantamento pesado.
- O tempo de repetição que eu recomendo é tanto o "2-1-2" quanto o "2-1-1". Isto significa que a primeira parte da repetição deve ter cerca de 2 segundos, seguida por um 1 segundo (ou menos) de pausa, seguido pela parte final da repetição, que deverá ter entre 1 e 2 segundos.
- Treinar pesado é especialmente importante quando você está em *cutting* porque o xis da questão é a preservação muscular e você precisa manter a sobrecarga dos músculos para alcançá-la.
- Um treino de alta intensidade é aquele em que você sente que deu tudo de si. Você não se contenta com um peso mais leve quando sabe que pode ir para cima. Sua mente não divaga em outro lugar enquanto você levanta — nada de movimentos robóticos. Você se mantém consciente, e com calma e determinação bate cada repetição e cada série.
- Foco quer dizer concentração mental: ter sua mente em seus levantamentos e não no programa de TV a que você assistiu ontem, a festa daquela noite, a conversa com a sua namorada ou qualquer outra coisa.

CÁRDIO - EXERCÍCIOS CARDIOVASCULARES

- O cárdio pode ajudar seu corpo a reparar a lesão muscular mais rapidamente, porque aumenta o fluxo sanguíneo para várias áreas do organismo.

- E melhora a sensibilidade à insulina, e dessa forma pode ajudar seus músculos a absorver melhor os nutrientes que você ingere, o que pode significar maior crescimento muscular e menor armazenamento de gordura ao longo do tempo.
- Ao manter o cárdio regular durante todo o ano, no entanto, você pode manter o seu condicionamento metabólico e evitar o "distúrbio" sistêmico que muitos experimentam no início de um *cutting*.
- Os benefícios do cárdio relacionados aos músculos são especialmente verdadeiros para exercícios que imitam rigorosamente os movimentos, usados nos exercícios realizados para construir músculos, como andar de bicicleta ou remar.
- O treino intervalado de alta intensidade não só queima mais gordura em menos tempo do que o cárdio em estado estacionário como também preserva o tamanho muscular e melhora o desempenho.
- Gostaria de praticar uma forma diferente de cárdio intervalado de alta intensidade, como remo, corrida, natação, pular corda ou qualquer outra coisa que lhe permita esse cárdio? Esteja à vontade.
- Se você quiser incluir alguns cárdios em estado estacionário em sua rotina, tudo bem também. Apenas lembre que eles não são tão eficazes para fins de perda de gordura, e se você praticar muito, poderá prejudicar o crescimento muscular.
- Minha recomendação é que você separe o seu levantamento de peso das sessões de cárdio por pelo menos algumas horas, se possível. Se não houver jeito de você separar seu cárdio do levantamento de peso, faça o seu treinamento de peso em primeiro lugar, pois fazer primeiro o cárdio irá drenar a energia que você precisará para o seu levantamento.
- Quando estou em *bulking* faço duas sessões de 25 minutos de treinamento intervalado de alta intensidade (HIIT) por semana. Quando estou em *cutting* faço de três a cinco sessões de 25 minutos de HIIT por semana. Quando estou em *maintaining* faço de duas a três sessões de 25 minutos de HIIT por semana.
- Eu nunca faço mais do que cinco sessões de cárdio por semana. Do contrário, a minha força na academia começa a cair, conforme descobri.
- Você não tem que fazer cárdio para perder gordura, mas se deseja ficar na faixa de 10% ou menos, eu posso praticamente garantir que você terá que fazer pelo menos duas ou três sessões por semana.

17

O programa de treinamento de *Malhar, secar, definir*

Não há nenhuma razão para estar vivo se você não pode fazer o levantamento terra!

— JON PALL SIGMARSSON

AGORA QUE VOCÊ ENTENDEU os princípios e as premissas básicos das metodologias de treinamento de *Malhar, secar, definir*, vejamos quais os exercícios que você realizará e como treinar cada grupo muscular principal corretamente.

CONHEÇA SEUS CONSTRUTORES: OS QUATRO LEVANTAMENTOS QUE CONSTROEM CORPOS FORTES E MUSCULOSOS

Das centenas e centenas de exercícios que você pode fazer, quatro reinam absolutos.

Se você os negligenciar como eu fiz quando comecei a levantar peso, nunca atingirá o seu potencial genético em termos de tamanho, força e desempenho.

Estes exercícios são o agachamento, o levantamento terra, o supino e o desenvolvimento militar, e seu poder atemporal vem sendo comprovado há mais de um século por fisiculturistas, caras descomunais e atletas.

Existem programas de treinamento populares por aí que não têm nada a ver, ao contrário desses quatro exercícios, bem como o *Starting Strength* e o 5 × 5; e um dos principais objetivos que você deve ter com o seu treinamento é melhorar o seu desempenho nesses principais. Se você realizar isso, conseguirá construir o corpo que deseja.

Infelizmente, muitos negligenciam esses exercícios (com exceção do supino, é claro) ou os fazem incorretamente, o que os impedem de obter ganhos potenciais.

A maioria dos homens treina de modo impróprio. Nos movimentos de supino, quando estão deitados no banco, param 15 cm ou mais acima do peito dizendo que é "melhor para os ombros". Carregam várias anilhas e então agacham 30 cm ou 60 cm e ficam novamente em pé, porque "não querem forçar os joelhos". Curvam as costas ao fazer levantamento terra para poderem "pegar pesado".

Bom, fazer os movimentos de modo impróprio não só compromete os ganhos como abre a porta para diversas lesões. Meias repetições pesadas, seja no supino, no desenvolvimento militar ou no agachamento, colocam muita pressão sobre as articulações, os tendões e os ligamentos — muito mais do que se você estivesse movendo menos peso com uma variedade adequada, cheia de movimento, gradualmente fortalecendo os músculos e os tecidos de suporte. No levantamento terra, curvar as costas para erguer o peso e, em seguida, arquear tremendamente as costas durante o bloqueio são erros muito graves — e logo uma desagradável lesão irá ocorrer.

Por outro lado, se você treinar com levantamento de peso do modo apropriado, realizando os movimentos em toda a sua amplitude, terá o benefício de pleno desenvolvimento de seus músculos, ganhos consistentes e ausência de lesões e de dores desnecessárias.

A ignorância é certamente uma das principais razões pelas quais tantos caras levantam de um jeito ruim — eles simplesmente nunca aprenderam a treinar corretamente e há pouca qualificação técnica para isso —, mas a preguiça é outra razão básica. Esses quatro exercícios são difíceis quando realizados de forma correta. O agachamento completo paralelo é brutal quando comparado com uma meia repetição fraquinha. Se todos tivessem que tocar a barra no peito no supino, você veria muito menos peso nas barras e muito mais caras de sufoco.

Há também o problema de determinar qual é a forma adequada. Existem várias opiniões sobre como um agachamento, levantamento terra, supino e um desenvolvimento militar devem ser. Um treinador muito respeitado poderia dizer que seus dedos dos pés nunca devem ir além de seus joelhos no agachamento, enquanto outro afirmaria que isso não só é natural como é recomendável. Um outro poderia dizer que tudo bem curvar a parte superior da coluna no levantamento terra, ao passo que outro garantiria que é perigoso.

Quem está certo? Como podemos saber? E por que você deve me dar ouvidos?

Bem, sobre este assunto eu passo a palavra para aquele cujo trabalho me ensinou — bem como a centenas de milhares de outras pessoas — como fazer agachamento, supino, levantamento terra e desenvolvimento militar pesados e indolores: Mark Rippetoe.

"Rip", como ele é conhecido, está nessa atividade há quase quatro décadas e é um renomado e respeitadíssimo treinador de força. Rip é autor de vários livros, como

Starting Strength: Basic Barbell Training, e seus métodos de levantamento de peso são usados tanto por atletas profissionais de todas as modalidades como por leigos.

Eu vou ensinar a você métodos de Rip de empurrar, puxar e agachar, porque eles resistiram aos testes de tempo. Eles são seguros e eficazes e não exigem nada de especial em termos de aptidão física.

Vou lhe dar tudo o que você precisa para realizar os exercícios corretamente e com segurança, mas eu definitivamente recomendo que você leia *Starting Strength* se quiser mergulhar na biomecânica de cada movimento.

Então, vamos começar a nossa conversa sobre os exercícios que você realizará no programa com os levantamentos mais importantes.

O AGACHAMENTO

Muitos caras acham que o treinamento de perna consiste em carregar o *Leg Press* com cada anilha da academia, usando faixas elásticas apertadas nos joelhos e um cinto de levantamento de peso regulado no último furo, só para se contorcer na máquina, completar 25% de algumas repetições excruciantes e celebrar com um grito ensurdecedor e um "bate aqui na mão" com os amigos.

Boa notícia: esse não vai ser você. Você será o cara no *rack* de agachamento — o canto mais vazio da academia — silenciosamente fazendo os seus pesados e profundos agachamentos. Nada de faixas, nem cintos, nem bravatas — apenas uma barra apoiada nas costas, carregada com algumas "míseras" dezenas de quilos (sim, você vai chegar lá) e uma poça de suor no chão.

Quem sairá vencedor, no final? Quem ficará consistentemente maior e mais forte e quem terá menos probabilidade de se machucar? Você, com certeza.

Muitos caras farão qualquer coisa para treinar perna antes de colocar a barra nas costas e nem imaginam que estão perdendo o que muitos dos melhores treinadores de força do mundo consideram o exercício absolutamente mais difícil e mais gratificante que se pode fazer.

Não basta aumentar a quantidade de peso que você pode levantar se você não fortalece as pernas. E embora não seja novidade para ninguém que o agachamento fortalece todos os músculos das pernas, ele também ajuda a correr mais rápido e saltar mais alto e melhora a flexibilidade, mobilidade e agilidade. E como se essas não fossem razões suficientes para praticá-lo com regularidade, o agachamento é um treino de tronco incrivelmente eficaz.

À parte a preguiça, por que tantas pessoas evitam o agachamento? Bem, o mais provável é que elas tenham acreditado piamente nas lendas que afirmam que o agachamento é ruim para as costas e os joelhos — uma mentira que tem se perpetuado por cerca de cinco décadas.

Tudo começou com pesquisas realizadas na década de 1960 que concluíram que o agachamento profundo estirava demais os ligamentos do joelho, o que aumentava o risco de lesões. Essas conclusões se espalharam rapidamente pelo mundo do *fitness*, a ponto de alguns serviços militares norte-americanos chegarem a cortar movimentos de agachamento de seus programas de treinamento.

Notou-se logo que os estudos apresentavam falhas graves, incluindo a escolha dos indivíduos e a parcialidade dos pesquisadores, mas nada disso foi suficiente para deter o levante contra o agachamento. Por exemplo, um dos estudos foi feito com paraquedistas, cujos joelhos haviam sido repetidamente batidos em impactos violentos e torcidos pelo elevado número de descidas de saltos, nem sempre tão suaves.

Bem, como muito mais pesquisas têm sido feitas desde então, uma imagem muito diferente emergiu.

Um estudo rigoroso conduzido por cientistas da Universidade de Duke envolveu a análise de mais de duas décadas de literatura publicada para determinar, com muitos detalhes, a biomecânica do exercício de agachamento e a pressão que ele coloca nos tornozelos, nos joelhos, nas articulações dos quadris e na coluna vertebral.

Destaques do documento e muitos estudos revisados internamente esclareceram como o agachamento afeta nossos corpos e nos ensinaram muito sobre a forma adequada de agachamento:

- Os isquiotibiais (músculos da coxa) neutralizam a tração da tíbia, que neutraliza a tensão colocada no joelho e alivia a pressão no LCA (ligamento cruzado anterior).
- Mesmo em casos extremos, tais como de levantadores que levantam até 2,5 vezes o seu peso corporal, o esforço de compressão colocado no joelho e seus tendões fica dentro de seus níveis de força máxima.
- A tensão colocada no LCA é insignificante considerando a sua força máxima (em um estudo, a força mais elevada registrada do LCA no agachamento foi de apenas 6% de sua força máxima). As maiores forças do LCP (ligamento cruzado posterior) registradas estavam bem dentro dos limites de força naturais.

- Se você mantiver uma posição reta da coluna durante o agachamento (em vez de uma posição rigidamente flexionada), reduzirá muito a tensão colocada nas suas vértebras (sua coluna lida melhor com o esforço de compressão do que com o cisalhamento).
- Manter uma postura tão vertical quanto possível reduz ainda mais esse esforço, assim como aumenta a pressão intra-abdominal, que você pode criar ao prender a respiração enquanto agacha olhando fixo para a frente em vez de para baixo.

Para terminar, os pesquisadores da Universidade de Duke concluíram que o agachamento "não compromete a estabilidade do joelho e pode até melhorar a estabilidade, se realizado corretamente". Além disso, quaisquer riscos de lesão espinhal podem ser evitados simplesmente ao minimizar o esforço de cisalhamento colocado na coluna vertebral.

Após a sua própria extensa revisão da literatura, a Associação Nacional de Força e Condicionamento dos EUA chegou à mesma conclusão:

> Agachamentos, quando realizados corretamente e com supervisão adequada, não apenas são seguros como podem ser um impeditivo significativo para lesões de joelho.

Portanto, fique tranquilo: enquanto você realizar o agachamento da maneira adequada, ele não colocará suas costas ou seus joelhos em risco.

O problema real com o agachamento é que poucas pessoas o fazem corretamente. O erro mais comum é fazer repetições parciais, ou seja, não agachando até que os quadris desçam abaixo da linha dos joelhos. Há outros erros comuns, também: postura muito estreita, postura muito larga, joelhos "para dentro", projeção do quadril para a frente e muito mais.

Bem, para garantir que você não cometerá nenhum desses erros, vamos separar o levantamento em suas diferentes partes e analisar como elas funcionam.

POSTURA PARA O AGACHAMENTO

Eu recomendo que você sempre faça o agachamento num suporte para agachamento com os pinos/barras de segurança ajustados em torno de 15 cm abaixo da altura da barra no fim da repetição (que você saberá o que é em um instante).

Faça isso, mesmo que você tenha um parceiro acompanhando-o.

Posicione a barra no suporte de modo que ela atravesse a parte superior do seu tronco. Pode parecer que está um pouco baixo, mas é melhor que fique um pouco mais baixo do que você ser obrigado a ficar na ponta do pé para tirar um peso grande do suporte.

Fique de frente para a barra para poder se afastar andando de costas.

Nunca movimente a barra para fora e para a frente, pois tentar recolocá-la no suporte andando de costas é muito perigoso.

Fique debaixo da barra e afaste os calcanhares na mesma largura de seus ombros com os dedos dirigidos para fora num ângulo de 30 graus, aproximadamente (ou seja, o pé direito no ponteiro da 1 hora e o esquerdo, no das 11 horas; isso ajuda a visualizar a posição dos pés).

Quando estiver pronto para retirar a barra do suporte, aproxime as escápulas uma da outra, tensione firmemente o alto das costas, erga o peito e endireite a coluna lombar. Coloque a barra abaixo do osso no alto das escápulas, solidamente encaixada no alto dos músculos das costas e na faixa posterior dos deltoides. *Não* coloque a barra no seu pescoço.

Agarre a barra com pouca abertura dos braços, porque isso ajuda a manter a tensão no alto das costas. Coloque os polegares sobre a barra.

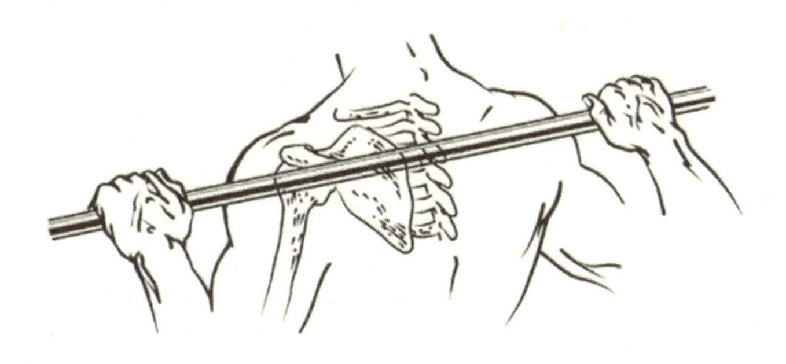

Observe como todo o peso está apoiado nas costas e nada nas mãos.

Isso é importante. Pegar a barra com os braços afastados como fazem quase todas as pessoas diminui a tensão da musculatura das costas que fornece um apoio crucial ao peso, e essa maior abertura das mãos acaba transferindo a carga para a coluna. Não copie o movimento dessas pessoas.

É possível que no começo essa postura pareça um pouco estranha e você talvez tenha de alongar os ombros para conseguir colocar as mãos na posição adequada. No entanto, se você não é flexível o suficiente, tudo bem — chegue o mais próximo possível da posição adequada, garantindo que as omoplatas fiquem comprimidas e que o peso esteja solidamente sobre as suas costas (você não está segurando a carga nas mãos). À medida que você continuar a treinar e alongar, conseguirá aproximar mais as mãos.

MOVIMENTO DE AGACHAR

Assim que tiver tirado a barra do suporte, dê um ou dois passos para trás e assuma a postura adequada para o agachamento, como descrevemos acima (calcanhares afastados na mesma largura dos ombros, dedos virados para fora).

Mire um ponto no chão a mais ou menos 2 metros de onde você está e fique com seu olhar fixo nele durante toda a série.

Não olhe para o teto, como algumas pessoas aconselham, porque isso estraga completamente a postura e torna quase impossível chegar à posição adequada embaixo, além de impedir o movimento adequado dos quadris e tirar o peito do posicionamento correto, ainda pode causar uma lesão no pescoço.

Agora você está pronto para começar o movimento de agachar. Você o executará descendo as nádegas até embaixo enquanto mantém o peito erguido e as costas retas e tensionadas.

Muitas pessoas têm a tendência de querer transferir a carga para os quadríceps conforme o agachamento continua até embaixo e fazem isso deslizando os joelhos muito para a frente. Bem, se seus joelhos avançam muito e passam seus dedos dos pés quando você agacha, eles são colocados em uma posição comprometedora que pode levar a todos os tipos de dores e problemas, particularmente no tendão patelar da rótula.

Uma boa regra prática é: qualquer eventual movimento dos joelhos para a frente deve ocorrer na primeira terça parte da descida e os joelhos não devem avançar além da linha dos dedos. Assim que os joelhos deixam de ser um empecilho e estão bem posicionados, o movimento de agachar se torna uma queda reta dos quadris, seguida de sua elevação também em linha reta.

O fim do agachamento é aquele ponto em que os quadris estão atrás e um pouco mais baixos do que as patelas (o que obriga o fêmur a ficar um pouco mais abaixo do que a linha paralela ao chão), os joelhos estão apenas um pouco além da linha dos dedos e apontando na mesma direção que os pés (em um ângulo aproximado de 30 graus para fora, não para dentro) e as costas estão tão retas quanto possível e num ângulo que coloca a barra em linha sobre a metade dos pés.

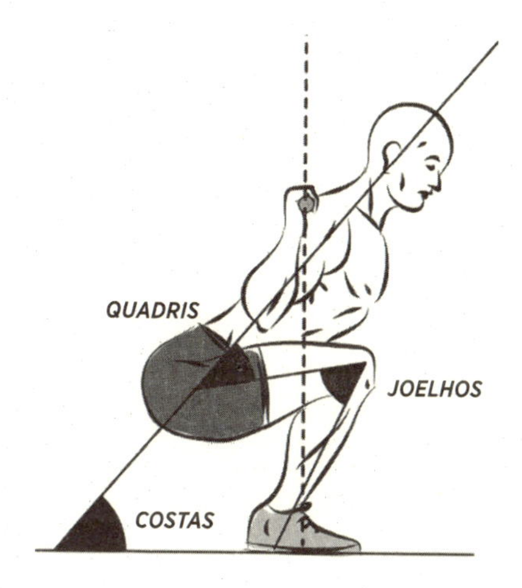

Recomendo que você pratique essa postura sem a barra, para realmente sentir como seu corpo deve ficar. Seria interessante filmar a si mesmo se exercitando para que você possa garantir que o que pensa que está fazendo é realmente o que você está fazendo.

Uma vez que chegar ao fundo do agachamento, mova os glúteos para cima — não para a frente — e levante os ombros no mesmo ritmo. Para fazer isso, você deve manter um ângulo de retorno que mantém o peso no meio do pé. Se os seus quadris subirem mais rapidamente do que os ombros, você começará a se inclinar para a frente, o que colocará grande pressão no pescoço e nas costas.

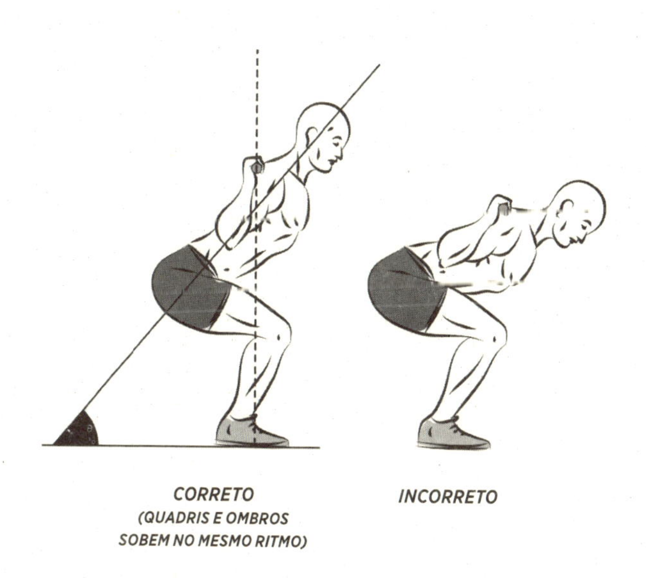

Não pense em mais nada: mova os quadris para cima, mantendo o peito para cima e o ângulo adequado da coluna, e você subirá corretamente.

DICAS PARA O AGACHAMENTO

Se você está tendo problemas para fazer seus joelhos permanecerem em linha com seus pés ao descer e subir, há um exercício simples de mobilidade que poderá ajudá-lo. Funciona assim: agache sem peso e, no fundo, coloque os cotovelos contra os joelhos e as palmas das suas mãos juntas e empurre os joelhos para fora. Trabalhe seus joelhos para dentro e para fora por 20 a 30 segundos, descanse e repita o processo algumas vezes. Se você fizer isso várias vezes por semana, logo notará uma diferença na sua capacidade de manter a posição adequada quando começar a adicionar peso.

Se você tem necessidade de colocar a barra um pouco mais alto nas costas devido à rigidez dos ombros, os ângulos mudam um pouco. Aqui está outro diagrama para ajudar:

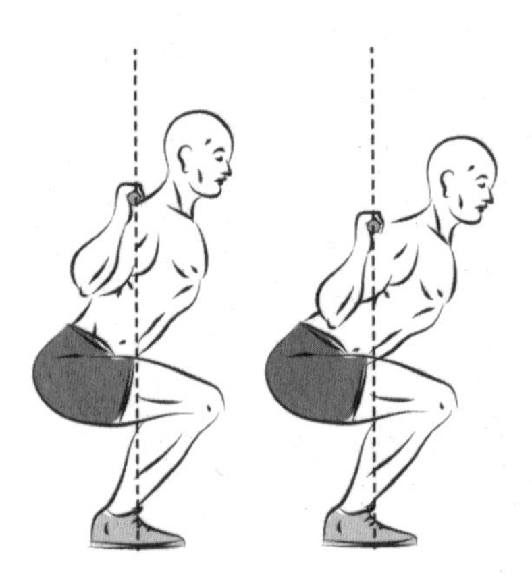

A figura à esquerda mostra o que se chama de posição de "barra alta de agachamento", e a da direita mostra a posição "barra baixa de agachamento", que eu prefiro. Embora a posição de barra baixa de agachamento produza menos esforço de torção nos joelhos do que a posição de barra alta, a magnitude de ambos os esforços está bem dentro de níveis aceitáveis, o que faz com que nenhuma posição seja "melhor" do que a outra nesse sentido. Use aquela que torna a posição de agachamento mais confortável para você.

O agachamento aumenta os esforços de cisalhamento (tensão) e compressão colocados em seus joelhos muito rapidamente. Certifique-se de que sua descida seja controlada — não basta soltar os quadris o mais rápido que puder.

Inspire fundo para começar a primeira repetição, quando estiver em pé, totalmente ereto e na postura inicial, e segure o fôlego tensionando o tronco inteiro. Não expire totalmente durante a série. Você pode segurar todo o ar ou expirar um pouco (talvez 10% do ar que está segurando) quando estiver se erguendo em cada repetição e então inspirar novamente em cima.

Não faça agachamento na máquina Smith, a menos que você não tenha outra escolha. Ela força um intervalo não natural de movimento que pode ser bastante desconfortável, e pesquisas mostram que é menos eficaz do que o agachamento com barra realizada com peso livre.

Se suas costas começarem a se arredondar quando você estiver embaixo, é porque os músculos das panturrilhas estão muito tensos. Alongue esses músculos todo dia (mas não antes de levantar peso, pois isso tira a força e inclusive aumenta o risco de lesões) e, à medida que eles se soltam, você descobrirá que consegue manter a lombar em uma posição reta até atingir o fundo, quando a pelve naturalmente gira um pouco para baixo.

Não coloque os pés retos para a frente, uma vez que isso impõe um esforço aos joelhos. Quando a postura fica mais aberta, o corpo naturalmente quer que os pés fiquem paralelos às coxas. Ao girar os pés para dentro, você dá torque aos joelhos e, quando estão com a carga do peso e do agachamento profundo, podem ocorrer lesões nessa articulação.

Você pode começar o movimento de subida criando um pequeno "balanço" ainda enquanto está o mais baixo possível, pois os tendões da panturrilha, os glúteos e os músculos da virilha se alongam ao máximo de sua amplitude natural.

Não utilize a posição de agachamento superextenso dos halterofilistas a menos que você seja realmente um halterofilista. Esse tipo de postura permite mais peso a ser levantado, mas reduz a função dos quadríceps no levantamento.

Se você sentir a necessidade de usar apoios sob os calcanhares ao agachar é porque precisa de mais flexibilidade no tendão e/ou no tornozelo.

Acredite ou não, os tênis errados podem tornar o agachamento muito mais difícil. Tênis inadequados são aqueles com uma entressola macia ou instável ou com o calcanhar elevado, pois isso promove a instabilidade durante o levantamento, e aqueles com calcanhar muito elevado, que deslocam o peso do corpo e, portanto, os joelhos muito para a frente quando você desce e sobe.

Ao usar tênis com sola plana ou tênis de halterofilismo adequados com uma ligeira e rígida elevação do calcanhar, você achará muito mais fácil sentar-se nos calcanhares e encaixar os seus isquiotibiais e glúteos mais eficazmente.

VARIAÇÕES DE AGACHAMENTO

Há diversas variações de agachamento, mas quase todas são inferiores ao movimento básico e, portanto, não são recomendáveis.

Dito isso, há uma variação que é fantástica e está incluída no programa de *Malhar, secar, definir*: o agachamento frontal.

AGACHAMENTO FRONTAL

O agachamento frontal enfatiza o quadríceps e o tronco e cria menos compressão da coluna vertebral e menos torção nos joelhos, o que o torna particularmente útil para aqueles com lesões ou limitações nas costas ou nos joelhos. Ele também torna mais fácil conseguir a profundidade adequada.

Tal como o agachamento de costas, no agachamento frontal os pés devem estar na largura dos ombros e os dedos dos pés, ligeiramente voltados para fora.

Existem diferentes maneiras de segurar a barra, mas eu recomendo a posição usada no levantamento olímpico conhecido como “limpo”, que é assim:

Se isso colocar muita pressão em seus pulsos, você pode aliviá-la retirando um dedo ou dois de debaixo da barra, como o polegar e o mínimo.

Nessa posição, a barra está assentada na frente de seus ombros, o que exige que seus músculos da parte superior das costas trabalhem mais, que o seu tronco permaneça na posição vertical e que o peito e os cotovelos permaneçam para cima e para a frente.

Não tente segurar a barra acima dos ombros com as mãos ou os pulsos começarão a doer. É desconfortável no início, mas seus ombros é que devem suportar a carga.

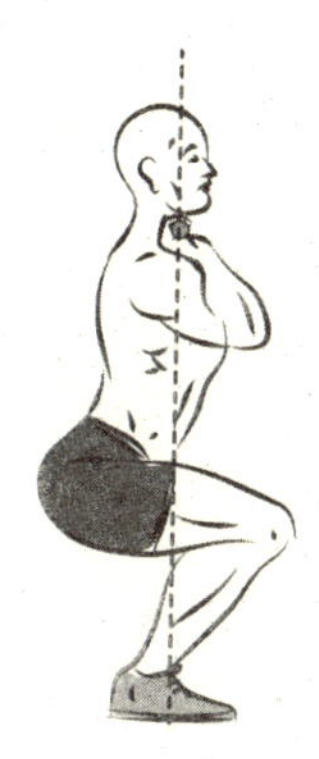

Mantenha firme essa posição vertical por todo o levantamento.

Para iniciar a descida, tome uma respiração profunda e estabilize o seu tronco. Empurre os quadris para fora e agache diretamente para baixo, mantendo os joelhos em linha com os dedos dos pés, até que as coxas fiquem logo abaixo paralelas ao chão. Você vai notar que este agachamento empurra os joelhos um pouco mais à frente do que o agachamento de costas, o que é normal.

Apoie-se nos calcanhares para começar a subida e manter seu peito para cima, as costas firmes e os cotovelos altos.

O SUPINO

Se você é novo no levantamento de peso, prepare-se para ouvir cada cara que você conhece começar a perguntar quanto você levanta no supino. Embora seja um dos exercícios mais fáceis de executar (o agachamento e o levantamento terra são muito mais difíceis), na minha opinião o supino com um monte de peso é apenas uma demonstração pública de virilidade e força.

Assim, os caras raramente faltam ao dia de exercitar o peito. O forte desejo de fazer supino com algumas anilhas a mais frequentemente conduz a muitos erros: não conseguir controlar o peso até o fim, arquear as costas, levantar os glúteos do banco, encolher ou rolar o ombros para a frente, fazer extensão total dos cotovelos na subida e outros.

Bem, embora seja possível trapacear em práticas como rosca com halteres sem correr muito risco de lesões, com o supino é diferente. Se você não souber o que está fazendo e tentar carregar grandes quantidades de peso da forma errada, facilmente irá ferir os ombros, o que poderá levar uma eternidade para curar, mais reabilitação.

Pratique o supino corretamente, porém, e você manterá os ombros seguros, e seu peito se tornará maior e mais forte. Vejamos como isso funciona.

POSTURA PARA TRABALHO NO SUPINO

Um trabalho forte com pesos no banco começa com uma base forte. E uma base forte exige a postura certa.

Deite-se no banco e "aperte" as omoplatas, retraindo-as em direção uma à outra e baixando-as em direção à cintura. Crie um arco na lombar grande o suficiente para caber um punho entre elas e o banco. Seu peito deve estar erguido como se você o estivesse exibindo para alguém, e você deverá mantê-lo "para cima" assim durante todo o levantamento.

Sua pegada deve ser alguns centímetros mais larga do que a largura dos ombros (cerca de 60 cm a 70 cm, dependendo da sua compleição física). Se você mantiver a pegada muito estreita, irá se apoiar demais no tríceps (aliás, o supino pegada fechada é um fantástico exercício para o tríceps, mas falaremos sobre isso mais tarde), e se a pegada for muito larga, irá reduzir a amplitude do movimento e a eficácia geral do exercício.

Um erro comum é a "pegada sem polegar", quando você não envolve a barra com o polegar e, em vez disso, coloca-o ao lado do dedo indicador.

Embora algumas pessoas ofereçam vários motivos para preferir esse tipo de pegada, a razão para evitá-lo é que, quando você trabalha com pesos maiores, é muito fácil a barra escorregar de sua mão e despencar em cima do seu peito ou pior, do seu pescoço (basta pesquisar no Google com as palavras-chave "acidente barra peso", se você não acredita em mim!).

Sinta a barra na palma da mão e não nos dedos, porque senão você ficará com dor no punho.

Agarre a barra com força. Tente esmagá-la como se fossem fios de espaguete.

Pode acreditar: essa espécie de pegada aumentará mais um pouco sua força.

Crie uma base inferior do corpo estável, firmando os pés diretamente abaixo dos joelhos, que devem estar voltados para fora, apertando os quadríceps e ativando os glúteos. A parte superior da perna deve estar paralela ao chão e a parte inferior deve estar perpendicular (formando um ângulo de 90 graus), o que lhe permitirá empurrar com os calcanhares quando você subir, criando o *leg drive*, do qual você provavelmente já ouviu falar. (O estilo halterofilista de supino, com os calcanhares elevados, é bom também, caso você prefira.)

Depois de ter feito tudo isso, coloque-se na posição que pretende manter durante todo o levantamento.

MOVIMENTO NO SUPINO

Retire a barra do rack travando os cotovelos para mover a barra para fora dos ganchos e mova a barra para a posição com os cotovelos ainda travados. Não tente trazer o peso diretamente dos ganchos para o seu peito e não deixe o seu peito descer e soltar as omoplatas quando retira a barra do rack, porque isso fará com que o peso da barra vá todo para os seus ombros.

As pesquisas mostram que manter os braços em um ângulo de cerca de 45 graus em relação ao torso e usar uma pegada média são as melhores formas de proteger seus ombros durante a realização do supino. No entanto, um ângulo de exatos 45 graus não é necessariamente bom para todos — talvez seja mais confortável para você encontrar a posição entre 30 e 60 graus.

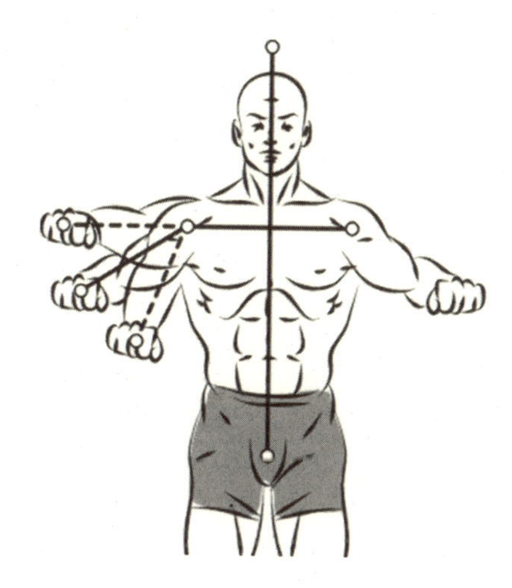

A posição mais baixa acima é de cerca de 20 graus e comumente vista em halterofilismo. A posição média é de cerca de 45 graus, e é a que eu considero mais confortável. A primeira posição, de 90 graus, coloca os ombros em uma posição comprometedora.

O movimento de supino adequado é uma controlada descida da barra até a parte inferior do peito (acima dos mamilos), seguido de um impulso explosivo para cima. A barra deve se mover em linha reta para cima e para baixo, não em direção ao seu rosto ou seu umbigo.

Há um debate interminável sobre se você deve trazer a barra até o peito. Muitos "especialistas" em *fitness* afirmam que não se deve baixar o peso para além do ponto em que os braços ficam paralelos ao chão, pois isso causaria muita tensão nos ombros — o que não faz sentido.

Reduzir a amplitude do movimento só reduz a eficácia do exercício e os ombros só estarão em risco de lesão quando em uma técnica inadequada. Ao usar uma gama completa de movimentos realizados da maneira adequada, você maximiza o crescimento muscular, evitando lesões.

Não olhe para a barra durante o movimento dela, pois isso provavelmente fará com que você varie seus ângulos de descida e subida. Em vez disso, escolha um ponto no teto para fixar o olhar durante o exercício e veja a barra indo para baixo e para cima em relação a esse ponto. O objetivo é levá-la para o mesmo local em cada repetição.

Mantenha os cotovelos o tempo todo "dobrados" na posição de arranque, com especial atenção durante a subida (quando as pessoas costumam esticá-los para ganhar vantagem). Aumentar o ângulo em relação ao torso torna mais fácil levar o peso para cima, mas coloca uma pressão indevida sobre os ombros.

DICAS PARA O SUPINO

Não deixe o peito afundar enquanto eleva e abaixa o peso e não deixe que seus ombros rolem para a frente na subida da repetição. Mantenha o peito para cima, os cotovelos dobrados e as omoplatas comprimidas e retraídas.

Use as pernas como âncora no chão, já que isso transfere uma parte da força para os quadris e as costas, ajuda a manter a forma certa de execução e aumenta sua potência.

Mantenha as nádegas apoiadas no banco o tempo todo. Se elas levantarem, provavelmente o peso está excessivo.

Não balance a barra sobre o peito. Abaixe a barra de maneira controlada, com todos os músculos tensionados, deixe que toque o peito e então erga a barra com ímpeto.

Não force a parte de trás da cabeça no banco, pois isso forçará o pescoço. Enquanto você estiver fazendo esse exercício, seu pescoço se tensionará naturalmente, mas não force mais ainda empurrando a nuca para baixo.

Quando estiver abaixando o peso, pense no movimento seguinte, em que elevará a barra com explosão. Visualize essa segunda metade explosiva do exercício o tempo todo e você achará muito mais fácil controlar a descida do peso, impedir que a barra oscile e até mesmo preparar seus músculos para a pressão iminente de elevar o peso. (A propósito, essa é uma boa técnica para todos os exercícios.)

Certifique-se de concluir sua última repetição antes de colocar o peso no rack. Muitos caras cometem o erro de mover a barra em direção ao rosto no caminho para cima durante a sua última repetição. E se eles errarem a repetição e isso fizer com que comecem a descer a barra ou errar os ganchos? Não seria nada bom.

Em vez disso, impulsione o peso para cima, como de costume, trave os cotovelos para fora, mova a barra de volta para o rack até que ela alcance as colunas e depois baixe-a nos ganchos.

VARIAÇÕES DO SUPINO

Uma parte do meu programa inclui a execução de duas variações do supino: o movimento com mãos aproximadas e o supino inclinado.

SUPINO INCLINADO

O debate "parte superior do peito" é um dos muitos temas "polêmicos" no mundo do levantamento de peso.

Você precisa fazer exercícios de peito especificamente para a parte superior do peito? Ou será que todos os exercícios de peito estimulam todas as fibras musculares disponíveis? E ainda mais importante: existe mesmo isso de "parte superior do peito"?

Bem, eu vou resumir.

O que forma o que chamamos de "parte superior do peito" é um músculo chamado peitoral clavicular. Abaixo podemos vê-lo:

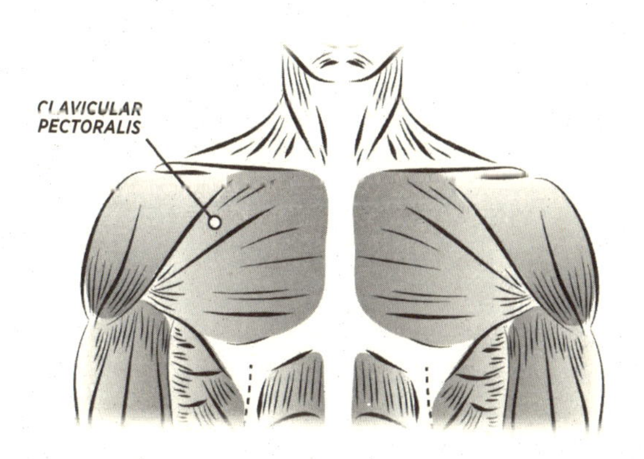

Apesar do que as pessoas podem lhe dizer, esse músculo não é uma parte do grande músculo do peito, o músculo peitoral principal. Embora parte do peitoral principal compartilhe nervos com o peitoral clavicular, o ângulo das fibras musculares varia muito. Assim, certos movimentos podem enfatizar o peitoral principal e outros podem enfatizar o peitoral clavicular.

Repare que eu digo *enfatizar*, não *isolar*. Isso porque todos os movimentos que enfatizam um dos dois, até certo ponto, envolvem o outro. No entanto, o desenvolvimento adequado do peito requer muita ênfase no peitoral clavicular por duas simples razões:

1. Este é um músculo pequeno e teimoso que leva o tempo dele para crescer.
2. Os melhores movimentos para desenvolvê-lo também são ótimos para o crescimento do músculo peitoral principal.

A melhor maneira de garantir que a parte superior do seu peito não fique para trás de seu peitoral principal em tamanho é fazer muito supino inclinado. Por isso eu incluo o supino inclinado no programa, pois ele enfatiza o peitoral clavicular mais que o supino reto ou o declinado.

Ao fazer esse exercício, o ângulo de inclinação do banco deve ser de 30 a 45 graus. Eu prefiro 30 graus, mas algumas pessoas se sentem melhor com uma inclinação mais próxima de 45 graus. Recomendo que você experimente fixações diferentes que variem entre 30 e 45 graus e veja qual prefere.

A estrutura básica e o movimento do supino inclinado são os mesmos do supino regular que você aprendeu, com uma pequena diferença: a barra deve passar pelo queixo e tocar logo abaixo da clavícula para permitir um caminho de barra vertical.

SUPINO COM MÃOS APROXIMADAS

Como mencionei anteriormente, quando você diminui a distância da sua pegada na barra, força o tríceps a trabalhar mais. Isso não é desejável se seu objetivo é treinar o peito, mas é uma das minhas formas preferidas de treinar o tríceps.

Ao fazer um supino com pegada fechada, sua pegada deve ficar um pouco mais estreita do que a largura dos ombros, e não mais próxima. Você verá muitos caras posicionarem as mãos a poucos centímetros de distância, e essa é uma má ideia — assim eles colocam os ombros e pulsos em uma posição comprometidamente fragilizada.

O resto da estrutura e o movimento são os mesmos do supino regular: as escápulas ficam "coladas" no banco, um ligeiro arco se forma na lombar, os pés ficam no chão; a barra se move para baixo, toca a parte inferior do peito e se move para cima.

Se você sentir desconforto nos ombros ou pulsos no fundo do levantamento, aumente a sua pegada em um dedo de largura e tente novamente. Se isso não resolver, amplie a pegada em mais um dedo de largura e repita até que se torne confortável (mas não tanto a ponto de você estar transformando o exercício em um supino padrão!).

LEVANTAMENTO TERRA

O levantamento terra é o melhor treino de corpo inteiro, pois trabalha todos os grupos musculares: músculos das pernas, dos glúteos, todos os músculos das costas, do tronco e os músculos dos braços. Basicamente, qualquer músculo que esteja incluído na produção de energia do corpo inteiro está envolvido no levantamento terra e é por isso que ele é uma parte integrante de todo programa sério de treinamento de força.

Enquanto algumas pessoas defendem a sua eficácia para a construção muscular e de força, outras afirmam que este é um dos exercícios "perigosos" que devemos evitar, a menos que queiramos vir a ter graves problemas nas costas um dia.

À primeira vista, esse medo parece fazer sentido: levantar do chão quilos e mais quilos colocando toda a pressão nas costas, sobretudo na coluna lombar e nos músculos paraespinhais, seria uma receita para o desastre torácico e lombar, certo?

Bem, comecemos por rever um estudo conduzido por pesquisadores da Universidade de Valência, que se propôs a determinar a maneira mais eficaz de treinar os músculos paraespinhais, que descem por ambos os lados da coluna e desempenham um papel fundamental na prevenção de lesões nas costas.

Os pesquisadores acompanharam 25 pessoas sem dor lombar na realização de dois tipos de exercício para as costas: (1) exercícios de peso corporal como extensões lombares, flexões para a frente, levantamentos terra unipodais e pontes; e (2) dois exercícios com pesos — levantamento terra e estocadas — usando 70% do peso 1RM deles. A atividade muscular foi medida utilizando eletromiografia, uma técnica de medição e análise das contrações musculares através da atividade elétrica que ocorre nos músculos.

O resultado: o levantamento terra foi de longe o que ativou mais os músculos paraespinhais. Além disso, a atividade elétrica muscular média do levantamento terra foi de 88% e atingiu um pico de 113%, enquanto a extensão de costas produziu uma atividade média de 58% e um máximo de 55% e a estocada produziu uma média de 46% e um máximo de 61%. As demais atividades médias dos exercícios tiveram variação entre 29% e 42% da atividade muscular, com a ponte em decúbito dorsal sobre uma bola Bosu (de pilates) sendo o menos eficaz.

Assim, os pesquisadores concluíram, o levantamento terra é uma forma extremamente eficaz de fortalecer os músculos paraespinhais.

Outro estudo realizado por pesquisadores da Universidade de Waterloo pretendia determinar o quanto o levantamento terra causava flexão lombar e, assim, a quantidade de tensão que ele colocava nas vértebras e no ligamento lombar. Será que o exercício põe as costas, e particularmente a lombar, sob tensão excessiva que pode levar a lesões?

Os pesquisadores usaram imagens de raios X em tempo real (fluoroscopia) para observar a coluna vertebral de levantadores de elite ao flexionar plenamente suas colunas sem pesos e ao fazer levantamento terra erguendo mais de 180kg. Com exceção do teste de um indivíduo, todos os homens concluíram os seus levantamentos terra dentro da faixa normal de movimento que eles exibiram durante a flexão completa. Extensões dos ligamentos não foram afetadas, o que indica que elas não ajudam a suportar a carga, mas, em vez disso, limitam o alcance do movimento.

Então, como podemos ver, um levantamento adequado fortalece as costas inteiras de forma eficaz, incluindo os músculos paraespinhais, e não força de modo artificial em termos de amplitude de movimento.

Tal como acontece com o agachamento e o supino, a postura incorreta é o que confere má fama ao levantamento terra. Há muitos erros que você pode vir a cometer, mas o proibido é arredondar a lombar durante o levantamento, já que ela desloca grande parte da pressão dos músculos paraespinhais para as vértebras e os ligamentos.

Então, com isso resolvido, vamos agora aprender o levantamento terra da maneira adequada.

A ESTRUTURA DO LEVANTAMENTO TERRA

Sempre comece com a barra no chão -- não nos pinos de segurança ou no rack.

Seus pés devem estar numa largura um pouco menor que a dos ombros, os dedos dos pés apontando ligeiramente para fora. A barra deve estar acima do meio de seus pés (parte superior do seu peito do pé).

Com a cabeça erguida e o peito para fora, tome uma respiração profunda para dentro do diafragma (não dos pulmões), preparando seu abdômen como se estivesse prestes a levar um soco no estômago.

Dobre os joelhos até que suas pernas toquem a barra e os joelhos estejam ligeiramente à frente dela, e, em seguida, erga o peito até que suas costas estejam em uma posição reta e tensionada. Não arqueie a lombar e não contraia as omoplatas como no agachamento. Basta fazer o peito subir e seus ombros e as costas descerem.

Não cometa o erro de principiante de levar seus quadris muito para baixo com a intenção de "agachar" ao levar o peso para cima. Quanto mais baixo os quadris estiverem do nível ideal, mais eles terão que subir antes de você conseguir erguer o peso do chão, o que não passa de desperdício de movimento.

Em vez disso, você deve sentir um retesamento nos isquiotibiais (coxas) e nos quadris como se você se encaixasse no que é essencialmente uma posição de "meio agachamento".

Os braços devem estar completamente em linha reta, travados e para além de suas pernas, deixando espaço suficiente para os polegares roçarem suas coxas.

Segure a barra colocando-o no meio das palmas, e não em seus dedos. Ambas as palmas das mãos deve estar voltadas para dentro para construir a força de pegada. A outra opção de pegada é a "pegada mista", na qual uma palma fica voltada para dentro (geralmente a da mão não dominante) e a outra fica voltada para fora, o que pode lhe permitir levantar mais peso.

Aqui está como fica a posição inicial:

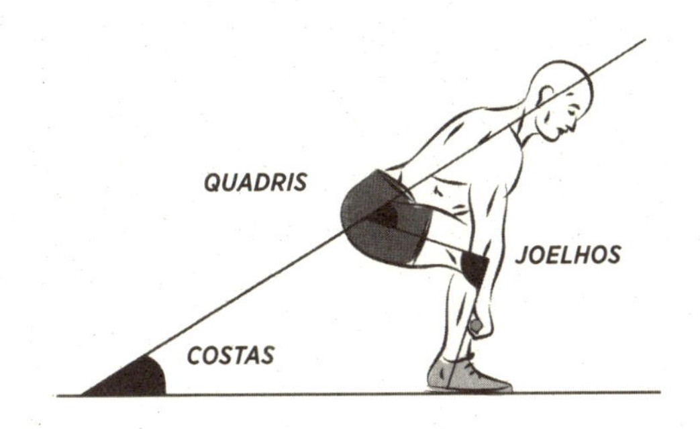

Agora você está pronto para puxar.

MOVIMENTO DO LEVANTAMENTO TERRA

Conduza o corpo para cima e ligeiramente para trás *o mais rápido que puder*, empurrando apoiado nos calcanhares. Mantenha os cotovelos travados no lugar e a lombar ligeiramente arqueada (sem arredondamento!).

Certifique-se de que seus quadris e ombros se movam simultaneamente: não eleve os quadris sem também elevar os ombros.

Você vai sentir os isquiotibiais e os quadris trabalhando duro à medida que continuar a subir. Mantenha as costas retas e firmes o caminho todo para cima e tente manter a barra verticalmente reta o máximo possível (deve haver pouco movimento lateral da barra quando você a levantar).

A barra deve se mover por cima de suas canelas e rolar sobre os joelhos e as coxas, até a altura em que seus glúteos se contraem com força para trazê-lo a uma posição ereta. No alto, o seu peito deve estar para fora e os ombros, para baixo. Não se incline para trás, nem encolha o peso, nem role os ombros para cima e para trás.

A metade seguinte do movimento é levar o peso de volta para o chão de uma maneira controlada (sim, ele deve percorrer todo o caminho de volta para o chão!). Basicamente você repete tudo o que fez para chegar ao alto.

Você começa baixando a barra, primeiro empurrando os quadris para trás, deixando a barra descer em uma linha reta, deslizando para baixo pelas coxas, até que ela alcance seus joelhos. Em seguida, dobre os joelhos e baixe a barra pelas canelas. As costas permanecem fixas na sua posição firme, o tempo todo retas.

Não procure baixar os pesos mais lentamente, muito menos à medida que a barra alcança os joelhos. Toda a segunda metade do levantamento deve levar de 1 a 2 segundos.

Há duas maneiras de fazer a transição para a próxima repetição: os métodos *tap-and-go* e *stop-and-go*. No método *tap-and-go,* você toca o chão com as anilhas e vai direto para a próxima repetição. No *stop-and-go,* você tem de liberar totalmente as anilhas no chão por um segundo antes de iniciar a próxima repetição.

Este último método é mais difícil do que o primeiro, mas não necessariamente *melhor.* É mais uma questão de preferência. Eu prefiro o método *tap-and-go*, mas às vezes uso o *stop-and-go,* se estou particularmente forte.

DICAS PARA O LEVANTAMENTO TERRA

Use calça comprida e meias longas no dia em que for fazer levantamento terra para evitar ferir as canelas.

Isso pode ser causado por postura incorreta, mas também pode ser inevitável, dependendo da relação entre seus membros, o tronco e a parte inferior do corpo.

Tal como acontece no agachamento, use no levantamento terra tênis que tenha almofadas de ar. Calcanhares excessivamente elevados ou com base de gel são uma má ideia. Eles comprometem a estabilidade, causam perda de potência e interferem na postura adequada.

Use tênis com solado duro e plano ou tênis de halterofilismo no seu levantamento terra e agachamento e você vai se sair melhor.

Se você iniciar o levantamento terra com os cotovelos dobrados, acabará colocando tensão desnecessária no bíceps.

Mantenha os cotovelos estendidos durante todo o levantamento.

Fique com a pegada pronada (mãos com os polegares voltados para baixo) se possível, uma vez que ela é ótima para fortalecer a pegada. À medida que você for ficando mais forte, no entanto, poderá achar que a barra começa a escapar de suas mãos durante as séries. Se isso acontecer, você pode mudar para a pegada alternada .

Uma postura ou pegada muito largas tornarão o exercício desajeitado. A postura do levantamento terra é mais estreita do que a posição de agachamento, e isso requer que as mãos estejam apenas para fora das pernas.

Tente esmagar a barra com a sua pegada. Se os dedos não estiverem brancos, você não está apertando o suficiente.

Se você começar a subida com os quadris muito altos, vai transformar o levantamento terra em um levantamento com as pernas rígidas, o que é mais desgastante na lombar e nos isquiotibiais. Certifique-se de manter os quadris baixos o suficiente na posição de arranque.

Um erro comum que alguns caras cometem é começar a subida lentamente, o que torna muito mais fácil emperrar. Arranque a barra do chão o mais rápido que você puder, aplicando o máximo de força possível nos calcanhares.

Ao baixar o peso, se você dobrar os joelhos cedo demais irá bater neles com a barra. Para evitar isso, comece a sua descida empurrando os quadris para trás em primeiro lugar, e não dobre os joelhos até que a barra os alcance.

Não force a olhar para cima durante o levantamento terra. Mantenha a cabeça em uma posição reta e alinhada com a coluna.

VARIAÇÕES DE LEVANTAMENTO TERRA

LEVANTAMENTO TERRA SUMÔ

O levantamento terra sumô utiliza uma posição larga (de 1,5 a 2 vezes a largura dos ombros) para encurtar a amplitude de movimento e limitar o esforço de cisalhamento na lombar. Ele também pode se mostrar mais confortável nos quadris do que um levantamento terra convencional, dependendo da sua biomecânica (se você caminha com os dedos apontados para fora, o sumô poderá ser melhor para você).

A desvantagem do levantamento terra sumô é a gama reduzida de movimento, o que resulta em menos trabalho realizado, o que significa menor desenvolvimento muscular geral. Porém, tente essa variação se você não tem flexibilidade suficiente para fazer o levantamento terra convencional, se ele lhe é desconfortável (para os corpos de algumas pessoas o levantamento terra sumô é o mais adequado) ou se ele lhe causa dor lombar.

LEVANTAMENTO TERRA BARRA HEXAGONAL

O levantamento terra barra hexagonal — ou armadilha — é uma ótima maneira de aprender o levantamento terra, porque não exige tanta mobilidade do quadril e dos tornozelos para pegar a barra e coloca menos esforço de cisalhamento na coluna vertebral. Ele também permite que você levante mais peso do que o levantamento terra convencional, o que pode torná-lo um exercício mais eficaz para o desenvolvimento geral da parte inferior do corpo.

O levantamento terra convencional é mais eficaz no fortalecimento dos músculos eretores da espinha e do quadril porque o levantamento terra barra hexagonal é mais como um agachamento, devido ao aumento da carga que ele coloca nos quadríceps.

VARIAÇÃO ROMENA

A RDL, como costuma ser chamada, foi introduzida por um halterofilista romeno chamado Nicu Vlad, que era capaz de realizar façanhas inacreditáveis de força, como elevar 317 kg, em movimento frontal, embora pesasse somente 110 kg.

Ela é uma variação do levantamento terra que depende basicamente dos glúteos e dos músculos da parte posterior da perna, minimizando a participação dos quadríceps e dos músculos dos quadris.

A RDL começa com o peso nos ganchos de segurança ou na porção inferior do suporte. São usadas as mesmas posturas de pernas e mãos do levantamento terra, e o peso é levado um ou dois passos para trás. Na posição inicial os joelhos ficam travados, o peito está projetado, as costas estão retas e tensionadas, e os olhos focalizam um ponto no chão a mais ou menos 30 cm de distância.

Quando o movimento começa, os joelhos se soltam o suficiente apenas para transferir um pouco da tensão para os quadríceps, e as costas se curvam ligeiramente. Comece com a barra abaixo da coxa em uma linha reta, empurrando os quadris para trás, e seu torso deve se inclinar para a frente para manter os ombros diretamente sobre a barra.

A barra passa sobre os joelhos e percorre as canelas, e você deve ir tão baixo quanto possível sem dobrar as costas. Devido ao aumento da inclinação do torso, você provavelmente não conseguirá ir muito além de alguns centímetros abaixo dos joelhos, e isso é bom. Na verdade, se o peso estiver tocando o chão é porque você está fazendo errado (você está dobrando os joelhos).

Resista à tentação de relaxar a tensão dos joelhos no ponto de sua flexão total, pois isso transferirá a carga dos músculos da parte posterior da perna para os quadríceps.

Assim que tiver um bom alongamento na musculatura posterior das pernas e que as costas estiverem prontas para se soltar, comece a elevar.

Nesse movimento, continue com o peito e as costas tensionados e travados na posição de esforço e suspenda a barra na frente das pernas.

Tome cuidado para manter as costas rígidas durante toda a elevação.

Não deixe o peito afundar, nem a coluna lombar se soltar.

O DESENVOLVIMENTO MILITAR

De todos os exercícios para os ombros que você pode executar, o desenvolvimento militar é o melhor. O movimento é simples, fácil de aprender e permite a elevação segura de pesos pesados.

Há duas variações do desenvolvimento militar: em pé e sentado. A variação em pé requer tremenda força do tronco e da lombar para manter o equilíbrio, o que por sua vez limita o peso que você pode levantar. Embora não haja nada de intrinsecamente errado com isso, eu acho que o levantamento terra pesado sentado produz mais força do tronco e da região lombar. Eu prefiro executar este levantamento para maximizar a sobrecarga nos ombros.

Assim, vou de desenvolvimento sentado e recomendo que você faça o mesmo. Dito isso, o desenvolvimento sentado requer uma estação adequada para a prática do desenvolvimento militar, como esta:

Se sua academia não tem este equipamento ou se você não pode adquirir um rack de potência e um banco utilitário, opte pela variação em pé, que você pode executar em um rack de agachamento.

Vamos agora falar da postura, começando com o desenvolvimento sentado.

A ESTRUTURA DO DESENVOLVIMENTO MILITAR SENTADO

Coloque os pés no chão na largura dos ombros, com os dedos dos pés e joelhos ligeiramente virados para fora. Pressione os calcanhares no chão para manter a lombar e os glúteos colados no lugar contra o encosto do banco.

Segure a barra como você faria durante o supino: mãos na largura dos ombros e a barra sobre seus pulsos, e não em seus dedos. Suas costas devem estar retas.

O MOVIMENTO DO DESENVOLVIMENTO MILITAR SENTADO

Para iniciar a descida, tome uma respiração profunda, aperte seu abdômen e glúteos e pressione o peito para cima. Traga a barra para baixo em direção a sua clavícula e mantenha os cotovelos dobrados como se fosse durante o supino (não os force a ficar retos dos seus lados e não os deixe deslizar muito para trás de você).

Incline a cabeça para trás para permitir que a barra passe pelo nariz e pelo queixo e olhe para a frente, não para cima. (É por isso que um banco completo não funciona para o desenvolvimento militar: você não pode inclinar a cabeça para trás para tirá-la do caminho e é forçado a descer o peso mais abaixo no peito, o que é incorreto.) Deve haver um ligeiro arco em sua lombar na descida do levantamento, mas não exagere, pois isso poderá causar lesões quando você começar a carregar mais e mais peso. Se você está arqueando muito é porque o peso deve estar excessivo.

Uma vez que a barra chegou a sua clavícula, leve-a para cima ao longo do trajeto de descida e depois que ela passar pela testa, desloque o tronco um pouco para a frente e contraia os glúteos. Mantenha a elevação da barra até os cotovelos estarem travados: os ombros, o trapézio e as costas devem estar firmes e contraídos.

A ESTRUTURA DO DESENVOLVIMENTO MILITAR PERMANENTE E SEU MOVIMENTO

O desenvolvimento em pé é realizado exatamente da mesma maneira.

A barra repousa no rack de agachamento na mesma altura como se você estivesse agachado, e uma vez que você a retira do rack, o movimento é como o descrito acima. Para recapitular: pés e pegada na altura dos ombros, a barra segurada como no supino, costas mantidas retas, a barra desce direto para a clavícula, a cabeça inclina para trás enquanto você olha para a frente, você ergue a barra ao longo do mesmo caminho, desloca o tronco ligeiramente para a frente, contrai os glúteos e bloqueia.

COMO TREINAR DA MANEIRA DE *MALHAR, SECAR, DEFINIR*

Embora a teoria da "confusão muscular" seja uma bobagem cientificamente descartada, é fato que seu corpo pode responder favoravelmente a fazer novos exercícios depois de praticar a mesma rotina por um tempo. Mudar as coisas também pode ajudar a manter você animado e interessados por seus treinos, o que melhora os resultados gerais.

Assim, o programa de *Malhar, secar, definir* o convida a mudar sua rotina a cada oito semanas. Nós entraremos mais na programação real no próximo capítulo, mas primeiro quero lhe dar a lista dos exercícios "aprovados" para que você possa construir seus próprios treinos, bem como algumas dicas gerais sobre o treinamento de cada grupo muscular.

Os exercícios que eu recomendo são os que eu achei mais eficazes para a construção de um corpo grande e forte. Eles estão listados em ordem de prioridade (o primeiro exercício é o que eu sinto ser o mais importante para o desenvolvimento do grupo muscular, o segundo é o segundo mais importante e assim por diante).

Você pode se surpreender com quão poucas escolhas existem para cada grupo muscular, e isso é porque, embora haja um número gigantesco de exercícios que poderíamos fazer para treinar os vários grupos musculares do nosso corpo, só uma pequena minoria realmente cumpre o que promete (princípio de Pareto 80/20).*

Em termos de como fazer os exercícios, em vez de preencher mais 30 páginas com imagens e descrições, prefiro compartilhar vídeos, que você poderá encontrar em meu canal "muscle for life" no youtube.

PEITO

Seu objetivo não deve ser apenas ter um "grande peitoral", porque o tamanho aumentado não vai necessariamente lhe conferir a aparência desejada. O objetivo é ter um peito grande, harmonioso, que se desenvolveu plenamente nas partes superior e inferior.

Os exercícios com que melhor se consegue isso recrutam ao máximo as fibras musculares e permitem a sobrecarga pesada e progressiva sem aumentar de forma drástica o risco de lesões, mas eles são poucos.

Aqui estão eles:

Supino inclinado com barra
Supino inclinado com halteres
Supino reto com barra
Supino reto com halteres
Fundo (variação para peito)

Estes são os exercícios que você deve dominar se quer construir um impressionante peitoral. Ponto. Esqueça o trabalho de cabo, as elevações laterais com halteres, as variações de flexões, as máquinas e qualquer outro tipo de exercício de peito que se vê por aí. Eles simplesmente não são tão eficazes como os levantamentos de tronco fundamentais acima citados e são apenas para levantadores de peso avançados que já pagaram seus pecados com a tremenda pressão de construir peitorais grandes e fortes.

* A lei de Pareto, ou princípio 80/20, afirma que 80% das consequências advém de 20% das causas. Utilizado inicialmente numa constatação socioeconômica, a relação pode ser aplicada também em outras áreas. http://www.produtividadeninja.com/o-principio-que-vai-facilitar-a-sua-vida/

Outro exercício comum que eu deixei de fora da lista é qualquer tipo de supino declinado. Foi de propósito.

A razão para eu evitar esse exercício popular é que o supino declinado é simplesmente menos eficaz para treinar os peitorais do que o supino inclinado e o plano. Devido à sua gama reduzida de movimentos, ele estimula menos o músculo peitoral maior e o peitoral clavicular.

Um argumento que se costuma dar para fazer supino declinado é trabalhar a porção inferior do músculo peitoral maior, mas os mergulhos (paralelas) são exercícios muito superiores para realizar isso e ao mesmo tempo treinar mais músculos em geral e construir o equilíbrio corporal superior e coordenação.

Como você sabe, uma parte importante da construção de um grande peitoral está no seu supino inclinado mais do que em qualquer outra coisa. Se não o fizer, a parte superior do peito ficará para trás no desenvolvimento, o que conferirá uma aparência cada vez mais estranha à medida que seu peitoral maior crescer.

Como a maioria das pessoas já está atrasada em exercitar esta parte do músculo, isso sugere que se comece cada treino de peito com 3 a 6 séries de supino inclinado por quatro a seis meses seguidos. Faça também o supino reto, mas sempre após o supino inclinado.

Eu normalmente alterno entre rotinas com halteres centrais e barra centrais. Por exemplo, eu faço uma rotina de supino inclinado com halteres, supino reto com halteres e mergulhos com pesos por oito semanas, e depois mudo para uma rotina de supino reto, supino inclinado e supino reto com halteres pelas próximas oito semanas.

COSTAS

São vários os músculos que formam a maior parte das costas e eles necessitam estar bem desenvolvidos, incluindo o trapézio, os romboides, a grande dorsal, os eretores da espinha, o redondo maior, o redondo menor e a infraespinhal. Aqui estão eles:

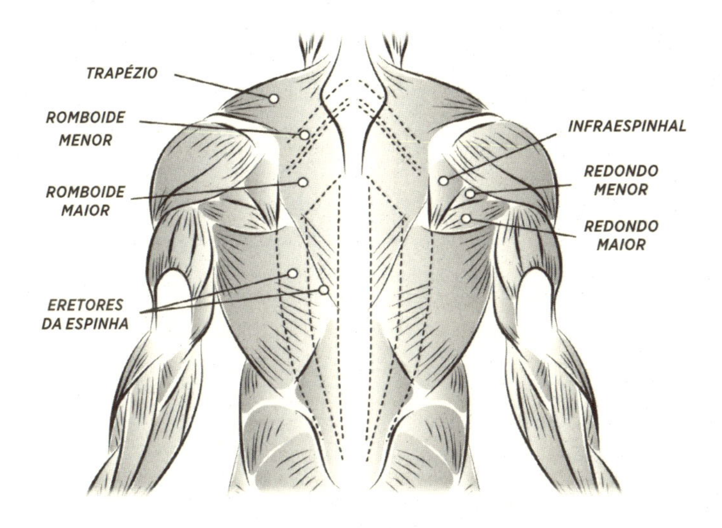

Aqui está o objetivo em termos de desenvolvimento geral das costas:

- trapézio grande, mas não superdesenvolvido, que define a parte superior das costas;
- laterais largas que se estendem pouco abaixo do tronco, criando um agradável v;
- romboides volumosos que criam "vales" quando flexionados;
- desenvolvimento claro e separação dos músculos redondos e infraespinhal;
- uma estrutura espessa de "árvore de Natal" na parte inferior das costas.

E aqui estão os exercícios que farão o trabalho:

Levantamento terra com barra
Remada curvada
Remada com um braço
Puxadas
Puxada alta (frontal e pegada fechada)
Remada na barra em T
Remada baixa (pegada aberta e pegada fechada)
Barra fixa
Encolhimento com barra

O levantamento terra é, de longe, o exercício para as costas mais eficaz que você pode fazer. Ele é simplesmente imbatível de várias maneiras para o desenvolvimento e a força, e é por isso que você o fará toda semana. Cada treino para as costas começa com ele. Você precisará de toda a energia que puder reunir para puxar peso pesado.

O levantamento terra com barra, a remada com um braço e as puxadas (especialmente a puxada com pegada aberta) estão praticamente empatados no meu livro, pois são todos fantásticos para a construção das costas. O encolhimento com barra está listado por último porque só treina o trapézio e será incluído no treino apenas se o desenvolvimento do trapézio estiver atrasado.

Em termos de programação de seus próprios exercícios, eu recomendo que você sempre comece com o levantamento terra. A partir daí, passe para um movimento de puxada com pegada aberta, como a remada na barra em T, a puxada alta frontal ou com pegada aberta (com peso, se puder), seguido por um movimento de puxada com pegada mais fechada, como a remada com um braço, a puxada alta com pegada fechada, a remada baixa com pegada fechada.

OMBROS

Seus ombros consistem em três músculos principais conhecidos como deltoides, e aqui estão eles:

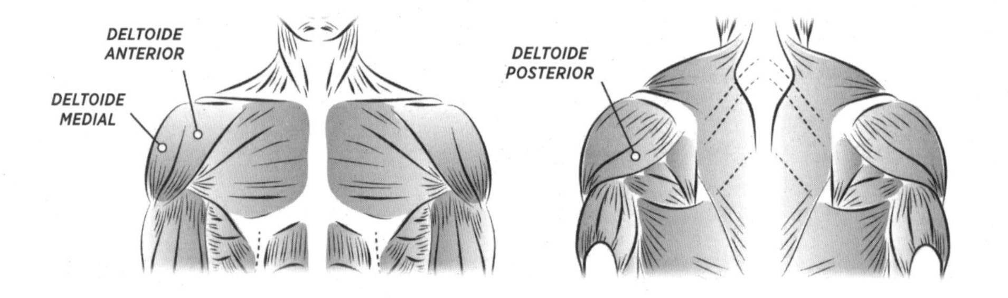

É importante desenvolver todas as três cabeças deste grupo muscular, porque se um se atrasa, torna-se dolorosamente óbvio.

Na maioria dos casos, o deltoide medial e o posterior demandam mais trabalho, porque o deltoide anterior já trabalhou muito intensamente com o treinamento de peito adequado. As outras duas cabeças não fizeram isso, no entanto.

Aqui estão os exercícios que eu recomendo para o seu treino de ombro:

Desenvolvimento militar sentado com barra ou desenvolvimento militar permanente com barra
Supino sentado com halteres ou desenvolvimento Arnold
Elevação lateral com halteres ou elevação lateral com um braço
Elevação do deltoide posterior (inclinado ou sentado)
Face pull
Remada para deltoide posterior com barra
Elevação frontal com halteres

Como você pode ver, eu sou fã dos exercícios de desenvolvimento. Tal como acontece com o peito, você só não pode pegar pesado na pressão para o desenvolvimento dos ombros. E, como um levantador de peso, você irá precisar de toda a ajuda que puder obter nesse departamento.

No entanto, se tudo que você faz é pressionar, verá o meio e as cabeças posteriores de seus deltoides ficando para trás em desenvolvimento. É por isso que um bom treino de ombro exercita todas as três cabeças do músculo, para você ter que pressionar também, assim como fazer elevação lateral e algo para os deltoides posteriores. Do mesmo modo que qualquer outro grupo muscular, os ombros podem se beneficiar do trabalho de alta repetição, mas você terá que enfatizar o levantamento de peso pesado se quiser que eles cresçam.

Observemos também que a elevação frontal com halteres é um bom exercício, mas não a faça no lugar de um supino com barra ou com halteres, pois ela simplesmente não constrói massa como estes dois. Se você é particularmente fraco nos seus supinos, a elevação frontal poderá ser útil para o fortalecimento dos muitos pequenos músculos de apoio necessários para os levantamentos mais difíceis, mas eu recomendo que você a faça após os supinos, não em vez deles.

PERNAS

Entendo muito bem a tentação de pular o dia de pernas. Eu costumava fazer isso o tempo todo e estou pagando o preço agora. Minhas pernas já percorreram um longo caminho, mas ainda estão atrás da parte superior do meu corpo em desenvolvimento geral e minhas panturrilhas ainda são muito pequenas (estou trabalhando nisso!).

Antes de chegar ao treinamento, eu gostaria de rever rapidamente os principais músculos da perna para sabermos o que estamos procurando desenvolver.

O quadríceps é um grupo de quatro músculos que formam a maior parte do músculo da parte frontal da coxa. As quatro cabeças do quadríceps são o reto femoral, o vasto lateral, o vasto medial e o vasto intermédio. Cá estão eles:

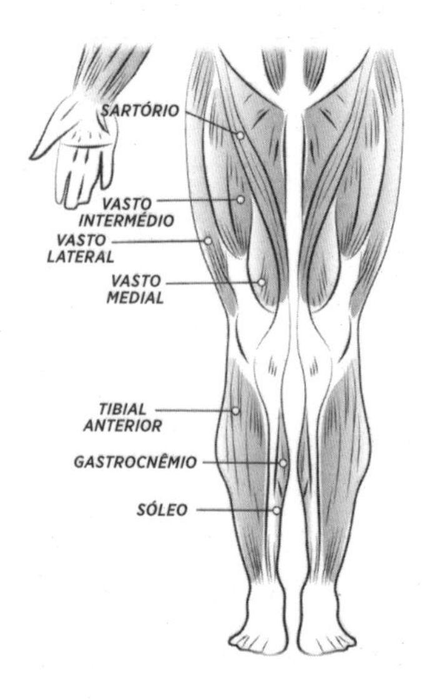

A parte de trás da perna é dominada por três músculos que contraem os tendões isquiotibiais, que são o semitendinoso, o semimembranoso e o bíceps femoral. Veja:

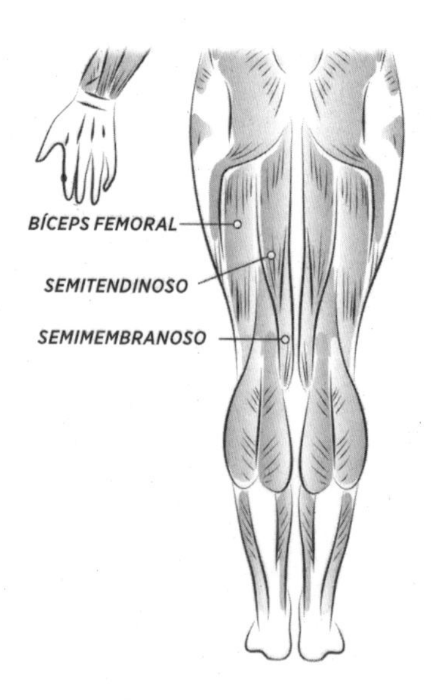

E por último, mas não menos importante, temos o músculo da panturrilha, que consiste em dois músculos: o gastrocnêmio e sóleo. Aqui estão eles:

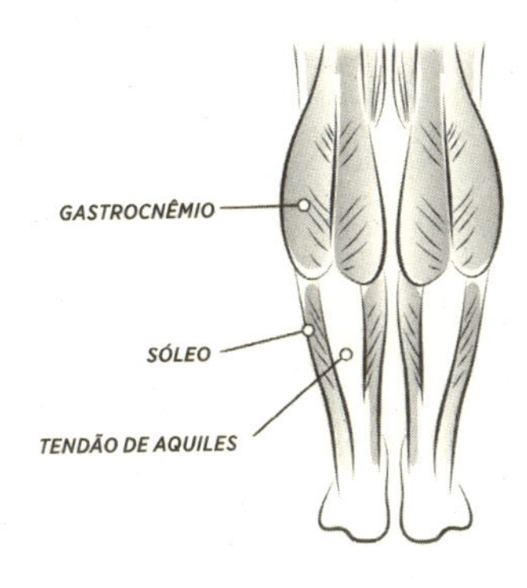

O gastrocnêmio é o músculo mais visível externamente e o sóleo é um músculo profundo que se encontra debaixo do gastrocnêmio. Estes dois músculos trabalham em conjunto para manejar as articulações do pé e do tornozelo, bem como para flexionar a perna na articulação do joelho.

Em se tratando apenas de aspecto, nossa preocupação maior é com o gastrocnêmio, mas um sóleo devidamente desenvolvido "apoia" o gastrocnêmio, fazendo-o parecer mais impressionante.

Então, esses são os principais grupos musculares que nos importam em termos de desenvolvimento visual. Há vários músculos menores que irão afetar significativamente a nossa capacidade de treinar de maneira adequada os músculos maiores, mas nós não precisamos falar de cada um deles. Se você seguir os conselhos deste capítulo, eles se desenvolverão, juntamente com os grupos maiores.

A minha lista de exercícios favoritos para perna é bem curta e simples. Trata-se de movimentos compostos, que permitem pesos pesados e são seguros.

Estes são os exercícios que eu usei para melhorar incrivelmente as minhas próprias pernas e eles farão o mesmo por você:

Agachamento livre
Agachamento frontal
Agachamento Hack (na máquina, não com barra)
Leg Press
Afundo com barra (em pé ou no lugar)
Afundo com halteres
Levantamento terra romeno

Mesa flexora (deitada ou sentado)
Elevação de panturrilha (em pé, sentado ou donkey)
Panturrilha no Leg Press

O treinamento de pernas é muito simples. Regra nº 1: Sempre fazer agachamentos. Regra nº 2: Sempre fazer agachamentos. Regra nº 3: Você entendeu o objetivo.

O principal é que cada treino de perna comece com um agachamento de costas ou frontal, com o primeiro incidindo sobre os tendões e o segundo sobre o quadríceps. Em seguida, no meu treino, eu me concentro no outro grupo muscular principal do par, com o agachamento de costas sendo a minha escolha de exercício para a ênfase no tendão; e o agachamento frontal, agachamento hack, *leg press* ou um movimento de estocada para os quadríceps. Eu, então, costumo terminar com algum trabalho para o tendão central, como o levantamento terra romeno ou mesmo a mesa flexora.

O que nos leva às panturrilhas — provavelmente o grupo muscular mais teimoso que você poderá encontrar em seu corpo, e o constrangimento de levantadores de peso pelos quatro cantos do mundo.

E por que isso? Por que grandes panturrilhas são tão raras e por que muitos dos caras que as têm quase nunca as treinam?

Bem, muitos casos de "panturrilha bebê" são causados por simples negligência. Tal como acontece com seus abdomens, muitas pessoas esquecem de treinar as panturrilhas ou acham desnecessário.

Essa não é toda a história, porém; existem barreiras genéticas para se trabalhar também, o que explica por que algumas pessoas tendem a ter panturrilhas pequenas que basicamente se recusam a crescer, não importa o que façam, ao passo que outras desenvolvem panturrilhas bojudas apesar de não se esforçarem quase nada.

A resposta para esse "mistério" encontra-se na composição das próprias fibras musculares da panturrilha.

Veja, há dois grupos principais de tipos de músculos: tipo 1, também conhecido como fibras de "contração lenta" e tipo 2, também conhecido como fibras de "contração rápida".

As fibras do tipo 1 do músculo têm o menor potencial de crescimento e produção de força. No entanto, elas são densas com capilares (pequenos vasos sanguíneos) e ricas em mitocôndrias (que produzem energia para as células) e mioglobina (que fornece oxigênio extra para os músculos), o que as torna resistentes à fadiga. As fibras do tipo 2, por outro lado, têm um potencial muito mais elevado para o crescimento e a produção de força do que as fibras do tipo 1, mas rapidamente fadigam.

As pesquisas mostram que as fibras musculares do músculo gastrocnêmio — o músculo da panturrilha que vemos e cuja função principal é o desenvolvimento para fins estéticos — pode variar em sua composição de pessoa para pessoa. O gastrocnêmio de um cara pode ser composto por até 60% de fibras do tipo 2, enquanto o de outro possui meros 15%. E assim, o primeiro encontrará facilidade em adicionar massa a suas panturrilhas, mas o segundo (meu caso) vai achar que é um trabalho árduo, lento e frustrante.

Além disso, as pesquisas também mostram que a proporção de fibras de tipo 1 e de tipo 2 em vários músculos é determinada pela forma como usamos principalmente os músculos. Como a panturrilha é usada sobretudo em baixa intensidade, as atividades de resistência, como caminhar, correr, andar de bicicleta e assim por diante, demandam uma maior necessidade de fibras de tipo 1 do que de tipo 2, o que nos predispõe ainda mais a ter muito pouca perna "cultivada".

Felizmente, nossa genética não é, em última instância, quem decide se estamos presos a pequenas panturrilhas.

Com treinamento adequado, qualquer um consegue construir panturrilhas musculosas, mas você deve estar ciente de que isso pode vir rapidamente ou não, dependendo do seu DNA.

Agora, falando do treino de panturrilha, há quem diga que ele é como no treino de abdômen: você não precisa se preocupar com isso se está fazendo muito agachamento e levantamento terra. Bem, eu discordo (em ambos os casos, na verdade, mas vamos falar do abdômen em breve).

A menos que você tenha uma fantástica genética de panturrilha, terá que trabalhar muito essas danadas para manter as proporções com as coxas e os braços.

E se você é como eu e seu corpo de algum modo decidiu que ele não precisava de panturrilha alguma (antes de começar a treinar regular e corretamente minhas panturrilhas, eu não tinha nada, não importava o quanto de agachamento e levantamento terra fizesse), você terá de trabalhá-las ainda mais.

Após experimentar diversas rotinas de panturrilha, eu aprendi que:

Como os abdominais, as panturrilhas parecem se recuperar de exercícios mais rapidamente do que outros grupos musculares e, portanto, podem ser treinadas com mais intensidade.

Eu ainda tenho que encontrar evidência científica concreta disso, mas a evidência informal remonta a décadas. O próprio Arnold Schwarzenegger notou que suas panturrilhas se recuperavam mais rápido do que outros grupos musculares.

As panturrilhas parecem responder muito bem ao treinamento periodizado que inclui trabalho de alta repetição.

No treinamento periodizado você trabalha um grupo muscular com várias escalas de repetição e as panturrilhas parecem se beneficiar particularmente da inclusão de escalas de maior repetição. (E caso você esteja se perguntando, uma abordagem periodizada funciona bem com outros grupos musculares também, mas é mais adequada para levantadores de peso avançados.

Existem várias teorias a respeito de por que é assim, mas não há respostas definitivas que eu conheça. No entanto, o sucesso deixa pistas e esta é uma das muitas ocasiões em que você vai ouvir falar do que os caras que construíram panturrilhas impressionantes fizeram e como tiveram que trabalhar duro por elas.

Com base nesses dois pontos, a rotina de panturrilha que eu recomendo funciona da seguinte forma:

- Faça 3 exercícios de panturrilha por semana, com pelo menos um dia entre cada um.
- Faça 6 séries por treino.
- Na primeira série, aponte os dedos dos pés para a frente. Na segunda, aponte-os um pouco fora (cerca de 20 graus). Na terceira série, aponte-os ligeiramente para dentro. Repita o procedimento nas 3 séries seguintes.
- Use um ritmo de repetição 2-1-2: 2 segundos para contração total, uma ligeira pausa enquanto contraídas e 2 segundos para liberar.
- Uma vez que você tenha atingido o topo de sua escala de repetições com um determinado peso, adicione 4,5 kg.

Aqui estão os treinos:

TREINO DE PANTURRILHA A

Elevação de panturrilha de pé — 3 séries de 4 a 6 repetições
Elevação de panturrilha deitado — 3 séries de 4 a 6 repetições
Descanse de 2 a 3 minutos entre essas séries

TREINO DE PANTURRILHA B

Elevação de panturrilha no Leg Press — 3 séries de 8 a 10 repetições
Elevação de panturrilha *donkey* (ou elevação de panturrilha no Leg Press) — 3 séries de 8 a 10 repetições
Descanse de 1 a 2 minutos entre essas séries

TREINO DE PANTURRILHA C

Elevação de panturrilha em pé — 3 séries de 12 a 15 repetições

Elevação de panturrilha sentado — 3 séries de 12 a 15 repetições

Descanse por 1 minuto entre essas séries

Bastante simples. Eu faço o treino A na segunda-feira, na quarta-feira o B e o C na sexta-feira.

Tal como acontece com todos os exercícios, a execução é extremamente importante no treino de panturrilha. Se você trapacear reduzindo a amplitude do movimento, a eficácia dos exercícios será muito menor.

A execução adequada desses exercícios de panturrilha é simples: na descida de uma repetição, seus calcanhares estão tão baixos quanto eles podem ir e você sente um estiramento no fundo das panturrilhas; na subida de uma repetição, você fica nas pontas dos pés como uma bailarina. Muitas pessoas simplesmente usam peso excessivo, o que as impede de ir tão alto quanto deveriam na subida das suas repetições e depois perguntam por que suas panturrilhas nunca ficam maiores ou mais fortes. Não cometa o mesmo erro.

BRAÇOS

Embora eu ache que os braços ganham demasiada atenção no esquema geral das coisas, definitivamente concordo que um físico não é completo sem braços grandes e desenvolvidos.

Como você deve saber, os maiores músculos do braço são o bíceps e o tríceps, mas vamos examiná-los um pouco mais detalhadamente, bem como os antebraços, para que saibamos exatamente o que estamos treinando.

O bíceps (ou, formalmente, bíceps braquial) é um músculo de duas cabeças, conforme abaixo:

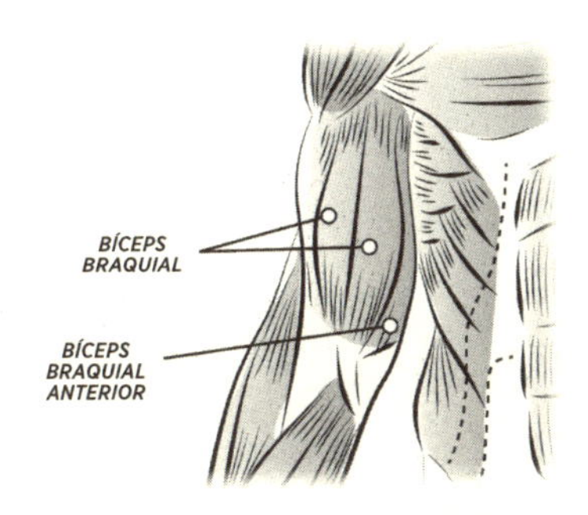

Você também pode ver o bíceps braquial anterior, que se encontra abaixo do bíceps braquial. Apesar de este músculo não ser tão proeminente quanto o bíceps braquial, quando desenvolvido ele desempenha um papel importante na aparência geral dos braços.

Ele parece uma mera "protuberância" no conjunto do bíceps braquial e o tríceps, mas o seu nível de desenvolvimento afeta a quantidade de "ponto máximo" que seu bíceps aparenta ter (em última instância, o ponto máximo é determinado principalmente pela genética, mas o aumento do tamanho do braquial anterior pode dar a *aparência* de um ponto máximo melhor).

O próximo grupo muscular do qual falaremos é o tríceps, ou tríceps braquial, que tem três cabeças:

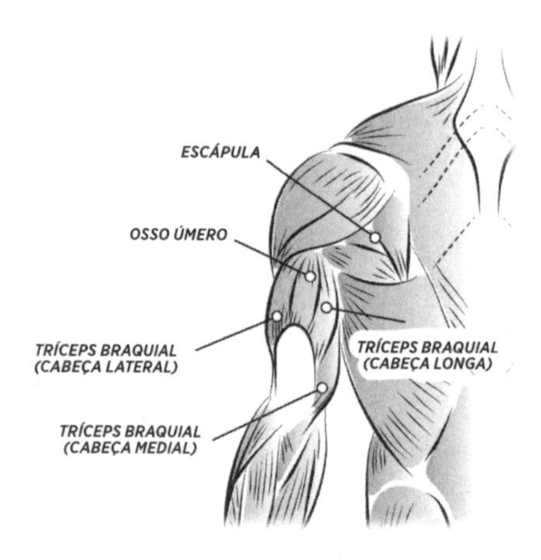

Como você pode ver, as três cabeças se combinam para formar a característica "ferradura", que pode se tornar bastante pronunciada quando desenvolvida corretamente.

Enquanto o bíceps costuma ser o foco de treinos de braços, muitas pessoas não se dão conta de que o tríceps é o responsável por uma boa parte do tamanho do braço. Um tríceps pequeno significa braços pequenos e desproporcionais, independentemente do tamanho do bíceps.

Por último, mas não menos importantes, estão os antebraços, que consistem de vários músculos menores:

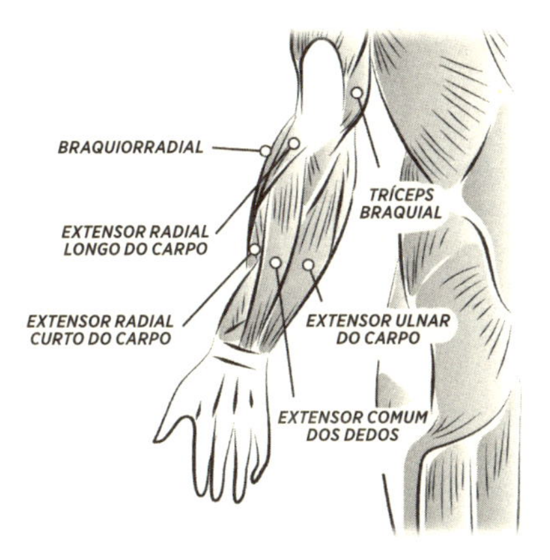

Podemos dizer que os antebraços são as panturrilhas dos braços: eles não são o foco imediato, mas se estiverem subdesenvolvidos isso ficará dolorosamente evidente.

Agora, vamos aos exercícios, começando pelo bíceps:

Rosca com barra
Rosca com barra E-Z
Rosca com halteres
Rosca com martelo
Barra fixa

Não se surpreenda por essa lista ser breve e eficaz. Esses exercícios mais o seu treinamento pesado de costas são tudo o que você precisa para construir bíceps grandes, densos e fortes.

Em termos de programação, você tem bastante flexibilidade. O que eu gosto de fazer é pelo menos um exercício com barra e um exercício com halteres por treino para o bíceps. Na maioria das vezes, é a rosca com barra E-Z seguida da rosca com martelo.

Vamos passar para o tríceps:

Supino com pegada fechada
Supino fechado sentado
Mergulho - Paralelas (variação para tríceps)

Tríceps testa alternado ("skullcrusher")
Tríceps no cabo - barra ou corda

Gosto de começar o meu treino de tríceps com algo que me faça empurrar peso, como o supino com pegada fechada ou o supino fechado sentado. Não há nenhuma regra de ouro para o que vem a seguir — eu simplesmente alterno entre os outros exercícios no calendário de oito semanas que você verá mais adiante.

É importante dizer que você poderá experimentar dores muito intensas no antebraço com os exercícios de braço deste programa e com o treinamento de bíceps em particular. Você quase poderá sentir que seus ossos estão doendo. Se isso acontecer, basta reduzir o peso da sua série de exercícios para 6 a 8 repetições por variedade (o peso deve ser suficiente para permitir 6 repetições, mas não mais do que 8) e construa a sua força aqui para os primeiros dois meses. Você deve então conseguir retornar ao trabalho de 4 a 6 repetições e sem dor alguma.

TRONCO

Todo o mundo a quer: a inatingível barriga tanquinho — a principal característica da elite *fitness*, a prova de que você conhece os "segredos" internos de como ficar trincado.

Infelizmente, a quantidade de maus conselhos que circulam por aí sobre como obtê-la é impressionante. Alguns *personal trainers* dizem que você tem que fazer certos abdominais especiais... e eles estão errados. Outros garantem que basta ficar magro e você terá um tronco incrível... e eles estão errados. Outros ainda afirmam que você só tem que fazer muito agachamento e levantamento terra... e eles estão errados também. E não nos esqueçamos dos charlatães que juram que o verdadeiro segredo é evitar certos alimentos e tomar pílulas e pós estranhos — mais errados impossível.

Como em quase tudo no *fitness*, o caminho verdadeiro para obter a barriga tanquinho — tanto para os caras quanto para as garotas — é muito simples.

Quando as pessoas falam de "abdominais", estão se referindo à dupla de músculos que compõe o músculo reto abdominal:

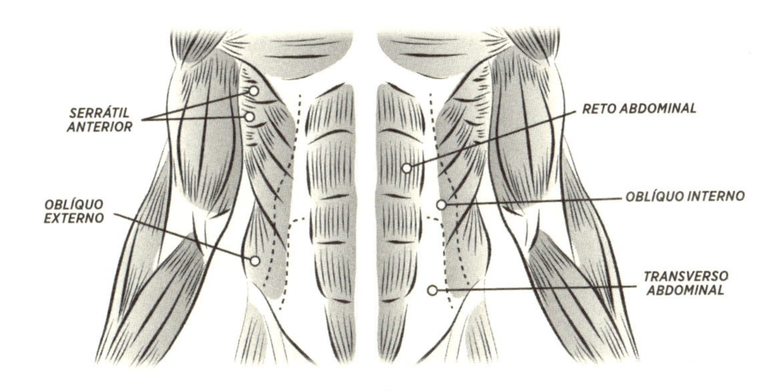

Porém, como você pode ver, esses músculos não são a história toda do visual da barriga tanquinho completa que todos querem ter. Há outros músculos "centrais" que devem ser devidamente desenvolvidos, como os oblíquos (principalmente o externo), o transverso abdominal (ou MTA, como é comumente chamado) e o serrátil anterior.

O que fazer para esses músculos estourarem?, você deve estar se perguntando. Bem...

NENHUMA QUANTIDADE EXERCÍCIOS ABDOMINAIS POR SI SÓS LHE DARÃO UMA BARRIGA TANQUINHO.

Não importa quão simples ou sofisticados sejam os exercícios, eles não são o "atalho para a barriga tanquinho".

Sim, exercícios abdominais são necessários para o desenvolvimento de um tronco sólido, mas é preciso mais do que desafios abdominais semanais para obter a aparência desejada.

APENAS LEVANTAMENTO TERRA E AGACHAMENTO NÃO SÃO SUFICIENTES.

Nem imagino quantas vezes já ouvi "Eu não treino abdômen; faço agachamento e levantamento terra". E esses caras e meninas costumam ter troncos inexpressivos.

O fato é que esses dois exercícios, mesmo quando realizados com grande peso (pelo menos 80% do 1RM), simplesmente não implicam "mostrar" os músculos reto abdominal, abdominal transverso e os oblíquos externos tanto quanto se pensa.

Agora, não me interprete mal: agachamento pesado e levantamento terra ajudam em vários aspectos a construir um grande tronco, mas eles sozinhos não são o suficiente.

APENAS SER MAGRO NÃO É SUFICIENTE, TAMBÉM.

É verdade que você precisa ter baixos índices de gordura corporal para os seus abdominais se mostrarem completamente. Para nós, rapazes, eles começam a se tornar visíveis quando ficamos abaixo de 10% de gordura corporal (20% de gordura corporal para as meninas).

Mas você pode ficar muito magro e ainda não ter uma barriga tanquinho para chamar de sua, porque o tronco da maioria das pessoas não é naturalmente desenvolvido o suficiente para ter os cortes profundos e as linhas pronunciadas que fazem um tanquinho verdadeiramente notável.

ENTÃO O QUE É PRECISO PARA OBTER UM TRONCO MATADOR?

Um tanquinho completo requer tanto índices de gordura corporal baixos como músculos do tronco bem desenvolvidos, e isso significa fazer duas coisas:

REDUZIR A SUA PORCENTAGEM DE GORDURA CORPORAL.

Nosso reto abdominal não começa a se mostrar até chegarmos à faixa de 10% e os demais músculos do tronco não estouram até chegarmos à faixa de 8%.

Portanto, não importa quão incrivelmente desenvolvidos são os músculos do seu tronco — você não conseguirá a aparência que deseja se sua porcentagem de gordura corporal for muito alta.

REALIZAR REGULARMENTE OS EXERCÍCIOS ABDOMINAIS E DE TRONCO CERTOS.

A construção de um tanquinho notável exige que você faça tanto os exercícios abdominais que treinam seu músculo reto abdominal como exercícios que treinam os outros músculos do tronco que completam a aparência que almejamos.

E quais são os exercícios certos, afinal? Vamos descobrir...

Contração no extensor
Elevação de pernas pendurado
Elevação de pernas na cadeira do capitão
Abdominal com roller
Bicicleta no ar
Supino reto com elevação de perna
Abdominal declinado

Eu não escolhi esses exercícios aleatoriamente. Uma pesquisa liderada pelo dr. Peter Francis, do Laboratório de Biomecânica da Universidade Estadual de San Diego, provou que eles são os mais eficazes para a formação do músculo reto abdominal e os músculos oblíquos.

Um dos maiores erros do treino de abdominal que a maioria comete é não executar nenhum exercício abdominal com peso. O resultado é a capacidade de fazer uma prancha com flexão de joelho cruzada ou elevação de perna... mas continuar com abdominais insignificantes e subdesenvolvidos.

Os abdominais são como qualquer outro músculo: eles exigem sobrecarga progressiva para crescer, o que só pode ser conseguido através da adição de resistência nos exercícios. Você não tem que adicionar peso em todos os treinos de abdominais, mas deve fazê-lo em alguns se quiser abdominais estourando.

Eu descobri que os abdominais parecem responder melhor a uma combinação de trabalho com peso e sem peso. Aqui está como eu gosto de fazer:

- Uma série de um exercício com peso como a contração no extensor, a elevação de pernas na cadeira do capitão ou a elevação de pernas pendurado por 10 a 12 repetições (você pode adicionar peso para os dois últimos prendendo um haltere entre os pés).
- Ir direto para uma série de um exercício sem peso, à exaustão.
- Descansar por 2 a 3 minutos.

Por exemplo:

- Faça uma série de contração no extensor na faixa de 10 a 12 repetições.
- Vá direto para uma série de perna na elevação de perna na cadeira do capitão, à exaustão.

- Vá direto para um conjunto de bicicleta no ar, à exaustão.
- Descanse por 2 a 3 minutos.

Faça de 3 a 6 destes circuitos duas ou três vezes por semana e seus abdominais e oblíquos se desenvolverão.

Em termos de desenvolvimento dos demais músculos do tronco, exercícios pesados compostos de levantamento de peso, como o levantamento terra, agachamento e o desenvolvimento militar, fazem o trabalho melhor do que "exercícios para o tronco" especiais, particularmente quando realizados com peso pesado.

Nada mais é necessário aqui.

Muito bem, isso é tudo para os exercícios que você irá fazer no programa de *Malhar, secar, definir*. No próximo capítulo, você vai aprender a construir os treinos com eles!

O FUNDAMENTAL

Não é preciso que você "desafie" constantemente seus músculos com exercícios novos e exóticos para construir músculo e força. Basta que você faça progressos com um número relativamente pequeno de exercícios que desafiam ao máximo cada grupo muscular e permitem que você os vá sobrecarregando com segurança ao longo do tempo.

Isso não só simplifica seus objetivos como também torna o trabalho mais agradável. Você entra em cada treino sabendo exatamente o que está fazendo e por que, e assim pode controlar com facilidade o seu progresso à medida que ele se dá.

RESUMO DO CAPÍTULO

INTRODUÇÃO

- Das centenas e centenas de exercícios que você poderia fazer, quatro reinam absolutos: o agachamento, o levantamento terra, o supino e o desenvolvimento militar.
- Meias repetições pesadas, seja no supino, no desenvolvimento militar ou no agachamento, colocam muita pressão sobre as articulações, os tendões e ligamentos — muito mais do que se você estivesse movendo menos peso com uma variedade adequada, cheia de movimento, gradualmente fortalecendo os músculos e os tecidos de suporte.

O AGACHAMENTO

- Contanto que você realize o agachamento da maneira adequada, ele não colocará suas costas ou seus joelhos em risco de lesão.

- Se você puder evitar, não faça agachamento em uma máquina Smith.
- Não utilize a posição de agachamento superextenso dos halterofilistas a menos que você seja realmente um halterofilista.
- Se você sentir a necessidade de usar apoios sob os calcanhares ao agachar é porque precisa de mais flexibilidade no tendão e/ou no tornozelo.
- Ao usar tênis com sola plana ou tênis de halterofilismo adequados com uma ligeira e rígida elevação do calcanhar, você achará muito mais fácil sentar-se nos calcanhares e encaixar os seus isquiotibiais e glúteos mais eficazmente.
- O agachamento frontal enfatiza o quadríceps e o tronco e cria menos compressão da coluna vertebral e menos torção nos joelhos, o que o torna particularmente útil para aqueles com lesões ou limitações nas costas ou nos joelhos.

O SUPINO

- Se você não souber o que está fazendo e tentar carregar grandes quantidades de peso da forma errada, facilmente irá ferir os ombros. Pratique o supino corretamente, porém, e você manterá os ombros seguros e seu peito se tornará maior e mais forte.
- Não balance a barra sobre o peito. Abaixe a barra de maneira controlada, com todos os músculos tensionados, deixe que toque o peito e então erga a barra com ímpeto.
- Quando estiver abaixando o peso, pense no movimento seguinte, em que elevará a barra com explosão.
- Certifique-se de concluir sua última repetição antes de colocar o peso no rack.
- A melhor maneira de garantir que a parte superior do seu peito não fique para trás de seu peitoral principal em tamanho é fazer muito supino inclinado.
- Quando você diminui a distância da sua pegada na barra, força o tríceps a trabalhar mais.

O LEVANTAMENTO TERRA

- O levantamento terra é o melhor treino de corpo inteiro, pois trabalha todos os grupos musculares.
- O levantamento terra sumô utiliza uma posição larga (de 1,5 a 2 vezes a largura dos ombros) para encurtar a amplitude de movimento e limitar o esforço de cisalhamento na lombar. Ele também pode se mostrar mais confortável nos quadris do que um levantamento terra convencional, dependendo da sua biomecânica (se você caminha com os dedos apontados para fora, o sumô poderá ser melhor para você).
- O levantamento terra barra hexagonal — ou armadilha — é uma ótima maneira de aprender o levantamento terra, porque não exige tanta mobilidade do

quadril e dos tornozelos para pegar a barra e coloca menos esforço de cisalhamento na coluna vertebral.

- A RDL é uma variação do levantamento terra que tem por objetivo os glúteos e os isquiotibiais e minimiza a participação dos quadríceps e dos músculos dos quadris.

O DESENVOLVIMENTO MILITAR

- De todos os exercícios para os ombros que você pode executar, este é o melhor. O movimento é simples, fácil de aprender e permite a elevação segura de pesos pesados.
- A variação em pé requer tremenda força do tronco e da lombar para manter o equilíbrio, o que por sua vez limita o peso que você pode levantar.
- Eu acho que levantamento terra pesado e agachamento toda semana constroem mais do que o suficiente de força do tronco e da região lombar e, portanto, eu prefiro a variação sentado do desenvolvimento militar.

TREINO DE PEITO

- Esqueça o trabalho de cabo, as elevações laterais com halteres, as variações de flexões, as máquinas e qualquer outro tipo de exercício de peito que se vê por aí. Eles simplesmente não são tão eficazes como os levantamentos de tronco fundamentais acima citados e são apenas para levantadores de peso avançados que já pagaram seus pecados com a tremenda pressão de construir peitorais grandes e fortes.
- Devido à sua gama reduzida de movimentos, ele estimula menos o músculo peitoral maior e o peitoral clavicular.
- Uma parte importante da construção de um grande peitoral está no seu supino inclinado mais do que em qualquer outra coisa.
- Eu normalmente alterno entre rotinas com halteres centrais e barra central.

TREINAMENTO DE COSTAS

- Em termos de programação de seus próprios exercícios de costas, eu recomendo que você sempre comece com o levantamento terra.
- A partir daí, passe para um movimento de puxada com pegada aberta, como a remada na barra em T, a puxada alta frontal ou com pegada aberta (com peso, se puder), seguido por um movimento de puxada com pegada mais fechada, como a remada com um braço, a puxada alta com pegada fechada, a remada baixa com pegada fechada.

TREINAMENTO DE OMBRO

- Na maioria dos casos, o deltoide medial e o posterior demandam mais trabalho, porque o deltoide anterior já trabalhou muito intensamente com o treinamento de peito adequado. As outras duas cabeças não fizeram isso, no entanto.

- Tal como acontece com o peito, você só não pode pegar pesado na pressão para o desenvolvimento dos ombros. E, como um levantador de peso, você irá precisar de toda a ajuda que puder obter nesse departamento.
- No entanto, se tudo que você faz é pressionar, verá o meio e as cabeças posteriores de seus deltoides ficando para trás em desenvolvimento. É por isso que um bom treino de ombro exercita todas as três cabeças do músculo, por você ter que pressionar também assim como fazer elevação lateral e algo para os deltoides posteriores.

TREINO DE PERNA

- O principal é que cada treino de perna comece com um agachamento de costas ou frontal.
- Em seguida, no meu treino, eu me concentro no outro grupo muscular principal do par, com o agachamento de costas sendo a minha escolha de exercício para a ênfase no tendão; e o agachamento frontal, agachamento hack, *leg press* ou um movimento de estocada para os quadríceps.
- Eu, então, costumo terminar com algum trabalho no tendão central, como o levantamento terra romeno ou mesmo a mesa flexora.
- A menos que você tenha uma fantástica genética de panturrilha, terá que trabalhá-las muito para manter as proporções com as coxas e os braços.
- As pesquisas mostram que as fibras musculares do músculo gastrocnêmio — o músculo da panturrilha que vemos e cuja função principal é o desenvolvimento para fins estéticos — pode variar em sua composição de pessoa para pessoa.
- Como os abdominais, as panturrilhas parecem se recuperar de exercícios mais rapidamente do que outros grupos musculares e, portanto, podem ser treinadas com mais intensidade.
- As panturrilhas parecem responder muito bem ao treinamento periodizado que inclui trabalho de alta repetição.
- A execução adequada dos exercícios de panturrilha é simples: na descida de uma repetição, seus calcanhares estão tão baixos quanto eles podem ir e você sente um estiramento no fundo das panturrilhas; na subida de uma repetição, você fica nas pontas dos pés como uma bailarina.

TREINO DE BRAÇO

- Em termos de programação, você tem bastante flexibilidade. O que eu gosto de fazer é pelo menos um exercício com barra e um exercício com halteres por treino para o bíceps. Na maioria das vezes, é a rosca com barra E-Z seguida da rosca com martelo.
- Gosto de começar o meu treino de tríceps com algo que me faça empurrar peso, como o supino com pegada fechada ou o supino fechado sentado.

- Você poderá experimentar dores muito intensas no antebraço com os exercícios de braço deste programa e com o treinamento de bíceps em particular. Se isso acontecer, basta reduzir o peso da sua série de exercícios para 6 a 8 repetições por variedade (o peso deve ser suficiente para permitir 6 repetições, mas não mais do que 8) e construa a sua força aqui para os primeiros dois meses.

TREINO DE TRONCO

- Um tanquinho completo requer tanto índices de gordura corporal baixos como músculos do tronco bem desenvolvidos.
- O fato é que esses dois exercícios (agachamento e levantamento terra), mesmo quando realizados com grande peso (pelo menos 80% do 1RM), simplesmente não implicam "mostrar" os músculos reto abdominal, abdominal transverso e os oblíquos externos tanto quanto se pensa.
- Os abdominais são como qualquer outro músculo: eles exigem sobrecarga progressiva para crescer, o que só pode ser conseguido através da adição de resistência nos exercícios. Você não tem que adicionar peso em todos os treinos de abdominais, mas deve fazê-lo em alguns se quiser abdominais estourando.

18

A rotina de exercícios de *Malhar, secar, definir*

Não importa o que você faça ou o quão gratificante isso possa ser neste momento — imediatamente você quer mais. Você tem que querer mais se quiser descobrir o quão bom pode ser.

— GLENN PENDLAY

AGORA QUE VOCÊ sabe quais exercícios deve fazer e como treinar cada grupo muscular corretamente, vamos dar uma olhada em como construir rotinas de treino efetivas usando tudo o que aprendeu.

Assim como todos os treinos de *Malhar, secar, definir* devem ser construídos usando os exercícios dados no capítulo anterior, eles também devem seguir algumas orientações:

NÃO SE ESQUEÇA DA FÓRMULA APRESENTADA NO CAPÍTULO 16, POIS ELA É O "MOTOR" QUE FAZ O PROGRAMA FUNCIONAR.

O modo como você treina é tão importante quanto os exercícios que você faz. Se você fizer todos os exercícios direito, mas não for capaz de seguir a fórmula — levantando muito pouco peso, descansando muito pouco, fazendo poucas séries ou séries demais por treino, e assim por diante — seus ganhos ficarão aquém do ideal.

LEVANTAR PESOS DE TRÊS A CINCO VEZES POR SEMANA, COM QUATRO SENDO MELHOR DO QUE TRÊS, E CINCO SENDO MELHOR DO QUE QUATRO.

Lógico que você pode conseguir ganhos levantando 3 ou 4 vezes por semana e eu vou mostrar-lhe exatamente como fazer isso, mas será melhor se você puder de alguma forma trabalhar em cinco sessões a cada semana.

SE SUA INTENÇÃO É TREINAR CINCO DIAS POR SEMANA, USE O SEGUINTE MODELO DE TREINAMENTO:

DIA 1: Peito e panturrilhas
DIA 2: Costas e abdominais
DIA 3: Ombros e panturrilhas
DIA 4: Tronco e abdominais
DIA 5: Pernas e ombros

O seu dia "parte superior do corpo" é composto por 3 séries para o peito realizadas com 8 a 10 repetições, seguidas de treino de braços (bíceps e tríceps) na faixa de 4 a 6 repetições. E como exercícios adicionais para o treino de peito, recomendo que você inclua o supino inclinado e e os exercícios de fundo, como com barras paralelas.

Seu dia "pernas e ombros" consiste de treino de pernas na faixa de 4 a 6 repetições e 6 séries adicionais para os ombros com 8 a 10 repetições. Especificamente, você fará 3 séries adicionais para os deltoides laterais e 3 para os deltoides posteriores para ajudar esses pequenos músculos teimosos a crescer. Você não irá fazer nenhum trabalho adicional para os deltoides frontais, uma vez que esses músculos serão adequadamente treinados em seus outros treinos.

A seguir você encontra uma proposta para uma semana com 5 dias do programa (e lembre-se de que "séries de treinos" são as principais e você deve pegar pesado, com 4 a 6 repetições, e os "opcionais" são para quando você se sentir com energia suficiente, mas não são obrigatórios):

DIA 1
PEITO E PANTURRILHAS

Supino inclinado com barra — Faça primeiro séries de aquecimento* e depois 3 séries de treino

Supino inclinado com halteres — 3 séries de treino

Supino reto com barra — 3 séries de treino

Opcional: Mergulho (variação para peito) — 3 séries em barras paralelas (com pesos, se possível)

Treino de panturrilha A

* Explico sobre as séries de aquecimento ao final deste capítulo.

Se você não puder fazer mergulho em barras paralelas, uma sugestão é fazer 3 séries de supino reto com halteres.

DIA 2

COSTAS E ABDOMINAIS

Levantamento terra com barra — primeiro faça séries de aquecimento e depois 3 séries de treino

Remada curvada — 3 séries de treino

Barra fixa - puxada com pegada aberta ou fechada — 3 séries de treino (com pesos, se possível)

Opcional: Puxada alta com pegada fechada — 3 séries de treino

Opcional: Encolhimento com barra — 2 séries de treinos

3 a 6 circuitos de abdominais

Se você tiver problemas na lombar, lembre-se de que pode trocar o levantamento terra por uma variação mais favorável à lombar, como o levantamento terra sumô ou o barra hexagonal; ou você pode abandoná-lo completamente e escolher outro exercício, como a remada na barra em T.

DIA 3

OMBROS E PANTURRILHAS

Desenvolvimento militar sentado ou em pé com barra — séries de aquecimento e depois 3 séries de treino

Elevação lateral — 3 séries de treino

Elevação do deltoide posterior inclinado — 3 séries de treino

Treino de panturrilha B

DIA 4

PARTE SUPERIOR DO CORPO E ABDOMINAIS

Supino inclinado com barra — séries de aquecimento e depois 3 séries de 8 a 10 repetições por série

Rosca com barra — séries de aquecimento e depois 3 séries de treino

Supino com pegada fechada — 3 séries de treino

Rosca alternada com halteres — 3 séries de treino

Supino fechado sentado — 3 séries de treino

3 a 6 circuitos de abdominais

DIA 5
PERNAS E OMBROS

Agachamento com barra — séries de aquecimento e depois 3 séries de treino

Leg Press — 3 séries de treino

Levantamento terra romeno — 3 séries de treino

Elevação lateral — 3 séries de treino com 8 a 10 repetições

Elevação do deltoide posterior inclinado — 3 séries de treino com 8 a 10 repetições

Treino de panturrilha C

Se você for treinar 5 dias por semana, eu recomendo que comece com essa rotina para as suas primeiras oito a dez semanas. É a primeira etapa dos exercícios que ofereço nos meus programas.

No que se refere a em que dias treinar, a maioria das pessoas gosta de levantar de segunda a sexta-feira, deixando os fins de semana para descanso, talvez fazendo alguns cárdios em um ou nos dois dias. Isso funciona bem.

Porém, sinta-se livre para trabalhar seus dias de descanso como quiser. Alguns preferem treinar nos fins de semana e tirar dois dias livres durante a semana.

Trabalhe seu cárdio conforme o necessário. É possível levantar e fazer cárdio nos mesmos dias sem problema.

SE VOCÊ FOR TREINAR 4 DIAS POR SEMANA, USE O SEGUINTE MODELO:

DIA 1: Peito, tríceps e panturrilhas

DIA 2: Costas, bíceps e abdominais

DIA 3: Parte superior do corpo e panturrilhas

DIA 4: Pernas e abdominais

Neste modelo, o seu dia "parte superior do corpo" é composto por 3 séries para o peito realizadas no intervalo de 8 a 10 repetições, seguidas por treino para os ombros.

Aqui está um exemplo de uma semana de 4 dias no programa:

DIA 1
PEITO, TRÍCEPS E PANTURRILHAS

Supino inclinado com barra — séries de aquecimento e depois 3 séries de treino

Supino reto com barra — 3 séries de treino

Mergulho (variação para peito, com pesos, se possível) — 3 séries de treino

Supino com pegada fechada — 3 séries de treino

Supino fechado sentado — 3 séries de treino

Treino de panturrilha A

DIA 2

COSTAS, BÍCEPS E ABDOMINAIS

Levantamento terra com barra — séries de aquecimento e depois 3 séries de treino

Remada curvada — 3 séries de treino

Barra fixa - puxada com pegada aberta ou fechada — 3 séries de treino (com pesos, se possível)

Opcional: Encolhimento com barra — 2 séries de treino

Rosca com barra — 3 séries de treino

Rosca alternada com halteres — 3 séries de treino

3 a 6 circuitos de abdominais

DIA 3

PARTE SUPERIOR DO CORPO E PANTURRILHAS

Supino inclinado com barra — séries de aquecimento e depois 3 séries de 8 a 10 repetições por série

Desenvolvimento militar sentado ou em pé com barra — séries de aquecimento e depois 3 séries de treino

Elevação lateral — 3 séries de treino

Elevação do deltoide posterior inclinado — 3 séries de treino

Treino de panturrilha B

DIA 4

PERNAS E ABDOMINAIS

Agachamento livre — séries de aquecimento e depois 3 séries de treino

Leg Press — 3 séries de treino

Levantamento terra romeno — 3 séries de treino

3 a 6 circuitos de abdominais

Mais uma vez, se você for treinar 4 dias por semana, comece aqui.

Em termos de em que dias treinar, você tem a mesma flexibilidade do modelo de 5 dias. Trabalhe seu cárdio conforme necessário.

SE FOR TREINAR TRÊS DIAS POR SEMANA, VOCÊ TEM DOIS MODELOS PARA ESCOLHER:

OPÇÃO A:

DIA 1: Peito, tríceps e panturrilhas

DIA 2: Costas, bíceps e abdominais

DIA 3: Pernas e ombros

OPÇÃO B:

DIA 1: Empurrar e panturrilhas

DIA 2: Puxar e abdominais

DIA 3: Pernas

Nenhum destes modelos é necessariamente melhor do que o outro. Tudo se resume a preferência pessoal.

Na Opção A, o primeiro e segundo dias consistem de 9 séries de treino para os principais grupos musculares (peito e costas, respectivamente) e 6 para os grupos menores (bíceps e tríceps). O último dia consiste em 9 séries de pernas e 6 a 9 séries de ombros (sim, isso é pesado).

Na Opção B, o seu dia "Empurrar" consiste em treinar peito, ombros, tríceps e panturrilhas, nessa ordem. Quanto ao número de séries, ele deve estar entre 6 a 9 séries, tanto para peito quanto para ombros, e 3 conjuntos para tríceps.

Trabalhe seu cárdio conforme necessário.

Aqui está um exemplo de uma "Opção A" de três dias na semana:

DIA 1

PEITO, TRÍCEPS E PANTURRILHAS

Supino inclinado com barra — séries de aquecimento e depois 3 séries de treino

Supino reto com barra — 3 séries de treino

Mergulho (variação para peito, com pesos, se possível) — 3 séries de treino

Supino com pegada fechada — 3 séries de treino

Supino fechado sentado — 3 séries de treino

Treino de panturrilha A

DIA 2
COSTAS, BÍCEPS E ABDOMINAIS

Levantamento terra com barra — séries de aquecimento e depois 3 séries de treino

Remada curvada — 3 séries de treino

Barra fixa com pegada aberta ou fechada — 3 séries de treino
(4 a 6 repetições por série, com pesos, se possível)

Opcional: Encolhimento com barra — 2 séries de treino

Rosca alternada com halteres — 3 séries de treino

Rosca com barra — 3 séries de treino

3 a 6 circuitos de abdominais

DIA 3
PERNAS E OMBROS

Agachamento livre — séries de aquecimento e depois 3 séries de treino

Leg Press — 3 séries de treino

Levantamento terra romeno — 3 séries de treino

Desenvolvimento militar sentado ou em pé com barra — séries de aquecimento
e depois 3 séries de treino

Elevação lateral — 3 séries de treino

Opcional: Elevação do deltoide posterior inclinado — 3 séries de treino

Como você pode ver, não muda muita coisa aqui, exceto o Dia 3, que é trabalho duro, sem dúvida. Alguns preferem fazer uma série de perna, descanso de 60 segundos, e em seguida uma série de ombros, descanso de 60 segundos, e ir alternando assim. Isso é difícil, mas é também uma maneira viável para poupar tempo.

E aqui está um exemplo de uma "Opção B" de 3 dias na semana:

DIA 1
EMPURRAR E PANTURRILHAS

Supino inclinado com barra — séries de aquecimento e depois 3 séries de treino

Supino reto com barra — 3 séries de treino

Desenvolvimento militar sentado ou em pé com barra — séries de aquecimento
e depois 3 séries de treino

Elevação lateral — 3 séries de treino

Mergulho (variação para peito) — 3 séries de treino (com pesos, se possível)

Supino com pegada fechada — 3 séries de treino

Treino de panturrilha A

DIA 2

PUXAR E ABDOMINAIS

Levantamento terra com barra — séries de aquecimento e depois 3 séries de treino

Remada curvada — 3 séries de treino

Barra com pegada aberta ou fechada — 3 séries de treino
(com pesos, se possível)

Opcional: Encolhimento com barra — 2 séries de treino

Rosca com barra — 3 séries de treino

3 a 6 circuitos de abdominais

DIA 3

PERNAS

Agachamento com barra — séries de aquecimento e depois 3 séries de treino

Leg Press — 3 séries de treino

Levantamento terra romeno — 3 séries de treino

Treino de panturrilha B

Esta estrutura é bastante diferente da dos outros treinos, mas seguem orientações básicas:

- O seu dia empurrar deve incluir de 6 a 9 séries, tanto para o peito como para os ombros, e 3 para o tríceps. Os mergulhos são ótimos para este treino, porque eles treinam o peito, os ombros e o tríceps.
- O seu dia puxar deve incluir de 9 a 12 séries para as costas, e 3 para o bíceps.
- O seu dia pernas é idêntico ao das outras rotinas.

COMO FAZER SEUS TREINOS

Faça os treinos, um por vez, na ordem determinada.

Então, comece com o primeiro treino e faça suas séries de aquecimento, seguidas por suas 3 séries pesadas (com o devido descanso entre cada uma, é claro), e depois passe para o próximo treino da lista; e assim por diante, deste modo:

Treino 1: Série 1
Descanso

Treino 1: Série 2
Descanso

Treino 1: Série 3
Descanso

Treino 2: Série 1
Descanso

E prossiga.

O "SEGREDO" PARA UMA ROTINA DE AQUECIMENTO ADEQUADA

E se eu lhe dissesse que com uma técnica simples você poderia aumentar imediatamente a sua força em cada levantamento ao mesmo tempo reduzindo o risco de lesões?

Bem, é isso mesmo, e o "segredo" está na forma como você aquece cada grupo muscular antes de encarar os pesos pesados.

Se você se aquecer de forma incorreta, poderá reduzir a sua força, e nesse caso prepare-se para distensões musculares ou coisa pior. Aqui está um exemplo de uma rotina de aquecimento ineficaz:

Colocar 60kg na barra e fazer cerca de 10 a 15 repetições. Descansar alguns minutos e, em seguida, ir para 80kg em 12 repetições. Depois de outro breve descanso, subir para 90kg em 8 repetições e fazer até a exaustão. Minutos mais tarde, fazer de 4 a 6 repetições com 100kg, seguidas de um descanso mais longo e, finalmente, um esforço monumental com 120kg em 2 repetições.

Qual é o problema aqui? Bem, ao chegar às séries pesadas de fortalecimento muscular, você estará tão cansado do que já fez que não poderá lidar com o material pesado tão bem quanto deveria. Isto leva a treinos insuficientes que não sobrecarregam os músculos de forma adequada e, assim, produzem resultados sem destaque ao longo do tempo.

Outro erro de aquecimento comum é fazer muito pouco. Muitos caras ficam ansiosos para começar a carregar as anilhas e assim fazem apenas uma série leve de aquecimento antes de encarar o material pesado. Isso pode levar a distensões musculares, impacto nas articulações ou coisa pior.

Aqueça-se corretamente, no entanto, e você se sentirá capaz de atingir a sua força máxima sem aumentar o risco de lesões. Isso o ajudará a sobrecarregar ao máximo seus músculos sem ter de se preocupar com lesões, o que por sua vez produzirá o máximo de crescimento muscular.

A rotina de aquecimento adequada tem dois objetivos básicos: levar sangue para os músculos a serem treinados e adaptá-los progressivamente ao peso pesado *sem* causar fadiga. Com ela, seus músculos estarão revigorados e prontos para as séries pesadas — as séries de construção muscular — e não exaustos por excesso de trabalho de aquecimento.

Aqui está como fazer:

PRIMEIRA SÉRIE:

Em sua primeira série de aquecimento, faça 12 repetições com cerca de 50% do peso pesado da sua série de 4 a 6 repetições, e em seguida descanse por 1 minuto. Essa série deve ser muito leve e fácil para você.

Por exemplo, se você fez 3 séries de 5 repetições com 100kg no supino na semana passada, poderia começar seu aquecimento com cerca de 50kg e fazer 12 repetições, seguidas por 1 minuto de descanso.

SEGUNDA SÉRIE:

Em sua segunda série de aquecimento, use o mesmo peso que na primeira e faça 10 repetições, desta vez em um ritmo um pouco mais rápido. Descanse por 1 minuto.

TERCEIRA SÉRIE:

Sua terceira série de aquecimento é de 4 repetições com cerca de 70% do seu peso pesado, e isso deve ser feito em um ritmo moderado.

Essa série e a seguinte são feitas para adaptar os seus músculos aos pesos pesados que estão prestes a chegar. Mais uma vez, a essa série segue um descanso de 1 minuto.

Com um peso da série de treino de 100kg, esse seria de cerca de 70kg.

QUARTA SÉRIE:

A quarta série de aquecimento é a última, e é simples: 1 repetição com cerca de 90% do seu peso pesado — 90kg se o seu peso pesado foi 100kg. Descanse de 2 a 3 minutos após esta série de aquecimento final.

QUINTA, SEXTA E SÉTIMA SÉRIES:

Estas são as suas séries de treino realizadas na faixa de 4 a 6 repetições com 80% a 85% do seu 1RM.

PASSANDO PARA O PRÓXIMO EXERCÍCIO:

De um modo geral, não é necessário realizar mais séries de aquecimento em um treino além das quatro acima dispostas. Por exemplo, se você começar o treino com o supino reto e depois passar para o supino inclinado, não é preciso fazer um novo ciclo de séries de aquecimento.

Dito isto, eu gosto de fazer uma série de 10 a 12 repetições de aquecimento ao passar para um exercício cujo alvo são músculos que não estão suficientemente aquecidos. Por exemplo, quando estou passando do desenvolvimento de ombro para elevação lateral ou posterior, gosto de fazer uma série de aquecimento de 10 a 12 repetições na elevação se eu acho que os deltoides medial e posterior não se encontram tão prontos para peso pesado após a pressão.

AQUECENDO NO DIA DE BRAÇOS

Para o aquecimento do meu dia de braços, eu gosto de fazer uma série de aquecimento para bíceps imediatamente seguida por uma série de aquecimento para tríceps e então 60 segundos de descanso.

Não costumo tornar tão duras assim as minhas séries pesadas, mas como não buscamos levantar tanto peso quanto possível durante o aquecimento, não perderemos nada por fazê-lo aqui.

O FUNDAMENTAL

O fundamental é que se aquecer corretamente é uma parte importante do treinamento com pesos pesados e construção muscular. Acredite — vale a pena gastar seus primeiros 10 minutos se aquecendo em vez de correr direto para o levantamento pesado.

SUAS PRIMEIRAS SEMANAS NO PROGRAMA

Se você é novo no levantamento de peso, vai estranhar tudo, no início. Você vai treinar fora dos seus pesos, enfrentará dificuldade para manter a postura adequada de alguns dos exercícios e na certa ficará muito dolorido por causa dos treinos.

Tudo isso é normal e apenas parte do jogo. No entanto, não deve demorar muito para você se sentir confortável com cada exercício e o seu peso para cada um, e com o passar do tempo você ficará cada vez menos dolorido.

Sinta-se livre para usar suas séries de aquecimento para se familiarizar com os exercícios e fique à vontade para trabalhar no intervalo de 6 a 8 repetições ou mesmo no intervalo de 8 a 10 repetições nestas primeiras semanas para se adaptar bem a tudo. Então, uma vez que você esteja confortável, mova-se para o intervalo de 4 a 6 repetições.

Dores e inflamações são de se esperar, mas dores agudas ao levantar significa que algo está errado. Não tente forçar o músculo se estiver com uma dor aguda. Em vez disso, diminua o peso e examine se o modo de realização está correto.

Se estiver tudo bem com a realização, pare o exercício e faça outro.

Deixe de lado por duas semanas o exercício que estava lhe causando dor e fortaleça a área com um exercício que não cause. Em seguida, tente o exercício original novamente e veja se ele ainda incomoda. Se ainda incomodar, não o faça.

Se você sentir alguma dor grave durante ou após o treino, consulte um médico, pois isso pode ser um indicador de algo mais.

ENCONTRANDO OS SEUS PESOS INICIAIS

Encontrar os seus pesos iniciais para os vários exercícios é mais ou menos uma questão de tentativa e erro. Como regra geral, para cada 5kg que adicionar à barra você perderá cerca de 2 repetições. O mesmo vale para cada aumento de 2,5kg nos halteres.

Você pode errar começando muito leve e depois ir marcando tudo até que se familiarize com os pesos e os exercícios.

NÃO PRECISAMOS DE UM PARCEIRO DE TREINO, MAS ÀS VEZES ELE AJUDA

Um parceiro de treino não é necessário porque você deve sempre usar pesos com que possa trabalhar em repetições desassistidas e benfeitas.

Assim, se você tiver alguém para acompanhá-lo em determinados exercícios, como o supino e o desenvolvimento militar, terá uma série de vantagens.

Primeiro, o parceiro de treino permitirá que você faça aquela repetição extra que você poderia não querer tentar de outra forma.

Em segundo lugar, há um curioso benefício de força em ter alguém que está lá para ajudá-lo, mesmo que essa pessoa não faça nada mais do que colocar as mãos ou mesmo os dedos sob a barra. Eu sei que soa como *broscience*, mas isto ainda vai acontecer — lá está você lutando em sua última repetição, quando o seu amigo simplesmente coloca os dedos sob a barra e de repente você a empurra para cima e pergunta por que ele ajudou.

Então, se você não tem ninguém com quem treinar, eu recomendo que peça a algum colega na academia para acompanhá-lo, pelo menos nesses dois exercícios. Também recomendo que você explique para ele o que gostaria que ele fizesse, o que nos leva à maneira correta de apoiar:

1. Se necessário, ajudar com o arranque;
2. Deixar a pessoa fazer tantas repetições quanto possível, sem nenhuma assistência sua;
3. Se a pessoa ficar encalhada em um repetição, colocar as mãos sob a barra, mas sem aliviar nenhum peso ainda. É muito provável que isso seja tudo o que ela vai precisar para terminar a repetição;
4. Se ela ainda estiver encalhada, aliviar cerca de 10% da carga;
5. Se ela ainda estiver encalhada, aliviar mais 10% a 15% da carga;
6. Se a pessoa ainda estiver encalhada, acabou — aliviar o máximo de carga que você puder para que ela possa terminar a repetição.

Eu não quero fazer disso algo excessivamente complicado, mas um bom parceiro de treino estará lá apenas por razões de segurança. A regra é: se a pessoa que você apoia está levando o peso para cima, mesmo que lentamente, não toque nos pesos. E quem faz o exercício não deve aceitar ajuda para erguer os pesos, pois isso pode inibir seriamente os seus ganhos, levando-o a acreditar que está batendo certas metas de força quando não está.

Embora a técnica para esse apoio seja autoexplicativa na maioria dos casos, eu gostaria de mencionar aqui a maneira correta de apoiar alguém que está agachando: apoie a barra, não a pessoa. Não enganche os braços nas axilas, pois você está procurando ajudar a reduzir a carga e fazer isso por meio do corpo não é a forma mais segura de consegui-lo.

Agora, se não houver jeito de obter um apoio, você ainda poderá fazer um bom progresso em seu treino. Minha primeira recomendação é que você faça o seu supino, o desenvolvimento militar e o seu agachamento em uma estação apropriada, uma vez que ela permite que você defina barras de segurança e, assim, faça suas séries sem ter que se preocupar com ficar encalhado com o peso em cima de você.

Se isso não for possível, então você terá de se acostumar a terminar o seu supino, o desenvolvimento militar e suas séries de agachamento no ponto seguro. Ou seja, você finaliza os exercícios no ponto em que você se esforça para terminar uma repetição e não tem certeza de que poderá fazer outra. Você se tornará mais consciente desse ponto à medida que continuar levantando.

MUDANDO A SUA ROTINA

A menos que seus músculos sejam feitos de massa encefálica, eles não têm habilidades cognitivas. Eles não estão tentando adivinhar o treino que você vai fazer hoje e não podem estar "confusos" por sua rotina de exercícios mudar regularmente. O tecido muscular é puramente mecânico em sua natureza e pode contrair e relaxar — nada mais.

Portanto, não é viável a premissa básica de que para os seus músculos continuarem crescendo em tamanho e força eles devem ser continuamente desafiados com treinos surpresa. O ponto em que a "teoria da confusão muscular" dorme no ponto, então, é: que tipo de "desafio" impulsiona o crescimento muscular?

Veja, você pode mudar a sua rotina toda semana — na verdade, todos os dias — e facilmente cair num beco sem saída de nenhum ganho, simplesmente porque a "mudança" não é o principal motor do crescimento muscular. Você já sabe o que é, no entanto: sobrecarga progressiva.

A chave para a construção muscular e de força não é apenas mudar os tipos de estímulos (novos exercícios), mas aumentá-los. E a maneira mais eficaz de fazer isso é forçar seus músculos a ultrapassarem seus limites e realizarem mais do que da última vez.

Se você acabou de fazer isso com os exercícios de construção muscular do tronco deste programa (agachamento, levantamento terra, supino e o desenvolvimento militar), você está quilômetros à frente do frequentador de academia médio que tenta "confundir" os músculos sem parar.

Com *Malhar, secar, definir*, porém, você estará levando essa abordagem um pouco mais longe, incluindo outros exercícios que trabalham vários grupos musculares de forma ligeiramente diferente e o ajudarão a atingir um físico equilibrado, bem proporcionado, que lhe trará grande satisfação.

Por exemplo, se você faz apenas o desenvolvimento militar para os ombros e nunca realiza nenhum treino de isolamento para o deltoide lateral e o posterior, os seus ombros nunca irão "estourar" como você quer.

Se você só faz agachamento de costas para as pernas, é muito provável que os seus quadríceps não se desenvolvam nem se separem bem como fariam se você tivesse incluído também alguns exercícios que os enfatizam, como o agachamento frontal, o *leg press* ou o agachamento hack.

Porém, há um método adequado para a rotação de exercícios. Ou seja, existem dois tipos de exercícios:

Os "inegociáveis", que são aqueles que você deve fazer a cada semana, sem falhar.

Estes são os grandes levantamentos compostos indispensáveis para a construção de um físico forte e musculoso: o agachamento, o levantamento terra, o supino e o desenvolvimento militar.

E os "negociáveis", que podem ser vistos como trabalho "acessório", feitos em adição aos anteriores.

Estes são na sua maioria exercícios compostos, como o supino com halteres, a remada curvada e os mergulhos em barras paralelas, mas eles também incluem exercícios de isolamento, como a elevação lateral, o *face pull* e a rosca com halteres.

Uma maneira fácil e eficaz de programar um treino é fazer de 3 a 6 séries de seus exercícios "não negociáveis" seguidas de 3 a 6 séries de seus exercícios "negociáveis", e mudar os "negociáveis" a cada oito a dez semanas, após o seu descanso ou semanas de destreino.

A chave de tudo, no entanto, é garantir que você está fazendo progresso nesses exercícios. Ou seja, você está aumentando o número de repetições que pode fazer com pesos determinados ao longo do tempo e usando isso para aumentar a quantidade de peso que você pode levantar.

O FUNDAMENTAL

Agora você conhece os princípios fundamentais do programa de *Malhar, secar, definir.* Você sabe como o programa funciona e como garantir que obterá o máximo proveito dele. Se você estiver se sentindo um pouco oprimido por todos os detalhes, eu compreendo totalmente. Dedique alguns minutos para reler este capítulo e permitir-se digerir tudo.

Uma vez que começar a aplicar o que aprendeu, você verá como é simples. Conseguir grandes ganhos na academia não requer nada mais do que fazer um monte de "pequenas" coisas certas, tanto na sua dieta como no seu treinamento. Não há um grande "segredo" para a construção de um físico forte, magro e definido; você acabou de montar as peças do quebra-cabeça de forma eficaz e correta e tudo vem junto no pacote.

RESUMO DO CAPÍTULO

ROTINA DE TREINOS

- Levantar pesos de 3 a 5 vezes por semana, com 4 sendo melhor do que 3, e 5 sendo melhor do que 4.
- No que se refere a em que dias treinar, a maioria das pessoas gosta de levantar de segunda a sexta-feira, deixando os fins de semana para descanso, talvez fazendo alguns cárdios em um ou nos dois dias. Isso funciona bem. Porém, sinta-se livre para trabalhar seus dias de descanso como quiser. Alguns preferem levantar nos fins de semana e tirar dois dias livres durante a semana.
- Trabalhe seu cárdio conforme necessário. É possível levantar e fazer cárdio nos mesmos dias sem problema.
- Faça os treinos, um por vez, na ordem determinada.
- Então, comece com o primeiro treino e faça suas séries de aquecimento, seguidas por suas 3 séries pesadas (com o devido descanso entre cada uma, é claro), e depois passe para o próximo treino da lista; e assim por diante.

ROTINA APROPRIADA DE AQUECIMENTO

- Se você se aquecer de forma incorreta, poderá reduzir a sua força, e nesse caso prepare-se para distensões musculares ou coisa pior.
- A rotina de aquecimento adequada tem dois objetivos básicos: levar sangue para os músculos a serem treinados e adaptá-los progressivamente ao peso pesado sem causar fadiga.

- Em sua primeira série de aquecimento, faça 12 repetições com cerca de 50% do peso pesado da sua série de 4 a 6 repetições e em seguida descanse por 1 minuto.
- Em sua segunda série de aquecimento, use o mesmo peso que na primeira e faça 10 repetições, desta vez em um ritmo um pouco mais rápido. Descanse por 1 minuto.
- Sua terceira série de aquecimento é de 4 repetições com cerca de 70% do seu peso pesado, e isso deve ser feito em um ritmo moderado. Mais uma vez, a esta série segue um descanso de 1 minuto.
- A quarta série de aquecimento é a última, e é simples: 1 repetição com cerca de 90% do seu peso pesado. Descanse de 2 a 3 minutos após esta série de aquecimento final.
- De um modo geral, não é necessário realizar mais séries de aquecimento em um treino além das quatro acima dispostas. Dito isso, eu gosto de fazer uma série de 10 a 12 repetições de aquecimento ao passar para um exercício cujo alvo são músculos que não estão suficientemente aquecidos.
- Para o aquecimento do meu dia de braços, eu gosto de fazer uma série de aquecimento para bíceps imediatamente seguida por uma série de aquecimento para tríceps e então 60 segundos de descanso.

SUAS PRIMEIRAS SEMANAS NO PROGRAMA

- Sinta-se livre para usar suas séries de aquecimento para se familiarizar com os exercícios e fique à vontade para trabalhar no intervalo de 6 a 8 repetições ou mesmo no intervalo de 8 a 10 repetições nestas primeiras semanas para se adaptar bem a tudo. Então, uma vez que você esteja confortável, mova-se para o intervalo de 4 a 6 repetições.
- Dores e inflamações são de se esperar, mas dores agudas ao levantar significa que algo está errado. Não tente forçar o músculo se estiver com uma dor aguda.

ENCONTRANDO OS SEUS PESOS INICIAIS

- Encontrar os seus pesos iniciais para os vários exercícios é mais ou menos uma questão de tentativa e erro.
- Como regra geral, para cada 5kg que adicionar à barra você perderá cerca de 2 repetições. O mesmo vale para cada aumento de 2,5kg nos halteres.

PARCEIRO DE TREINO

- Um parceiro de treino não é necessário porque você deve sempre usar pesos com que possa trabalhar em repetições desassistidas e benfeitas. Assim, se você tiver alguém para acompanhá-lo em determinados exercícios, como o supino e o desenvolvimento militar, terá uma série de vantagens.

- Não aceite ajuda para levantar os pesos, pois isso pode inibir seriamente os seus ganhos. O pior erro que a maioria das pessoas comete quando ajuda é aliviar o esforço de quem treina quando isto não é necessário..
- Se não houver jeito de obter um apoio, eu recomendo que você faça o seu supino, o desenvolvimento militar e o seu agachamento numa estação, uma vez que ela permite que você defina barras de segurança e, assim, faça suas séries sem ter que se preocupar com ficar encalhado com o peso em cima de você.

MUDANDO SUA ROTINA

- A chave para a construção muscular e de força não é apenas mudar os tipos de estímulos (novos exercícios), mas aumentá-los. E a maneira mais eficaz de fazer isso é forçar seus músculos a ultrapassarem seus limites e realizarem mais do que da última vez.
- Uma maneira fácil e eficaz de programar um treino é fazer de 3 a 6 séries de seus exercícios "não negociáveis" seguidas de 3 a 6 séries de seus exercícios "negociáveis", e mudar os "negociáveis" a cada oito a dez semanas, após o seu descanso ou semanas de destreino.

19

Se você não puder medir não saberá o que está acontecendo

A coragem nem sempre ruge. Às vezes a coragem é a voz tranquila no final do dia dizendo: 'Amanhã eu tento de novo.'

— MARY ANNE RADMACHER

EU ERA O CARA que ia para a academia todos os dias só para levantar mais ou menos os mesmos pesos em mais ou menos as mesmas repetições por meses a fio. Eu não via nenhuma diferença verdadeira no espelho — nada de crescimento muscular perceptível e nada de redução da porcentagem de gordura corporal.

O que fiz em resposta ao problema aparentemente interminável de "ganho nenhum"? Mudei as coisas, é claro. Sabe como é: tentei novos exercícios e novas rotinas, novos "truques" alimentares e novos suplementos.

Esta abordagem "precipitada" nunca funcionou — a minha estrutura corporal e de força não mudou muito com o tempo —, mas eu obedientemente continuei procurando o "treino da semana" ou o *insight* alimentar que finalmente me mostraria o caminho... só para continuar a me desapontar.

Embora grande parte da culpa para este ciclo longo e frustrante de decepções e retrocessos estivesse nos próprios programas de treino e dietas — eles eram tão falhos que nenhum levantador de peso poderia alcançar algum bom resultado com eles —, havia outro grande erro que eu estava cometendo, o que agravou drasticamente a situação.

Sir William Thomson, também conhecido como lorde Kelvin, foi um físico e engenheiro muito inventivo. Ele disse que, quando você pode medir alguma coisa e expressá-la em números, significa que conhece algo a respeito disso, mas quando não pode medir nem expressar em números, você não tem nenhum conhecimento dessa coisa.

Essa constatação é de fato muito pertinente no caso do treinamento físico e da adoção de uma dieta alimentar. Se você puder medir seu progresso (ou a ausência dele) e expressar esse fato em números reais, então sabe se está indo no rumo certo ou não. Se você não tem nenhuma maneira de mensurar seu progresso, então está fazendo as coisas às cegas e esperando que tudo dê certo no final.

Esse último era eu, que nunca sabia se estava mesmo aumentando a minha força ao longo do tempo ou comendo corretamente para alcançar os meus objetivos.

Uma das proteções mais eficientes contra ficar empacado num programa rotineiro sem ganhos é simples:

- *Faça o acompanhamento dos seus números* — mantenha um diário de treinamento que inclui o que você faz em cada treino e acompanhe ou programe a sua ingestão diária de alimentos (e mantenha o plano!).

Para alguns, isso pode parecer um pouco obsessivo, mas acho que você já sabe por que é absolutamente vital para o sucesso constante neste jogo.

Construir seu corpo ideal leva tempo. Como diz o antigo ditado, é uma maratona, não um pique de 100 metros rasos. Agora, se você sabe o que está fazendo, é capaz de conquistar ganhos incríveis e curtir muito o processo, mas, seja como for que você encare a situação, será um verdadeiro investimento de tempo e esforço.

A armadilha a respeito da força muscular é que ela aumenta devagar, pouco a pouco. Se você está apenas começando, constatará grandes saltos em sua força nos primeiros meses, mas, depois de algum tempo, esses ganhos irão desacelerar. Desse ponto em diante, você terá de trabalhar conscientemente cada repetição para melhorar seus levantamentos e cada quilo de músculo adicionado à sua estrutura.

E, naturalmente, é aqui que as coisas ficam complicadas para as pessoas que não fazem um diário. A menos que você tenha uma memória sobre-humana, não saberá exatamente o que fez na semana anterior nos vários exercícios em seu treino. Claro, você pode fazer uma anotação mental dos seus "belos" levantamentos no supino e na rosca com halteres, mas e todo o resto? É preciso que você trate de *todos* os levantamentos com a mesma atenção aos detalhes.

Se você não sabe o que fez na semana anterior, não saberá qual a sua meta para esta semana. Como seu objetivo com cada treino é fazer um pouco mais do que na última vez em que o executou — mesmo que seja apenas mais uma repetição com os mesmos pesos — você pode perceber o problema aqui.

Ao chegar diante da barra, você não vai querer ter de lembrar o que fez na semana passada — mas saber exatamente o que deve fazer. Na verdade, algumas pessoas costumam visualizar a si mesmas executando com sucesso a série e afirmam que isso ajuda.

Se você levantou 100kg no supino em 4 repetições na semana passada, tudo o que importará quando você ficar de novo sob essa barra será fazer 5 repetições. Vá em frente e veja a si mesmo fazendo isso em sua sua mente. Então, para a próxima semana o seu objetivo serão 6 repetições na primeira série; em seguida, você adicionará peso e irá para 4 repetições na segunda série. É assim que você constrói força: uma repetição por vez.

Um treino bem-sucedido é aquele em que você fez progressos — você fez uma repetição a mais que na semana passada ou subiu em peso. Se isso não acontecer, não se desespere, mas você precisará empurrar com mais força na semana seguinte. Se você está empacado há várias semanas ou até mesmo retrocedendo, verifique a sua alimentação e seu repouso, porque algo está errado.

O essencial é que se você não mantiver um diário de treinamento, seu trabalho muito rapidamente se tornará pouco consistente.

Levantar quantidades aleatórias de peso em números aleatórios de repetições a cada semana não funciona tão bem como um modelo de progressão preciso e linear impulsionado por dados reais.

COMO MANTER UM DIÁRIO DE TREINAMENTO

Há algumas opções para se manter um diário de treinamento:

1. Você pode usar um aplicativo como... ahãn... o completamente espetacular que eu desenvolvi chamado *Stacked* www.getstackedapp.com. O aplicativo estará disponível em inglês.
1. .Você pode tentar outros aplicativos do mercado. Creio que o mais fácil seja simplesmente utilizar um aplicativo de anotações em seu celular ou mesmo um caderno, no qual você escreverá a cada semana.

2. Você pode utilizar o Plano de treino Exercícios e suplementos, que está disponível on-line na página deste livro, no site da editora. Lá você encontra um ano inteiro de rotinas de treinos de *Malhar, secar, definir* que você pode preencher à medida que avança no programa.

Se você estiver criando o seu próprio diário, liste os exercícios que você vai fazer no dia e verifique os números da semana anterior. Avalie se o seu objetivo é subir em repetições ou em peso esta semana e comece o treino, registrando o que você faz em cada série (o peso levantado, as repetições realizadas e todas as notas relevantes).

Veja a seguir esse exemplo de como eu atualizava meu diário escrito antes de passar a usar o aplicativo:

SEMANA 4

Segunda-feira

87 quilos

14/08/2014

PEITO

Supino — 125 x 4, x 4, x 4 (sentindo me forte)

Supino inclinado com halteres — 50 x 5, x 5, x 4

Supino reto com halteres — 50 x 5, x 5, x 5

Bem simples, você não acha? Eu costumava fazer alguma anotação quando me sentia especialmente forte ou fraco num exercício, se tinha tido muita dificuldade com uma série, se alguma espécie de dor difusa ou pontual estava me incomodando, se não tinha dormido bem na noite anterior etc.

Na semana seguinte, eu reveria esses números e pensaria em fazer algo como 5 × 5 × 4 ou mesmo 5 × 4 × 4 com 125 quilos no supino. Se eu fizesse isso e o resto do treino fosse exatamente o mesmo da semana anterior, seria porque o treino foi bem-sucedido.

Você também deve manter o controle de seu peso corporal, e para isso tem duas opções:

1. Pesar-se uma vez a cada sete dias, no mesmo dia da semana, na parte da manhã, nu, depois de ir ao banheiro e com o estômago vazio.

2. Pesar-se todos os dias sob as mesmas condições descritas acima e calcular o peso médio uma vez a cada sete dias. Veja o exemplo:

Dia 1: 87,1

Dia 2: 87

Dia 3: 86,6

Dia 4: 86,9

Dia 5: 87,5

Dia 6: 86,7

Dia 7: 86,5

Média semanal: 86,9

Eu prefiro o método de média, porque ele garante que você não errará por uma má pesagem, que pode ser causada por algo tão simples como ter bebido mais água naquele dia ou ter ainda muitos alimentos não eliminados naquele dia.

O FUNDAMENTAL

Não importa quão bom seja o programa de treino que você segue, se você não mantiver um diário de treinamento nem planejar ou controlar a ingestão de alimentos, não irá conseguir evoluir num tempo razoável e de modo eficiente.

Manter um diário como este permite que você esteja sempre de olho na melhoria e nunca retroceda ou empaque por longos períodos. Ao ver seus números estabilizarem, você pode avançar imediatamente, em vez de precisar de meses até se dar conta de que nada está mudando.

E nove em cada dez vezes, endireitar as coisas é fácil, pois empacar costuma ser causado por esforço insuficiente nos treinos, não comer direito ou não descansar o bastante; ou uma combinação dos três.

RESUMO DO CAPÍTULO

- Uma das maneiras mais eficazes de evitar ficar preso numa rotina sem nenhum ganho é simplesmente *acompanhar seus números.*
- Ao se postar diante da barra, você não vai querer ter de lembrar o que fez na semana passada — mas saber exatamente o que deve fazer. Na verdade, algumas pessoas costumam visualizar a si mesmas executando com sucesso a série e afirmam que isso ajuda.
- Um treino bem-sucedido é aquele em que você fez *progressos* — você fez uma repetição a mais que na semana passada ou subiu em peso. Se isso não acontecer, não se desespere, mas você precisará empurrar com mais força na semana seguinte. Se você está empacado há várias semanas ou até mesmo retrocedendo, verifique a sua alimentação e seu repouso, porque algo está errado.
- O essencial é que se você não mantiver um diário de treinamento, seu trabalho muito rapidamente se tornará pouco consistente. Levantar quantidades aleatórias de peso em números aleatórios de repetições a cada semana não funciona tão bem como um modelo de progressão preciso e linear impulsionado por dados reais.

20

A escolha de um bom parceiro de treino

A questão não é quem vai me dar permissão — é quem vai me impedir.

— AYN RAND

TREINAR COM PARCEIRO ruim é uma porcaria. Isso drena a energia e motivação e pode até mesmo fazer você perder todo o entusiasmo para treinar.

Já treinar com um parceiro bom é genial e, inclusive, é um aspecto muito importante de se manter motivado e não desistir. Não só ter um parceiro de treino responsabiliza você por aparecer na academia (se você faltar, não está decepcionando apenas a si mesmo, está "furando" com ele também), como ainda ajuda a ter alguém que o supervisione em alguns exercícios, que o motive a fazer mais uma repetição, que aumente o tamanho dos pesos com você.

Conforme o tempo passa, um bom parceiro pode fazer uma grande diferença. Aqueles dias em que você teria faltado na academia, mas acabou indo por causa do parceiro, serão úteis para somar mais ganhos reais, assim como aquelas vezes em que você não teria aumentado o peso ou não teria se forçado a realizar as duas últimas repetições.

Por isso, recomendo fortemente que você encontre alguém com quem treinar na academia antes de começar e que vocês dois concordem com o seguinte código:

1. Serei pontual todas as vezes que for treinar e, se não puder evitar faltar alguma vez, avisarei meu parceiro o mais breve possível;

2. Não deixarei que meu parceiro se livre de uma sessão de treino. Vou rejeitar todas as desculpas que não forem realmente uma emergência ou um compromisso que não possa ser reagendado e insistirei para que ele venha e treine;

3. No caso de a desculpa ser válida, vou me prontificar a treinar em outro horário para podermos realizar nosso treino (desde que possível);
4. Irei para a academia treinar e não para bater papo. Quando estivermos na academia, nossa atenção será voltada aos exercícios. Estaremos sempre prontos a supervisionar um ao outro e faremos nosso trabalho com eficiência;
5. Vou treinar com empenho para dar um bom exemplo para meu parceiro;
6. Vou motivar meu parceiro a fazer mais do que ele acha que pode. É minha função motivá-lo a usar pesos maiores e a fazer mais repetições do que ele acredita que consegue;
7. Darei apoio e incentivo ao meu parceiro e vou elogiá-lo por seus ganhos.

Esse código pode parecer bobo, mas se você e seu parceiro seguirem esses seis pontos, estarão prestando um imenso favor um ao outro e conquistarão grandes ganhos juntos.

Por outro lado, se seu parceiro não conseguir acatar os sete pontos — quer dizer, se não aparecer nos horários marcados, se estiver mais interessado em bater papo do que em se exercitar, se treina de modo preguiçoso, se não o provoca a fazer mais etc. — então, ele é um mau parceiro de treino e de fato está prejudicando você mais do que ajudando. E é melhor treinar sozinho.

21

Como prevenir lesões nos treinos

Não é vencer o que lhe dá força. O que desenvolve as suas forças são as suas lutas. Quando você passa por dificuldades e decide não se render — isso é força.

— ARNOLD SCHWARZENEGGER

À PRIMEIRA VISTA, parece fazer sentido que o levantamento de peso, ao longo do tempo, leve a lesões ou ao menos a problemas articulares.

Quero dizer, o quão bom pode ser para os nossos corpos agachar, empurrar e puxar dezenas de quilos cada vez mais? Isso não seria acelerar o "desgaste" sobre as articulações, os tendões e os ligamentos e, assim, o aparecimento de osteoartrite (degradação das articulações)?

Curiosamente, a pesquisa não apoia essas premissas.

Por exemplo, um estudo realizado por pesquisadores da Glasgow Royal Infirmary analisou os corpos de 25 halterofilistas competitivos — indivíduos que dedicam muito mais tempo aos treinos e levantam muito mais peso do que você ou eu — e descobriu que, em geral, as suas articulações eram tão ou mais saudáveis do que as de outras pessoas da mesma idade. Além disso, cerca de metade dos indivíduos admitiu o uso regular de esteroides anabolizantes, o que significa que suas articulações estavam sob ainda mais pressão do que o habitual por causa dos pesos excessivos levantados.

Os pesquisadores também descobriram que as juntas que já haviam sido lesionadas eram mais suscetíveis à degeneração articular que articulações saudáveis. Assim, aqueles com articulações lesionadas poderão precisar abrandar a intensidade de seu levantamento de peso para preservar a saúde das suas articulações.

Veja, a realidade é que o levantamento de peso simplesmente não é uma atividade perigosa. É muito mais provável que você se lesione praticando algum esporte do que levantando peso.

No entanto, isso não responde à questão de por que tantos halterofilistas parecem ter problemas nos ombros, nos joelhos e na lombar. Se o levantamento de peso não é intrinsecamente ruim para as articulações, o que acontece aqui?

Bem, é verdade que as lesões de levantamento de peso estão crescendo e a causa mais provável é o fato de o número de pessoas levantando peso também estar crescendo. Movimentos de massa como o CrossFit também não ajudam, pois um instrutor ruim é tudo o que é preciso para que um grande grupo de pessoas aumente dramaticamente seu risco de lesões.

Assim, como em qualquer atividade física, a dor ou distensão ocasional é inevitável, mas se você fizer certas coisas erradas, poderá se machucar, e isso provavelmente envolverá articulações como as dos ombros, dos joelhos ou da lombar.

RISCO DE LESÃO

ERRO Nº 1: LEVANTAR MAIS PESO DO QUE VOCÊ SUPORTA

De acordo com pesquisa realizada por cientistas em nome do Centro de Pesquisa para as Lesões, a forma mais comum de as pessoas se machucarem enquanto levantam peso é com a queda dos pesos sobre elas.

E como as pessoas aumentam o risco de deixar cair pesos em si mesmas?

Elas se empolgam. Simplesmente empilham as anilhas e esperam que o melhor aconteça.

Chego a me arrepiar quando vejo caras magrelos carregando três ou quatro anilhas de cada lado da barra, só para executar, com dificuldade, um quarto de trêmulas repetições. Isso é o que basta para uma descida um tanto rápida demais ou uma puxada momentânea nas costas ou no joelho, e pronto: a barra despencou.

Tentar levantar muito peso também coloca pressão excessiva nas articulações, nos tendões e ligamentos. Ao trabalhar com pesos com que você pode lidar corretamente, no entanto, e fazer repetições plenas e controladas, você não só evita esse problema como também faz melhores ganhos e melhora a flexibilidade.

Aqui está o essencial: se você não consegue fazer repetições completas é porque está usando muito peso, e assim aumentando o risco de lesões. Nesse caso, simplesmente alivie a carga, faça repetições completas, melhore a sua força e aumente o peso apenas quando você puder mantê-lo totalmente sob controle.

RISCO DE LESÃO
ERRO Nº 2: MANTER UMA POSTURA RUIM

Este é semelhante ao primeiro erro, mas não é igual.

Erros de postura vão muito além da meia repetição pesada que dá uma má fama aos grandes levantamentos compostos, como o agachamento, levantamento terra, supino e o desenvolvimento militar. Você pode trabalhar com quantidades adequadas de peso, usar uma gama completa de movimentos e ainda assim colocar-se em um considerável risco de lesão.

Por exemplo, mesmo se estiver trabalhando com pesos você pode controlar adequadamente...

- Se você curvar as costas durante um levantamento terra ou hiperestender a parte superior, você estará pedindo por uma lesão na lombar;
- Se você achatar as costas e girar os ombros na parte superior de um supino ou esticar demais os cotovelos, provavelmente terá problemas nos ombros, em algum momento;
- Se você arquear os joelhos no agachamento ou afastar muito além dos dedos dos pés, poderá ter a postura prejudicada quando pegar mais pesado;
- Se você for fazer o desenvolvimento militar com a barra muito próxima à nuca e a sua constituição física for como a da maioria das pessoas, você aumentará o seu risco de lesões. (Estranhamente, os corpos de alguns indivíduos pode lidar mecanicamente com esse tipo de movimento, mas a maioria não se dá bem com ele.)

Esforçar-se na academia é bom, desde que você sempre mantenha a postura apropriada.

RISCO DE LESÃO
ERRO Nº 3: NÃO SE AQUECER ADEQUADAMENTE

As rotinas de aquecimento de muitas pessoas consistem de alguns minutos de alongamento estático, e esse não é um bom jeito de fazer isso.

Já se sabe que o alongamento estático antes do exercício prejudica a velocidade e a força. Ele não apenas deixa de prevenir lesões como pode aumentar o risco delas devido ao dano celular que provoca aos músculos e seu efeito analgésico.

A rotina de aquecimento adequada deve trazer sangue para os músculos que estão prestes a ser treinados, aumentar a flexibilidade, aumentar a temperatura do corpo e aumentar a circulação livre e coordenada, motivo pelo qual eu prescrevi a rotina de aquecimento já compartilhada neste livro. Já foi demonstrado que o processo de mover os músculos repetidamente através de gamas esperadas de movimento reduz o risco de lesões.

RISCO DE LESÃO

ERRO Nº 4: "SEM SOFRIMENTO NÃO HÁ RECOMPENSA, IRMÃO!!!"

Isso pode parecer óbvio, mas muitos não conseguem entender: se sentir dor, pare a sua série. Se um exercício sempre incomoda, faça outro.

Conscientize-se de que a dor é um aviso de que algo está errado, e se você não prestar atenção a ela, graves lesões poderão ocorrer.

Um exemplo disso: creio que a pior lesão que eu testemunhei foi de um senhor de sessenta anos em uma competição de supino. Ele acabara mal, lutando para sair de uma repetição com cerca de 160kg, e então começou a esfregar o cotovelo. Então ele disse aos rapazes para carregar mais peso para que pudesse ir para um recorde pessoal. Todos torciam por ele.

Ele se colocou sob a barra, tirou-a do rack e a trouxe até a metade. Foi quando ouvimos um *plec!* acima do ruído da multidão. Felizmente, seus parceiros agiram rápido e o salvaram de uma provável decapitação. Seu cotovelo estava completamente estourado e eu ouvi um idiota dizendo-lhe que bastava pôr gelo e ele ficaria bem. Na realidade, ele deveria estar a caminho do pronto-socorro.

O ponto é este: *não seja estúpido.*

Dores, rigidez e tal são bastante comuns e costumam desaparecer depois do aquecimento, mas ignore isso e tente bancar o "alfa" no seu caminho através da dor e você estará pedindo para se machucar.

A chave para lidar com a dor é tratá-la como uma lesão até que melhore. Evite exercícios que a agravem e deixe-a se curar. Se isso significar não fazer levantamento terra ou agachamento por algumas semanas, que seja. Encontre exercícios alternativos que você possa fazer. É irritante, sim, mas uma lesão que o fará recuar vários meses será muito mais frustrante.

COMO SE RECUPERAR DE LESÕES CAUSADAS POR EXERCÍCIOS FÍSICOS

Se você não cometer os erros acima, suas chances de lesão serão bastante baixas. Mas acidentes acontecem, por isso vamos falar sobre como se recuperar se você se machucar.

Primeiro, se a lesão for grave, você deve consultar um médico imediatamente, e não "ir para casa e colocar um pouco de gelo sobre ela", presumindo que você vai ficar bem. As lesões mais comuns são distensões de músculos secundários, cuja recuperação é bastante simples se forem tomadas as medidas que se seguem.

DESCANSO

A parte mais importante da recuperação é o descanso, e é básica: não colocar nenhuma pressão sobre a parte do corpo afetada até que esteja totalmente recuperada. Aqueles que violarem esse simples princípio poderão acabar com disfunção crônica, que talvez se transforme em um problemão.

Uma vez que constatar que a área lesada se curou (ao movimentá-la de todas as maneiras, você não sente mais dor), comece a treiná-la de novo pouco a pouco. Trabalhe com pesos mais leves e veja como se sente no dia seguinte, e então prossiga gradualmente de volta à sua rotina normal.

GELO

Gelo ajuda a recuperar, reduzindo a inflamação, o inchaço e o sangramento interno dos capilares feridos e vasos sanguíneos. Enquanto houver dor e inflamação, o gelo ajudará.

Você deve iniciar o tratamento com gelo, não com calor, e eu recomendo manter um pano úmido entre a bolsa de gelo e sua pele para evitar desconforto.

Não aplique gelo por mais de 15 a 20 minutos de cada vez, mas você pode fazer a aplicação durante todo o dia.

COMPRESSÃO

Como o gelo, a compressão ajuda a curar, reduzindo o inchaço e a inflamação. Use uma bandagem elástica ou uma fita elástica e envolva a parte lesada com firmeza, mas não tão apertado que prejudique o fluxo sanguíneo.

Você pode combinar a compressão com gelo enrolando a bolsa de gelo por cima ou utilizando um produto especificamente concebido para combinar gelo com compressão.

ELEVAÇÃO

Ao elevar a parte afetada acima do coração, você acelera a viagem do sangue de volta para o coração, o que reduz o inchaço e ajuda na remoção de resíduos da área.

O FUNDAMENTAL

Não pense que as lesões são inevitáveis neste jogo. Porque sigo os conselhos deste capítulo, eu nunca tive de lidar com mais de uma tensão muscular (bata na madeira!), e desejo o mesmo para você!

RESUMO DO CAPÍTULO

- O levantamento de peso simplesmente não é uma atividade perigosa. É muito mais provável que você se lesione praticando algum esporte do que levantando peso.
- Aqueles com articulações lesionadas poderão precisar abrandar a intensidade de seu levantamento de peso para preservar a saúde das suas articulações.
- Se você não consegue fazer repetições completas é porque está usando muito peso, e assim aumentando o risco de lesões. Nesse caso, simplesmente alivie a carga, faça repetições completas, melhore a sua força e aumente o peso apenas quando você puder mantê-lo totalmente sob controle.
- Esforçar-se na academia é bom, desde que você sempre mantenha a postura apropriada.
- Já se sabe que o alongamento estático antes do exercício prejudica a velocidade e a força. Ele não só pode deixar de prevenir lesões como pode aumentar o risco de lesões devido ao dano celular que provoca aos músculos e seu efeito analgésico.
- Se você sentir dor, pare a sua série. Se um exercício sempre incomoda, faça outro. A chave para lidar com a dor é tratá-la como uma lesão até que melhore. Evite exercícios que a agravem e deixe-a se curar.

PARTE V

SUPLEMENTAÇÃO

22

O guia *antibroscience* sobre *suplementos*: os que funcionam, os que não funcionam e aqueles que você deve evitar.

Os bíceps são como enfeites em uma árvore de Natal.

— ED COAN

AS PRATELEIRAS DE SEU FORNECEDOR local de suplementos alimentares estão forradas com toda espécie de pretensas substâncias milagrosas prometendo resultados que somente os esteroides podem fornecer. Você conhece as pretensões...

Fórmula avançada que garante nutrição por 8 horas para sua massa magra!

Acelere ao máximo sua produção de testosterona e otimize seus ganhos!

Bloqueie completamente os hormônios que destroem seus músculos!

Isso inclui suplementos pré-treino, suplementos para serem usados durante as sequências, suplementos pós-treino, aceleradores de testosterona, aceleradores de HGH, óxido nítrico, antiestrógenos, inibidores de aromatase e por aí vai.

Se você acreditar apenas em metade do que lê na propaganda que vem com os suplementos ou nas embalagens dos produtos, bom, provavelmente vai levar algum tempo até perceber que a verdade pura e simples é que...

Quase tudo que existe por aí em termos de suplemento é praticamente inútil.

É isso mesmo: um total desperdício de dinheiro. Tudo, não. Mas a maioria, sim.

E como posso dizer uma coisa dessas com tanta certeza? Não só já experimentei todo tipo de suplemento que você possa imaginar como estudei os dados científicos, e só sigo aquilo que foi objetivamente comprovado; não dou atenção a testemunhos subjetivos, nem a anúncios publicitários atraentes.

É o seguinte: os fabricantes de suplementos estão apostando ALTO num pequeno truque que a mente aplica em nós e que todos conhecem como *efeito placebo.* É um fato cientificamente comprovado que a simples crença na eficiência de um medicamento ou suplemento pode fazer com que essa substância funcione. Há pessoas que venceram toda espécie de enfermidade que você possa imaginar, mental e física, usando substâncias que elas acreditavam que teria valor terapêutico, embora de fato não tivessem.

Muitos sujeitos acreditam que seu novo e reluzente frasco de cápsulas "maximizadoras de músculos" irá funcionar e, às vezes, eles "sentem que elas funcionam", mas isso não significa que eles têm algum valor real. Infelizmente, porém, o efeito placebo não parece ser forte o suficiente para nos ajudar a construir mais músculo com pó mágico, apesar do que possamos achar que está acontecendo.

E a triste realidade é que muitos (a maioria, na verdade) suplementos vendidos em academias, revistas e sites não são nada mais do que isso: pó mágico. Ou seja, nunca foi comprovado cientificamente que a maioria dos ingredientes desses produtos cumpra o que promete — ou pior: eles têm se provado definitivamente inúteis.

Se você está se perguntando como as empresas podem se safar de tais esquemas fraudulentos, é simples: não há nenhuma regulamentação para a indústria de suplementos. Não é preciso apresentar os produtos ao FDA para que se comece a vender: basta inculcar algo junto, dizer o que quiser em sua publicidade, e *voilà!* — a pessoa está no negócio de suplementos.

Os aproveitadores que administram certas empresas de suplementos estabelecem o padrão de práticas antiéticas, fazendo coisas como batizar suplementos pré-treino com substâncias semelhantes à metanfetamina (sim, várias grandes empresas de suplementos foram pegas fazendo isso) ou adição de um produto químico perigoso extraído da dinamite em pílulas de perda de gordura (uma dessas empresas fez isso também). Sim, eles podem ser presos... um dia. E multados. Ou não.

Eu tive o desprazer de conhecer vários desses tipos repugnantes e não me surpreendi ao ouvir piadas sobre as suas mais recentes "pílulas em uma embalagem" para abocanhar os clientes; sobre como é fácil simplesmente dizer às pessoas o que elas querem ouvir e vender-lhes nada; sobre quão grandes são as contas de drogas de fisiculturistas que eles patrocinam (sim, algumas empresas de suplementos pagam pelos esteroides de seus atletas, mas você é levado a acreditar que o pó mágico é a chave para os seus físicos); sobre as formas desonestas como eles falsificam doses de ingredientes e informações nutricionais, como proteína em pó "enriquecida com aminoácidos", o que implica encher o produto com aminoácidos baratos que podem ser tecnicamente apresentados como gramas de proteína; e mais.

Tendo isso em mente, existem pessoas e empresas honestas por aí e há alguns poucos produtos que realmente valem a pena comprar e usar. Não se trata da porcariada que as revistas anunciam com fotos que se pretendem sensuais de sujeitos monstruosos, verdadeiros bonecos de esteroides, mas sim de produtos cientificamente comprovados que ajudam em sua jornada para construir músculo, emagrecer e manter-se saudável.

Vejamos, então, os tipos mais comuns de suplementos à venda, nos quais você deveria investir seu dinheiro arduamente conquistado, e também quais evitar. E no relatório gratuito on line, indicado ao final deste livro, você encontrará minhas recomendações de produtos (marcas e produtos em si).

VITAMINA D

Apenas alguns anos atrás, a vitamina D era conhecida simplesmente como a "vitamina dos ossos", e ainda hoje muitos médicos acreditam que ela é essencial só para a saúde óssea.

No entanto, a pesquisa mostra o contrário: níveis insuficientes de vitamina D aumentam o risco de muitos tipos de doenças, incluindo osteoporose, doença cardíaca, acidente vascular cerebral, alguns tipos de câncer, diabetes tipo 1, esclerose múltipla, tuberculose e até mesmo gripe; mas vamos focar no positivo.

Graças ao trabalho árduo de muitos cientistas, entre eles o notável dr. Michael Holick, sabemos agora que quase todos os tipos de tecidos e células no corpo têm receptores de vitamina D, o que significa que este é um hormônio essencial que desempenha um papel vital em um grande número de processos fisiológicos.

Quando ingerimos vitamina D ou a produzimos na pele (como resultado da exposição ao sol), ela é convertida em sua forma ativa, a 1,25-di-hidroxivitamina D, ou vitamina D3. Essa substância, em seguida, interage com e suporta praticamente todos os tipos de tecidos no corpo, incluindo coração, cérebro e até mesmo células de gordura. Ela também regula os genes que controlam a função imunológica, o metabolismo e o crescimento e desenvolvimento das células.

Como você pode ver, essa vitamina merece muito mais atenção do que lhe tem sido dada ao longo das últimas duas décadas. Felizmente, porém, a importância vital da vitamina D e seus benefícios surpreendentes estão se tornando cada vez mais amplamente conhecidos e aceitos.

Agora, como você já deve saber, o nosso corpo não pode produzir vitamina D sem exposição ao sol, e de acordo com uma pesquisa publicada pelo Centro de Controle de Doenças norte-americano em 2011, 8% dos norte-americanos são deficientes em vitamina D e 25% são considerados “em risco” de uma deficiência. De acordo com outra pesquisa, no entanto, a deficiência pode chegar a 42%.

Há duas maneiras de garantir que você obtenha a quantidade suficiente de vitamina D:

1. Passar 15 a 20 minutos ao sol todos os dias com pelo menos 25% da sua pele exposta;
2. Tomar suplementos.

Como a maioria de nós não pode fazer pausas no meio do dia para se bronzear, a suplementação é a resposta.

COMO TOMAR VITAMINA D

De acordo com o Instituto de Medicina norte-americano, 600 UI por dia é a quantidade adequada para pessoas com idade de 1 a 70 anos (e 800 UI por dia para pessoas acima de 70), mas esses números foram severamente criticados por cientistas especializados em pesquisa de vitamina D. Eles chamam a atenção para os mais de 125 estudos revisados por profissionais da área que indicam que as recomendações são muito baixas e suscetíveis de conduzir a deficiências de vitamina D.

Uma comissão da Endocrine Society norte-americana recentemente foi convocada para analisar as evidências e concluiu que entre 600 UI e 1.000 UI por dia é a quantidade adequada para pessoas com idade entre 1 e 18 anos, e de 1.500 UI e 2.000 UI por dia, para pessoas de 19 anos para cima.

Segundo o dr. Michael Holick, no entanto, mesmo 2.000 UI por dia está aquém do ideal. A pesquisa mostra que 2.000 UI por dia é o mínimo necessário para manter a suficiência de vitamina D (30 miligramas por mililitro), mas o dr. Holick mantém essa condição ideal de vitamina D entre 50 e 80 miligramas por mililitro, o que apela para uma ingestão diária mais próxima de 5.000 UI.

Então, eu recomendo que você comece com 2.000 UI por dia e, em seguida, faça um exame de sangue para obter os seus níveis de 25-hidroxivitamina D (a forma utilizável de vitamina D que o organismo produz) para determinar a sua condição de vitamina D. O mais provável é que você esteja abaixo de 50 a 80 miligramas por mililitro.

A pesquisa mostra que você precisa aumentar a ingestão de vitamina D em 100 UI para aumentar a concentração no sangue em 1 miligrama por mililitro, então você pode, em seguida, calcular a quantidade de vitamina D adicional de que necessita para atingir níveis ideais. Por exemplo, se o seu teste deu 30 miligramas por mililitro e você quer aumentá-lo para 50 miligramas por mililitro, você precisa aumentar sua ingestão atual em 2.000 UI.

SUPLEMENTOS DE PROTEÍNA

Usar suplementos de proteína, tais como soro do leite e pós de ovo e caseína (as três melhores opções), não é necessário, mas é conveniente.

Como você sabe, a proteína de soro do leite é uma fantástica fonte de proteína e você pode adquiri-la em três formas: *concentrada, isolada* e *hidrolisada.*

O soro do leite concentrado é a forma menos processada, e de fabricação mais barata, e contém um pouco de gordura e lactose. Os soros do leite concentrados têm uma variação de proteína de 35 a 80% por peso, dependendo da qualidade.

O soro do leite isolado é uma forma de proteína de soro do leite processada para remover a gordura e a lactose. Os isolados têm mais de 90% de proteína por peso e como sua fabricação é mais cara do que a do concentrado de soro do leite, eles são mais caros também para os consumidores.

O soro do leite hidrolisado é uma forma pré-digerida de proteína de soro do leite que é facilmente absorvida pelo organismo e livre de substâncias alergênicas encontradas em produtos lácteos. A pesquisa indica que o processo de hidrólise melhora a solubilidade e digestibilidade, mas paga-se caro por esses benefícios: o soro do leite hidrolisado é a mais cara das três opções.

Assim, qual você deve comprar? Bem, quando se trata da escolha de um produto de proteína de soro do leite, você tem algumas coisas a considerar.

Embora os isolados e hidrolisados sejam promovidos como superiores aos concentrados, devido à pureza e a concentrações de proteína mais elevadas por colher, não há provas suficientes para sustentar a tese de que eles são superiores aos concentrados em termos de satisfação das necessidades diárias de proteína.

Sendo assim, a escolha do soro do leite mais barato que você possa encontrar, que será sempre um concentrado, não é uma boa ideia, também. Um concentrado de soro do leite de qualidade tem algo em torno de 80% de proteína por peso, mas os concentrados de qualidade inferior podem ter meros 30%.

O que mais existe ali, então?

Infelizmente, podemos apenas imaginar como a adulteração (a adição de enchimentos como maltodextrina e farinha) é espantosamente desenfreada nessa indústria. Em muitos casos, você recebe pelo que paga.

Se o produto custa muito menos do que o preço normal do soro do leite, é provável que seja feito com ingredientes de qualidade inferior.

Porém, altos preços nem sempre são indicativos de alta qualidade. Empresas de suplementos de má reputação também se valem de outros truques, como começar com um concentrado de baixa qualidade, adicionando pequenas quantidades de isolado e hidrolisado para criar uma "combinação" e, em seguida, chamando a atenção apenas para o isolado e hidrolisado na sua comercialização e embalagem.

Para proteger-se como consumidor, sempre verifique os rótulos de ingredientes e observe proporções e quantidades de proteína por porção antes de comprar pó de proteína.

Especificamente, preste atenção à ordem em que os ingredientes são listados (ingredientes são listados de acordo com a predominância por peso decrescente) e a quantidade de proteína por colher em relação ao tamanho da colher.

Por exemplo...

- Se um produto tem maltodextrina (um enchimento) ou qualquer outro ingrediente listado antes do pó de proteína em si, não compre. Isso significa que há mais maltodextrina, creatina ou outros enchimentos nele do que proteína em pó;
- Se uma colher é de 40 gramas, mas há apenas 22 gramas de proteína por porção, não compre, a menos que você saiba quais são as substâncias dos 18 gramas restantes (suplementos para ganho de peso têm muitos carboidratos por colher, por exemplo).

É fácil detectar uma proteína de soro do leite de alta qualidade: o concentrado, isolado ou hidrolisado de soro do leite será listado como o primeiro ingrediente e o tamanho da colher estará relativamente perto da quantidade de proteína por colher. (Nunca será igual porque existe, pelo menos, edulcorante e aromatizante junto com o pó de proteína em cada dose).

Felizmente, não há muito com o que se preocupar em relação aos suplementos de caseína e ovo. Fique com um produto de caseína que utilize a caseína micelar (a de mais alta qualidade disponível). Quanto aos produtos de ovos, eles são comparáveis, mas eu prefiro especificamente os de uma empresa, que você encontrará no relatório gratuito.

PRODUTOS PARA GANHAR PESO

Esses produtos costumavam ser populares como a "solução" para quem tinha dificuldade para aumentar o peso. Não gosto deles porque estão quase sempre cheios de calorias de baixa qualidade. Eu prefiro ver os caras se nutrirem comendo comida de verdade.

Minha recomendação geral para pessoas que lutam para comer o suficiente é que fiquem principalmente com os seguintes alimentos ricos em calorias:

- carne vermelha;
- grãos como arroz-integral e quinoa;
- óleos como o óleo de coco e o azeite de oliva;
- abacate;
- laticínios integrais;
- massas e pães com cereais;
- amêndoa e manteiga de amêndoa;
- bananas;
- batata-inglesa e batata-doce.

Se você se concentrar nesses alimentos em seu plano de refeições, deverá conseguir suprir as suas necessidades calóricas diárias sem ter de recorrer aos suplementos para ganho de peso.

AMINOÁCIDOS DE CADEIA RAMIFICADA (ACR)

Sabe aquele galão de líquido cor-de-rosa que o dedicadíssimo fisiculturista da sua academia carrega de uma máquina para outra? É muito provável que se trate de um coquetel de aminoácidos de cadeia ramificada (ACR) e que o cara jure que impulsiona a construção muscular.

Se você der ouvidos à propaganda, escutará que os suplementos de ACR são tão eficazes quanto os esteroides para ajudá-lo a construir músculo e força. Mas, como ocorre com muitos suplementos, não estão lhe contando a história toda. Para simplificar: apesar de os ACR terem um uso válido (sobre o qual discutiremos), eles não são tão eficazes como se quer fazer parecer.

Vamos esmiuçar o porquê, mas comecemos pelo começo: o que são exatamente os ACR?

Os ACR são um grupo de três aminoácidos essenciais (que seu corpo deve obter da sua dieta):

- leucina;
- isoleucina;
- valina.

A leucina é a estrela do trio, uma vez que estimula diretamente a síntese de proteínas através da ativação de uma enzima responsável pelo crescimento celular, conhecida como o alvo da rapamicina nos mamíferos, ou MTOR.

A isoleucina é a número dois na lista, uma vez que melhora o metabolismo da glicose e aumenta a captação muscular.

A valina é um distante terceiro lugar, visto que não parece fazer muita coisa quando comparada à leucina e à isoleucina.

Elevadas quantidades destes aminoácidos são encontradas em proteínas de qualidade, como carne, ovos e laticínios, e na proteína de soro do leite isolado as quantidades são particularmente elevadas.

Se eu quisesse lhe vender um suplemento de ACR, não seria muito difícil. Eu poderia citar uma variedade de benefícios cientificamente comprovados, tais como:

- melhora da função imunológica;
- redução da fadiga;
- níveis reduzidos de lesão muscular induzida por exercício;
- aumento dos níveis de crescimento muscular pós-exercício;
- e mais...

Basicamente, eu iria contar a mesma história que quase todos os fabricantes de suplementos que vendem ACR contam, e seria difícil refutá-la, à primeira vista.

Mas há dois pontos importantes sobre a pesquisa de ACR que não contaram para você:

Os estudos comumente citados para demonstrar os benefícios da suplementação de ACR relacionados aos músculos foram feitos com indivíduos que não comem bastante proteína.

Por exemplo, um estudo realizado por pesquisadores do Centro de Estudos e Pesquisa de Medicina Aeroespacial (França) é um dos porta-vozes da venda de ACR. Os cientistas examinaram os efeitos da suplementação de ACR em um grupo de lutadores de elite em um déficit calórico e depois de três semanas constatou-se que o grupo suplementado, que ingeriu um adicional de 52 gramas de ACR por dia, preservou mais músculo e perdeu um pouco mais de gordura que o grupo de controle (que não suplementou de modo algum).

Soa muito legal, não é? O que você não ouvirá, no entanto, é que indivíduos cujo peso médio era de cerca de 70kg comiam meros 80 gramas de proteína em média por dia. Como você sabe, com base em pesquisas sobre as necessidades de proteína de atletas em uma restrição de calorias, eles deveriam ter comido o dobro dessa quantidade de proteína para preservar a massa magra.

Então, tudo que o estudo nos diz é que, se sentir vontade de comer metade da quantidade de proteína que deve comer, um suplemento de ACR poderá ajudar a mitigar os danos. Nada de mais.

Outros estudos que demonstram vários benefícios da suplementação de ACR relacionados aos músculos têm resumos promissores, mas eles são quase sempre prejudicados pela falta de controle alimentar e/ou uma baixa ingestão de proteínas. Além disso, em quase todos os casos, os indivíduos treinaram em jejum, o que é um ponto importante sobre o qual falaremos mais depois.

Em vez de lançar mão de suplementos, você pode obter da alimentação todos os ACR que seu corpo precisa, o que é mais barato e gratificante.

Pesquisas que demonstram os efeitos anabólicos da suplementação de ACR antes, durante e após o exercício é muitas vezes usada para vender os pós. Mas não percamos o foco.

O que essa pesquisa nos diz é que aumentar intensamente os níveis de ACR (e a leucina em particular) antes e após o exercício nos ajuda a construir mais músculo. No entanto, não há evidência de que fazer isso através da ingestão de um suplemento de ACR seja mais eficaz do que do alimento.

Na verdade, há pesquisas afirmando o contrário: comida — e especificamente a proteína de soro do leite — pode ser ainda mais eficaz do que bebidas de aminoácidos. A maioria das proteínas de todo alimento é composta de cerca de 15% de ACR e a maior parte dos suplementos de proteína tem ACR adicionados; portanto, quando você está comendo proteína suficiente, sobretudo se estiver usando suplementos de proteína com ACR adicionados, você está recebendo mais do que o suficiente de ACR para atender às demandas do seu organismo.

É por isso que eu recomendo que você coma de 30g a 40g de proteína antes e depois de treinar e por que eu uso a proteína de soro do leite nessas refeições. É mais barato do que os pós de ACR, tem um gosto melhor e provavelmente é mais eficaz.

Então é assim que as coisas passam a ser depois que nos livramos da enganação da propaganda e do marketing. Mas antes de avançar para um uso legítimo para os ACR, eu gostaria de abordar uma questão que talvez tenha lhe ocorrido:

Não há um estudo cujos indivíduos fossem treinados em resistência com levantamento de pesos, suplementassem com ACR e ao mesmo tempo estivessem em uma dieta de alta proteína? Seria ótimo, porque isso daria uma grande visão sobre a controvérsia.

Temos atualmente um estudo inédito pago pela Scivation — a empresa criadora do popular suplemento de ACR Xtend — e liderado por Jim Stoppani, que... hã... demonstra?... alguns resultados notáveis:

A suplementação diária de ACR dentro do treinamento foi duas vezes mais eficaz do que a suplementação de proteína de soro do leite dentro do treinamento e resultou, em apenas oito semanas, em um crescimento muscular colossal de 4kg e uma redução de 2% na gordura corporal — em homens treinados em força com pelo menos dois anos de experiência de levantamento de peso... que estavam comendo de 2,2g a 2,4g de proteína por quilo de peso corporal... e se encontravam em um excesso de calorias...

Espere aí! Se eu tomar ACR — não, desculpe, não qualquer ACR, mas o Xtend — enquanto treino, posso estar com um excesso de calorias e alcançar o crescimento muscular em nível de esteroide e secar mais? Uau! Aqui está, leve todo o meu dinheiro, Scivation!

Não. Pode me chamar de cético. Para citar as palavras de Alan Aragon escritor e popular pesquisador de *fitness* , em sua revisão de pesquisa mensal:

> O cético em mim é tentado a atribuir alguns dos resultados não apenas à fonte de financiamento (Scivation), mas também à amizade de longa data entre Jim Stoppani e os funcionários da Scivation. O fato é que não há nenhum modo de quantificar quanto o viés comercial contaminou este experimento.

Muito bem, então os ACR parecem não ser tão fantásticos quanto as empresas de suplementos afirmam.

Se você estava em cima do muro sobre a compra de um suplemento de ACR para uso geral, agora deve ter desistido completamente. Acontece, porém, que este suplemento tem um uso apoiado cientificamente e se refere ao treino em jejum.

As pessoas costumam achar que "treino em jejum" significa "treino com o estômago vazio", mas não é bem isso.

Como você sabe, o alimento que você come é dividido em várias moléculas que suas células podem utilizare essas moléculas são liberadas em seu sangue. A insulina também é liberada, e seu trabalho é transportar essas moléculas para dentro das células.

Seu organismo entra em um "estado de jejum" quando está terminando de absorver todos os nutrientes do alimento que você comeu e os níveis de insulina regressam aos seus baixos níveis normais de "linha de partida". Quando você exercita o seu corpo nesse estado, a perda de gordura é acelerada (e o levantamento de peso em jejum é particularmente eficaz para este propósito).

No entanto, existe uma desvantagem para o treinamento em jejum, e é aí que entram os ACR: quando você se exercita em um estado de jejum, a degradação muscular é drasticamente aumentada. Isso é ruim, simplesmente porque muita degradação muscular prejudica o crescimento total muscular ao longo do tempo.

Impedir isso é simples, porém, e envolve a entrada dos ACR.

COMO TOMAR OS ACR

Tudo o que você tem de fazer é tomar 10g de ACR ou 3g a 5g de leucina (aviso: o gosto é ruim) de 10 a 15 minutos antes do treinamento em jejum.

Isso elimina a degradação muscular durante o treino com um impacto mínimo sobre os níveis de insulina, mantendo você em um estado de jejum, sem ingerir muitas calorias.

SUPLEMENTOS PRÉ-TREINO

As propagandas dos produtos pré-treino populares são algumas das mais exageradas da indústria. Se formos acreditar no que elas afirmam, bastariam umas poucas colheres de pó para que em uma hora nos transformemos em super-heróis. Quer dizer, os fisiculturistas monstruosos que se parecem com eles e estão a ponto de morrer de um ataque cardíaco não iriam mentir, certo?

Bem, os suplementos pré-treino são famosos por algumas práticas enganosas:

- Incluir pequenas quantidades de ingredientes baratos ineficazes para fazer longas listas de ingredientes impressionantes, usando (e muitas vezes interpretando erroneamente) estudos escolhidos a dedo, falhos ou tendenciosos, para convencer os consumidores de por que a formulação é incrível;
- Usar subdosagens de ingredientes eficazes para economizar dinheiro e se esconder atrás da brecha de rotulagem "mistura patenteada", que permite às empresas não divulgar a dosagem de cada parte da mistura;
- Usar os nomes químicos dos compostos diários para levar o consumidor a achar que os produtos têm ingredientes especiais. Por exemplo, epigallocatequina-3-O- galato é apenas extrato de chá verde e 1,3,7-trimetilxantina é apenas cafeína.

Por que fazer esse tipo de coisa? Porque é extremamente rentável.

Veja, o jogo é este. Quando a Shady Supplements, Inc. busca criar um suplemento pré-treino, ela tem em mente que duas coisas são essenciais para as vendas:

1. incluir alguns ingredientes que têm recebido comprovação clínica de seguros e eficazes, de modo que as afirmações de marketing possam ser defendidas;
2. incluir um monte de outras porcarias não comprovadas para lhe dar a impressão de que você está recebendo muito pelo seu dinheiro.

De qualquer forma, há um problema, e se refere ao custo.

Você deve imaginar que usar dosagens clinicamente eficazes de ingredientes que valem a pena fica seguramente muito caro. O modelo de negócios da Shady Supplements gira em torno de gastar tão pouco quanto possível com a produção e derramar toneladas de dinheiro em seu marketing e nos bolsos de seu dono ganancioso; por isso ela não pode se dar ao luxo de criar um produto bom.

O que fazer em vez disso? Simples.

Incluir pequenas quantidades desses ingredientes-chave — muito menores do que as doses utilizadas na pesquisa verdadeira que prova sua eficácia — e então preencher a lista de ingredientes com pequenas quantidades de um monte de lixo.

Acontece que essas empresas não querem que você saiba o quanto de cada ingrediente há no produto, como você deve estar desconfiando. E mais uma vez, a solução é simples: utilizar a mistura patenteada, o que lhes permite listar apenas o peso da mistura como um todo, não de cada ingrediente.

Os ingredientes em misturas patenteadas são listados em ordem decrescente de predominância em peso. Assim, se o primeiro ingrediente é algo barato, digamos maltodextrina (um enchimento doce ou às vezes sem gosto) ou creatina mono-hidratada, ele pode ser (e geralmente é) mais de 90% do produto real.

Não importa quantos outros ingredientes estejam listados após o primeiro, eles todos juntos constituem apenas uma pequena porcentagem da mistura verdadeira.

Em seguida, o departamento de marketing da Shady Supplements recebe a propriedade do produto e lista todos os benefícios que consegue encontrar para doses mais elevadas dos ingredientes subdosados, muitas vezes esticando-os ao ponto do absurdo, e então adiciona mais algumas alegações com base em nada para compensar.

No final, isso significa que você paga de US$ 30 a US$ 50 por um produto cuja fabricação custa para a Shady Supplements de US$ 2 a US$ 5 e cuja criação teria um custo de US$ 30 se o lixo fosse retirado e dosagens adequadas fossem utilizadas para os ingredientes que valem a pena.

Se você quiser ajudar a colocar um fim em toda essa chicana, a primeira coisa que deve exigir como consumidor é a não produção de misturas patenteadas. Não há absolutamente nenhuma razão para usá-las a não ser enganar e fraudar. Toda a ciência por trás dos ingredientes eficazes está disponível ao público.

Todos sabem o que funciona, o que não funciona e em que doses. Alegações de "segredos comerciais" ou pesquisa de propriedade são falsas.

Saiba também que a inclusão de mais ingredientes não significa necessariamente um produto melhor. Na verdade, você não encontrará um produto pré-treino legítimo com 30 ingredientes, porque não é financeiramente viável incluir tantos ingredientes em doses clinicamente eficazes (e eu o desafiaria a encontrar 30 ingredientes que vale a pena usar).

Ao escolher suas compras com sabedoria, você poderá forçar as mudanças que precisam acontecer: a morte da mistura patenteada e o uso apenas de ingredientes cientificamente validados em doses clínicas eficazes com a eliminação dos ineficazes "rótulos de ingredientes de enchimento".

Assim, então, isso nos leva à pergunta de um milhão de dólares: vale a pena usar qualquer suplemento pré-treino ou devemos nos ater apenas à nossa fiel amiga, a cafeína?

Bem, a cafeína é um estimulante pré-treino útil que pode aumentar a resistência e a força muscular, mas o fato é que existem várias outras substâncias naturais seguras que podem melhorar ainda mais o seu desempenho... se dosadas corretamente.

Assim, considerando tudo, um bom suplemento pré-treino vale o investimento, na minha opinião. Ele lhe dará um estímulo de energia, mais foco, um bom *pump* e o aumento da resistência muscular.

Algo que você deve saber sobre bebidas pré-treino, no entanto, é que a maioria contém bastante cafeína por porção (entre 100 miligramas e 300 miligramas). Se o seu organismo é sensível à cafeína, você pode tentar uma com pouca ou nenhuma cafeína.

CREATINA

A creatina é uma substância encontrada naturalmente no corpo e em alimentos como a carne vermelha. Ela é talvez o suplemento alimentar mais pesquisado no mundo da nutrição esportiva — é objeto de mais de 200 estudos.

A pesquisa mostra que a suplementação com creatina constrói músculos e melhora a força, aumenta a resistência anaeróbica e reduz o dano muscular e a dor de exercícios.

E para o caso de você temer que a creatina seja ruim para os rins, essas alegações foram refutadas categórica e repetidamente. Já está demonstrado que em indivíduos saudáveis a creatina não tem efeitos secundários nocivos, tanto na utilização de curto como de longo prazo. No entanto, desaconselha-se que pessoas com doença renal suplementem com creatina.

Assim, a creatina é um dos suplementos que eu recomendo que você tome. Porém, existem diferentes formas disponíveis. Qual é a melhor?

Bem, a forma mono-hidratada tem sido objeto da grande maioria dos estudos realizados sobre a molécula de creatina e é comprovadamente campeã. Mas as máquinas de propaganda das indústrias de suplementos nos bombeiam sem cessar com nomes pomposos como citrato de creatina, creatina etil éster, creatina líquida, nitrato de creatina, creatina tamponada, creatina hidroclorizada e outros.

Essas variações são certamente mais caras do que a creatina mono-hidratada, mas não mais eficazes. Certas formas de creatina são mais solúveis em água, como o citrato e o nitrato de creatina e a creatina hidroclorizada, mas isso não as torna mais eficazes no organismo.

Não pague caro por formas badaladas de creatina empurradas por campanhas publicitárias milionárias e vendidas em garrafas enfeitadas. A creatina mono-hidratada é o melhor retorno para seus investimentos e é o padrão pelo qual todas as outras formas de creatina ainda são avaliadas.

Se a velha creatina mono-hidratada incomoda seu estômago, tente uma forma de creatina mais solúvel em água, como a creatina mono-hidratada micronizada ou o citrato, o nitrato ou o cloridrato de creatina.

COMO TOMAR CREATINA

O método mais comum de suplementação com creatina encontrada na literatura é um período de "fase de carga" de 20 gramas por dia, durante cinco a sete dias, seguido por uma dose de manutenção de 5 gramas por dia.

Você não tem que carregar a creatina se está apenas começando com a suplementação (você pode simplesmente começar com 5 gramas diários), mas o carregamento faz com que a creatina acumule mais rápido nos músculos e, assim, os benefícios "entrem em ação" mais rápido.

A pesquisa mostra que a coingestão de creatina com carboidratos aumenta o acúmulo de creatina nos músculos. Como esse efeito é principalmente um resultado de níveis elevados de insulina, a ingestão de proteína pode contribuir também. De fato, um estudo conduzido por pesquisadores da Universidade de Nottingham demonstrou que 50 gramas de proteínas e carboidratos foram igualmente eficazes a 100 gramas de carboidratos em aumentar o acúmulo de creatina muscular.

Assim, com base nessa pesquisa, você deve tomar creatina com uma refeição de bom tamanho para maximizar os seus efeitos.

Além disso, há pesquisas que indicam que a creatina tomada depois de um treino é mais eficaz do que a creatina tomada antes dele, é por isso que eu tomo a creatina com a minha refeição pós-treino composta de cerca de 50g de proteína e 75g a 125g de carboidratos.

HÁ UM PERÍODO PARA O USO DA CREATINA?

Não, não há nenhuma evidência científica de que o uso da creatina a longo prazo seja prejudicial; por isso, não há nenhuma razão para ligar e desligar. Não se trata de um esteroide.

A CAFEÍNA INTERFERE NOS EFEITOS DA CREATINA?

Talvez.

Um estudo conduzido por pesquisadores da Universidade de Leuven demonstra que a ingestão de cafeína com creatina mono-hidratada diminui a produção de força muscular quando comparada à ingestão de creatina mono-hidratada sozinha, mas isso não é evidência suficiente para encerrar o caso.

Isso é especialmente verdadeiro considerando o fato de que um estudo realizado por pesquisadores da Universidade de Luton demonstra que a cafeína e a creatina mono-hidratada tomadas em conjunto foram mais eficazes do que apenas a creatina mono-hidratada na melhoria do desempenho de cárdio intervalado de alta intensidade. Resultados semelhantes também foram observados em um estudo realizado por pesquisadores da Universidade Yu Da (Taiwan).

Com base nas evidências, eu prefiro ir pelo seguro e tomar minha creatina e minha cafeína separadamente, e não juntas — como as encontramos na maioria das bebidas pré-treino.

A CREATINA FARÁ VOCÊ INCHAR?

Isto já foi um problema, mas na última década, mais ou menos, o processamento vem melhorando muito, e isso agora é assunto irrelevante.

É improvável que você venha a notar alguma diferença na retenção de água subcutânea ao tomar creatina, mesmo se estiver muito magro.

VOCÊ DEVE TOMAR CREATINA DURANTE A DIETA PARA PERDA DE GORDURA?

Sim.

A creatina funciona igualmente bem quando você está em um déficit calórico, o que significa que você preservará mais força, e assim massa magra, em *cutting*.

REFORÇOS DE TESTOSTERONA

Enquanto as pesquisas têm mostrado que você pode aumentar os níveis de testosterona lidando com as deficiências em certas vitaminas — tais como D e C — e minerais — como zinco, cálcio e magnésio — os chamativos "reforços de testosterona" vendidos na loja de suplementos local são geralmente meros desperdícios de dinheiro.

Alguns têm ingredientes eficazes, mas a maioria conta com um ou mais destes: *Tribulus terrestris*, ZMA ou ácido D-aspártico.

Vários estudos têm demonstrado que a suplementação com *Tribulus terrestris* não tem efeito sobre os níveis de testosterona, composição corporal ou desempenho no exercício.

A pesquisa mostrou que a suplementação com ZMA não afeta os níveis de testosterona se você não está deficiente de zinco.

E embora a pesquisa mostre que a suplementação com ácido D-aspártico pode aumentar os níveis de testosterona em humanos e ratos, o efeito é geralmente modesto e temporário. Se você quiser experimentá-lo, no entanto, basta comprar o aminoácido e tomar 3 gramas por dia.

O importante é que os suplementos que visam lidar com deficiências de vitaminas e minerais que inibem os níveis de testosterona podem valer a pena, mas eles raramente são comercializados como "reforço de testosterona"; em vez disso, eles se enquadram na categoria menos sexy de "saúde masculina".

IMPULSIONADORES DE HORMÔNIO DO CRESCIMENTO HUMANO

Direto ao assunto: impulsionadores naturais de hormônio de crescimento humano são um completo desperdício de dinheiro.

Eles costumam ter diversos aminoácidos que proporcionam vários benefícios quando em doses apropriadas, mas um aumento nos níveis de hormônio do crescimento não está associado ao crescimento muscular.

Veja, existem mais de 100 formas de hormônio do crescimento em seu organismo e cada uma desempenha funções diferentes. Embora você possa ter ouvido que algo como o ácido gama-aminobutírico, ou GABA, comprovadamente eleva os níveis de hormônio do crescimento em repouso e pós-exercício, o que não lhe dizem é que não há comprovação de que a forma do hormônio do crescimento que estimula a produção dele contribui para o crescimento muscular.

Economize seu dinheiro ignorando os impulsionadores de hormônio do crescimento humano.

GLUTAMINA

Dentre os aminoácidos, a glutamina é o mais abundante em seu corpo e se esgota expressivamente com exercício intenso e prolongado.

A pesquisa mostrou que a suplementação com glutamina pode:

- reduzir os efeitos negativos do exercício prolongado sobre o sistema imunológico (estudos comprovam que o exercício esgota os níveis de glutamina no organismo, o que por sua vez pode comprometer a função imune);
- melhorar sua resistência e reduzir a fadiga em exercícios prolongados;
- ajudar seu corpo a lidar melhor com o estresse sistêmico de exercício prolongado.

Apesar de a suplementação com glutamina claramente ter seus benefícios, não pode cumprir as alegações comumente usadas para vendê-la, que giram em torno da construção de mais músculo.

Essas alegações geralmente citam pesquisas que mostraram que os níveis intramusculares de glutamina desempenham um papel importante na síntese de proteínas e na prevenção da degradação muscular, e que a glutamina melhora a capacidade do organismo para utilizar leucina.

O resto da história, no entanto, é que não há estudos que indiquem que a suplementação com glutamina ajuda adultos saudáveis e bem alimentados a construir mais músculo. Você verá esses efeitos apenas em pessoas e animais doentes ou desnutridos.

Ao contrário, na verdade, vários estudos realizados com adultos saudáveis mostram que a suplementação com glutamina não tem efeito sobre as taxas de síntese de proteínas, o desempenho muscular, a composição corporal ou a prevenção da degradação muscular.

Assim, apesar de a suplementação com glutamina não fornecer um impulso anabólico, seus benefícios antiestresse e antifadiga a tornam uma compra que vale a pena se você estiver se exercitando regular e intensamente e por períodos prolongados.

COMO TOMAR GLUTAMINA

Segundo estudos, de 100 a 200 miligramas por quilograma de peso corporal de glutamina por dia é a dose suficiente para atletas, e a utilização contínua é importante.

SUPLEMENTOS COM ÓXIDO NÍTRICO

Esses suplementos são comumente constituídos pelos aminoácidos arginina, citrulina e pela substância agmatina e estimulam no corpo a produção de uma substância chamada óxido nítrico. O óxido nítrico alarga os vasos sanguíneos e com isso permite que mais oxigênio e mais nutrientes cheguem aos músculos, o que pode melhorar o desempenho.

Embora pareça um golpe de marketing suspeito, há estudos para apoiar alguns desses ingredientes e algumas dessas alegações, mas novamente o problema retorna às dosagens. Muitas vezes você encontrará moléculas impulsionadoras de óxido nítrico em produtos pré-treino, mas em quantidades pequenas demais para fazer diferença.

Diante disso, eu tenho notado que, quando dosada adequadamente (cerca de 8 gramas), a citrulina em particular melhora o *pump* de treino e o desempenho.

MULTIVITAMÍNICOS

Tal como acontece com a maioria dos suplementos, os multivitamínicos são agressivamente superpropagandeados e vendidos em excesso. Anúncios proclamam em voz alta que apenas alguns comprimidos por dia bastam para evitar doenças, otimizar hormônios, auxiliar o intestino, melhorar a função cognitiva e aumentar os níveis de energia. Alguns ainda mais ousados afirmam que seus multivitamínicos também ajudam a construir músculos, ficar mais forte e perder gordura.

Do outro lado da moeda, no entanto, temos as pessoas que alegam que os multivitamínicos são um completo desperdício de dinheiro e não oferecem absolutamente nenhum benefício à saúde de qualquer natureza ou são até mesmo prejudiciais à nossa saúde.

Bem, a verdade está em algum lugar entre os dois pontos de vista.

POR QUE OS MULTIVITAMÍNICOS SÃO ÓTIMOS... NA TEORIA?

Nosso corpo necessita de um largo espectro de vitaminas e minerais para levar a cabo as milhões de funções sofisticadas que realiza todos os dias. Portanto, devemos manter um fornecimento adequado de vitaminas e minerais para apoiar todos os processos de crescimento e reparação que ocorrem.

De preferência, obteríamos do alimento que comemos todas as vitaminas e minerais que precisamos. Devido à natureza da nutrição ocidental média, no entanto, nós tendemos a ser deficientes de certas vitaminas e minerais.

Por exemplo, de acordo com uma pesquisa realizada por cientistas da Universidade Estadual do Colorado, publicada em 2005, pelo menos metade da população dos EUA não cumpre a ingestão diária recomendada (IDR) para a vitamina B-6, a vitamina A, o magnésio, o cálcio e o zinco, e 33% da população não atende à IDR para o ácido fólico. A pesquisa também mostra que a média dos níveis de ingestão das vitaminas K e D do mesmo modo pode estar abaixo do ideal.

O que fazer, então? Como garantir facilmente que nossos organismos obtenham o suficiente de todas as vitaminas e todos os minerais essenciais?

Introduzindo o suplemento multivitamínico.

A ideia de tomar um suplemento que cubra eventuais deficiências nutricionais em nossa alimentação e abrande os efeitos nocivos de alguns dos nossos hábitos nada saudáveis é uma excelente ideia.

Isso criaria uma "margem de segurança" para a nossa saúde.

Na realidade, o mínimo que você deve esperar de um multivitamínico é a combinação certa de vitaminas e minerais em dosagens corretas. Isso pelo menos irá cobrir todos os furos alimentares e garantir que seu organismo está recebendo os micronutrientes adequados.

Porém, eu acho que um multivitamínico deveria fazer mais. Afinal, existem dezenas de substâncias naturais que previnem doenças e melhoram a saúde e o desempenho com comprovação científica e acredito que um multivitamínico deveria incluir uma variedade delas em doses clinicamente eficazes.

Muitas empresas pensam diferente, no entanto. Elas preferem jogar o jogo do qual já falamos em detalhes: gastar muito pouco com a produção, exagerar os benefícios, até inventar alguns, e desfrutar de grandes margens de lucro.

O importante é que a maioria das empresas de suplementos espera que você não olhe para o rótulo de ingredientes de seus multivitamínicos, porque se você o fizer, logo descobrirá muita coisa...

AS FALHAS DE QUANTIDADE DOS MULTIVITAMÍNICOS

Há duas razões principais por que os multivitamínicos, em geral, têm sido atacados ao longo dos anos.

> Os multivitamínicos muitas vezes são recheados com todo tipo de micronutrientes, independentemente de nossa necessidade de suplementação deles, e em doses injustificadamente altas ou baixas.

Se você não tem deficiência das vitaminas e dos minerais contidos no multivitamínico, você não notará nenhuma diferença suplementando com mais. E em muitos casos, os multivitamínicos são bastante ricos em vitaminas e minerais em que a maioria das pessoas não é deficiente e pobres naqueles de que precisamos.

Por exemplo, a suplementação de cálcio é conhecida por ser benéfica para indivíduos com baixa ingestão de laticínios, legumes e verduras (incluindo os vegetarianos e veganos que não comem porções adicionais de vegetais para compensar), que tendem a ser um pouco deficientes, e a frequência só aumenta com a idade.

No entanto, os atletas tendem a ter níveis excessivos de cálcio devido à dieta de alta proteína (uma colher de proteína de caseína fornece 60% da IDR!). Embora isso não represente um sério risco para a saúde, os níveis excessivos de cálcio podem reduzir a absorção dos minerais que nos importam (zinco e magnésio). Assim, um multivitamínico específico para atletas pode reduzir a quantidade de cálcio com segurança.

O fornecimento de superdoses de vários micronutrientes através de suplementos mal formulados não só não proporciona nenhum benefício como pode até ser prejudicial.

Por exemplo, a vitamina A (retinol) é tradicionalmente adicionada por ser uma vitamina, mas descobriu-se que doses elevadas de retinol podem prejudicar o fígado de forma ativa, cortando o fornecimento de sangue para as células.

Por esse motivo, o pigmento vegetal caroteno é frequentemente usado em vez do retinol, pois transforma-se em retinol quando necessário e, portanto, é mais seguro, mas também é abundante na alimentação da maioria das pessoas. A melhor opção seriam os carotenoides (pigmentos vegetais) que tendem a faltar na dieta ocidental média, como a fucoxantina (encontrada em algas marinhas) ou a luteína e a zeaxantina encontradas no ovo.

A vitamina E presente em muitos multivitamínicos também pode ser prejudicial. É surpreendente a incidência de overdose pela suposição de que a inclusão de mais antioxidantes é melhor, e, uma vez que as vitaminas E e C são baratas, ambas costumam ser incluídas em altas dosagens.

Infelizmente, nem todos os antioxidantes são semelhantes e agora suspeita-se de que a suplementação regular de vitamina E acima de 400 UI por dia aumenta o risco de mortalidade por todas as causas. Mais vitaminas nem sempre é melhor.

Em muitos casos, as empresas de suplementos não se importam em determinar as dosagens ideais de vitaminas e minerais essenciais para os seus públicos-alvo e simplesmente escolhem as formas mais baratas disponíveis. Elas também podem optar por formas desnecessariamente caras que soam agradáveis no texto do marketing, mas não conferem benefícios adicionais sobre formas mais baratas.

Seguir uma via de baixo custo proporciona maiores margens de lucro, e optar por uma via desnecessariamente cara acrescenta despesas desnecessárias, tanto para o fabricante como para o cliente, e resulta em um produto que é, em última análise, menos benéfico do que seria se o orçamento de fabricação tivesse sido gasto com mais inteligência.

Outro pequeno truque é buscar aproveitar as várias formas da mesma vitamina ou mineral, o que torna a aparência do produto mais impressionante (nas cabeças de muitos clientes, uma maior quantidade de ingredientes e mais ingredientes glamourosos significa um produto melhor).

Por exemplo, usar quatro tipos diferentes de magnésio e chamar o produto de "Composto de Magnésio Maximizado" parece impressionante para o cliente, mas não significa absolutamente nada em termos de eficácia.

E já que estamos no tema de formas de vitaminas e minerais, vamos dar uma olhada no controverso assunto do artificial *versus* natural.

Muitos acreditam que se algo vem da natureza, deve ser melhor do que algo sinteticamente produzido. Por isso as demasiado comuns (e sem sentido) alegações de marketing de "totalmente natural" que encontramos em todos os tipos de produtos alimentares.

Quando se trata de suplementos vitamínicos, frequentemente se presume que as formas naturais de vitaminas, incluindo fontes de alimentos integrais, são automaticamente melhores do que suas contrapartes sintéticas. Algumas indústrias de suplementos chegam a afirmar que as vitaminas sintéticas são prejudiciais, por isso não são encontradas em seus produtos de origem natural.

Existe alguma verdade nessas alegações, mas elas não se aplicam igualmente a todas as moléculas. Nem todas as vitaminas naturais são melhores do que suas formas sintéticas e nem todas as formas sintéticas são prejudiciais.

Há exemplos notáveis de vitaminas naturais com propriedades únicas que as formas sintéticas não têm, como a vitamina E, e exemplos notáveis de vitaminas sintéticas superando as naturais — o ácido fólico sintético é mais bem absorvido do que o ácido fólico de fontes naturais.

Empresas de suplementos que se gabam de usar em seus produtos apenas vitaminas naturais estão se aproveitando da nossa tendência a assumir que elas são automaticamente mais saudáveis ou melhores; e aquelas que também demonizam todas as vitaminas sintéticas simplesmente torcem para que você nunca se dê conta disso.

> Multivitamínicos muitas vezes oferecem pouco mais do que a coleção mal formulada de micronutrientes essenciais.

Em alguns casos, os multivitamínicos não incluem nada mais em termos de ingredientes, mas muitos multivitamínicos contêm substâncias adicionais além de apenas vitaminas e minerais. A prática normal, no entanto, é entulhar cada porção com misturas patenteadas com tanto material quanto possível para criar um rótulo de informações nutricionais longo e "impressionante".

Costuma-se afirmar que esses extras fazem todo tipo de coisa: aumentam o anabolismo; otimizam hormônios; fornecem antioxidantes vitais ao organismo; ajudam na digestão e absorção dos nutrientes; auxiliam o fígado, o sistema imunológico, os ossos e as articulações; melhoram as habilidades cognitivas etc.

Apesar de essas alegações soarem ótimas — e como seria bom se tudo fosse verdade... — quando você olha para os ingredientes e as dosagens eles contam outra história — com a qual você já está bem familiarizado.

Em alguns casos, não há a menor evidência científica de que essas substâncias possam proporcionar os benefícios alegados; em outros, há uma boa ciência para apoiar as substâncias utilizadas, porém as doses administradas na pesquisa clínica foram 5, 10 ou mesmo 15 a 20 vezes maiores do que o que consta nos produtos.

É o mesmo velho esquema.

A verdade é que, para muitos, os multivitamínicos são apenas uma "compra de confiança" feita sem nenhum embasamento e não oferecem nenhum benefício visível em curto prazo. Se quaisquer benefícios visíveis ocorrem em longo prazo, fica difícil atribuí-los ao suplemento.

Embora você saiba que a cafeína funciona logo após ser ingerida, a tal *Bacopa monnieri* não tem benefícios acentuados, mas, para os seus produtores, basta que você confie que os benefícios observados em estudos científicos irão ocorrer em algum momento.

A máquina de marketing coletivo da indústria de suplementos tem feito um bom trabalho em tornar o multivitamínico um artigo de consumo, tanto em nossas dietas como em suas fontes de receita. Enquanto as pessoas se preocupam com os benefícios de algo como uma bebida pré-treino ou um suplemento para o sono, elas tomam um multivitamínico, "porque é um multivitamínico", e simplesmente confiarão que ele as beneficiará... geralmente sem evidências convincentes que provem isso.

O importante é que se você comer uma quantidade substancial de uma grande variedade de alimentos nutritivos todos os dias poderá obter tudo o que precisa em se tratando de vitaminas e minerais. Mas muitas pessoas não fazem isso e, nesse caso, a suplementação pode ajudar a fornecer o que está faltando.

Além do mais, um bom multivitamínico contém outras substâncias conhecidas por melhorar a saúde e o desempenho que são difíceis ou basicamente impossíveis de se obter em quantidades adequadas com a alimentação.

Eu tomo um multivitamínico diariamente por essas razões e recomendo que você também o faça.

QUEIMADORES DE GORDURA

Com o mercado da perda de peso avaliado em incríveis US$ 60,5 bilhões e mais de um terço dos adultos norte-americanos obesos, não é nenhuma surpresa que haja um excesso de "queimadores de gordura" à venda hoje em dia.

Da mesma forma, não é de espantar que os queimadores de gordura sejam alguns dos suplementos mais caros nas prateleiras e venham com algumas das maiores margens de lucro e as mais altas exigências de marketing.

Porém, quão bem esses produtos funcionam? O suficiente para justificar a despesa significativa?

Vamos descobrir.

POR QUE O "QUEIMADOR DE GORDURA" PODE SER FUNDAMENTALMENTE ENGANADOR

Uma das razões para os queimadores de gordura venderem tão bem é o próprio apelido: quando você está tentando perder gordura tão eficientemente quanto possível, um "queimador de gordura" soa como um complemento perfeito para o seu regime. Qualquer coisa que "queime gordura" vale a pena, não?

No entanto, não é assim tão simples. Nenhuma substância natural pode simplesmente "queimar gordura" de imediato, independentemente de quão complexas ou pseudocientíficas sejam as declarações do marketing.

Veja, para vender para você seus queimadores de gordura, as empresas de suplementos vão lhe falar sobre o aumento das taxas de oxidação da gordura, da preservação da massa magra, do auxílio à tireoide, da indução à termogênese, da inibição de enzimas relacionadas com o armazenamento de gordura, da indução de enzimas que causam a perda de gordura, da manipulação hormonal e níveis de neurotransmissores, da redução de retenção da água, da melhora da separação de nutrientes etc.

Bem, a verdade é que esses são todos aspectos da perda de gordura, mas esse tipo de arte de vender é pouco mais do que uma tentativa de impressioná-lo com a terminologia e meias verdades científicas na esperança de que você acabe aceitando os benefícios alegados pelo valor nominal.

Ao lançar um olhar frio e duro à ciência da perda de gordura, você vê que existem apenas três maneiras de acelerar esse processo de modo eficiente:

VOCÊ PODE ACELERAR A SUA TAXA METABÓLICA BASAL.

Embora existam muitas, muitas maneiras de aumentar a taxa metabólica, elas dependem, em última análise, de um dos seguintes mecanismos, ou ambos:

1. incentivar uma célula a produzir mais energia a partir de carboidratos e ácidos graxos;
2. reduzir a eficiência do processo através do qual a energia celular é produzida, aumentando assim o "custo da energia" para satisfazer as necessidades do corpo.

Existem meios de manipular esses mecanismos com a suplementação, e nós chegaremos lá em um instante, mas eles não são tão numerosos ou poderosos como algumas empresas de suplementos querem fazer crer.

VOCÊ PODE EVITAR A FOME OU OS DESEJOS QUE ARRUÍNAM SEUS PLANOS.

Uma das principais razões por que mesmo boas dietas falham é que as pessoas simplesmente não são capazes de manter-se nelas por muito tempo.

Vontades se transformam em desejos e, finalmente, em excessos que podem desfazer dias ou mesmo semanas de trabalho duro.

Embora alguns tenham mais facilidade com dietas do que outros, quase todos têm de lidar com a fome e os desejos em algum momento, de uma forma ou de outra.

Alguns compostos naturais são conhecidos por reduzir a fome, e outros, por aumentar a sensação de plenitude que advém de uma refeição e uma combinação de moléculas pode ser usada para reduzir, com sucesso, a fome e os desejos e obter o máximo de benefícios de sua dieta.

VOCÊ PODE TORNAR MAIS AGRADÁVEL A EXPERIÊNCIA TOTAL DA DIETA.

Não se engane: mudar seu corpo com dieta, exercício e suplementação pode mudar radicalmente a sua vida para melhor, mas não é nada fácil.

Nenhuma quantidade de pós ou pílulas conseguirá isso. É preciso muito trabalho, e isso leva tempo. E essa é outra razão importante pela qual as dietas falham: as pessoas não querem passar por todo o desconforto.

Bem, reduzir a fome e os desejos torna o processo de fazer dieta mais agradável, principalmente pelo aumento da sensação geral de bem-estar, o que facilita manter o plano e enxergar através dele.

O QUE FAZ UM BOM "QUEIMADOR DE GORDURA"?

Embora o mecanismo fisiológico envolvido na perda de gordura seja vasto e complexo, a aplicação prática permanece simples.

Ao contrário do que muitas empresas de suplementos querem levá-lo a acreditar, estimular diretamente qualquer uma das milhares de proteínas e enzimas envolvidos na perda de gordura não funciona ou não foi devidamente comprovado.

Lembre-se, a perda de gordura é um processo de corpo inteiro. Para um queimador de gordura ser verdadeiramente baseado na boa ciência e afetar sensivelmente a perda de gordura, ele deve se concentrar em metas simples, importantes e comprovadas, porque, então, todas as demais atividades e funções estarão em conformidade.

Assim, um bom "queimador de gordura" permitirá alcançar os três objetivos acima: aumentar a taxa metabólica basal, reduzir a fome e os desejos e aumentar a saciedade e os sentimentos de bem-estar geral.

Vejamos algumas das substâncias mais comumente encontradas em queimadores de gordura e seus resultados.

CAFEÍNA

A cafeína ajuda a perder gordura simplesmente aumentando o gasto de energia diária do seu corpo e tem outros benefícios para nós do *fitness* popular: ela melhora a força, a resistência muscular e o desempenho anaeróbio, e também reverte a "fraqueza da manhã" experimentada por muitos levantadores de peso.

COMO USAR A CAFEÍNA PARA PERDA DE PESO

Para maximizar a eficácia da cafeína, você deve evitar que a tolerância do seu organismo a ela aumente muito.

A melhor maneira de fazer isso é limitar a ingestão. Aqui está o que eu recomendo:

1. Antes de treinar, suplemente com 3 a 6 miligramas de cafeína por quilo de peso corporal. Se você não tem certeza de sua sensibilidade à cafeína, comece com 3 miligramas por quilo e trabalhe a partir daí;
2. Mantenha a sua ingestão diária igual ou inferior a 6 miligramas por quilo de peso corporal. Não tome 6 miligramas por quilo antes do treino para depois beber alguns cafés ao longo do dia também;
3. Faça um ou dois dias de baixa cafeína por semana e um dia sem cafeína por semana. Um dia de baixa deve ser a metade do seu consumo normal e um dia sem significa menos de 50 miligramas de cafeína (você pode tomar um ou dois copos de chá ou uma xícara pequena de café, mas sem pré-treino, pílulas de cafeína etc.).

CETONAS DE FRAMBOESA

Cetonas de framboesa são o composto do aroma primário da framboesa vermelha (que dão o cheiro à framboesa) e também são encontradas em outras frutas, como a amora e a cereja.

Como é que um composto desses, aparentemente fortuito, encontra o seu caminho entre os produtos para perda de peso?

Bem, tudo começou com dois estudos com animais que demonstraram que a suplementação de cetona de framboesa evitou o ganho de peso, aumentando as taxas de lipólise e de oxidação de gordura. Isso pode parecer promissor, mas há boas razões para ser cético.

Em primeiro lugar, a pesquisa com animais não pode ser usada como prova de eficácia humana. Os corpos de humanos e de ratos simplesmente não são semelhantes o suficiente e isso é especialmente verdadeiro quando se fala de funções metabólicas.

Em segundo lugar, um dos estudos com ratos foi uma pesquisa *in vitro*. Isso significa que partes de ratos vivos foram removidas para serem estudadas isoladamente em oposição à pesquisa feita com organismos vivos intactos (pesquisa *in vivo*). A investigação *in vitro* é menos definitiva do que a *in vivo*, porque os organismos vivos são muito complexos e às vezes resultados *in vitro* não se comportam de modo semelhante.

Em terceiro lugar, o estudo *in vivo* de ratos que demonstrou a inibição de ganho de peso usou uma dose oral enorme: até 20 gramas por quilo de peso corporal, ou 4.761 vezes maior do que o consumo humano médio.

Em quarto lugar, há apenas uma experiência humana que conheço que é comumente citada como evidência da eficácia da cetona de framboesa para perda de peso. O problema com esse estudo, no entanto, é que ao composto juntou-se cafeína, capsaicina, alho, gengibre e *Citrus aurantium* como fonte de sinefrina. Portanto, é impossível saber se a cetona de framboesa fez alguma coisa.

Assim, considerando-se as evidências atualmente disponíveis, não há provas suficientes para apoiar o uso de doses orais baixas de cetona de framboesa para fins de perda de gordura. Ela não tem lugar como um suplemento queimador de gordura.

SINEFRINA

A sinefrina é um composto químico encontrado em certos tipos de frutas cítricas (especialmente a variedade amarga).

Ela é quimicamente semelhante à efedrina e às catecolaminas e, embora menos potente, causa efeitos similares no organismo.

A pesquisa mostra que a suplementação com sinefrina aumenta tanto a taxa metabólica basal como a lipólise, inibe a atividade de certos tipos de receptores de células de gordura que impedem a mobilização de gordura e aumenta o efeito térmico dos alimentos (que, no caso de você não lembrar, é o "custo de energia" de metabolizar comida).

Além disso, a pesquisa mostra que a sinefrina trabalha em sinergia com a cafeína para melhorar as propriedades da cafeína e sua própria perda de gordura. O sinergismo observado num padrão empilhado "ECA" (efedrina, cafeína e aspirina) também se aplica à sinefrina.

Além disso, qualquer coisa que tenha a capacidade de aumentar a atividade da catecolamina pode também suprimir a fome entre as refeições (um componente da resposta lutar ou fugir), e, assim, a sinefrina costuma ser também considerada um supressor de apetite eficaz.

COMO USAR A SINEFRINA PARA PERDA DE PESO

A dose clinicamente eficaz de sinefrina é de 25 a 50 miligramas e pode ser tomada de uma a três vezes ao dia, dependendo da tolerância individual.

GARCINIA CAMBOGIA

A *Garcinia cambogia* é uma fruta pequena frequentemente utilizada na culinária indiana e asiática para conferir um sabor azedo. É uma boa fonte natural de ácido hidroxicítrico e vem recebendo muita atenção da mídia ultimamente como uma auxiliar para a perda de peso.

No entanto, essas alegações são infundadas.

Como muitos suplementos da moda, a *Garcinia cambogia* tem alguma pesquisa com animais a seu lado, mas a pesquisa humana é contraditória e difícil de interpretar.

Dois estudos em ratos demonstraram que a *Garcinia cambogia* pode reduzir o ganho de peso durante um período de superalimentação suprimindo a síntese de ácidos gordos no fígado (isso reduziu a quantidade de gordura que os ratos podiam produzir das calorias em excesso).

Porém, a pesquisa humana jogou um balde de água fria.

Uma meta-análise de 12 estudos clínicos randomizados de *Garcinia cambogia* encontraram o seguinte:

- Três estudos com pequenas amostras relataram uma diminuição estatisticamente significativa, embora pequena, na massa gorda nos grupos placebo;
- (Para o caso de você estar se perguntando, o melhor resultado foi 1,3 quilo a mais de peso perdido do que o grupo placebo durante um período de três meses.);

- Dois estudos não encontraram nenhuma diferença na perda de peso entre os grupos *Garcinia cambogia* e placebo, incluindo o maior e mais rigoroso estudo revisado;
- Os resultados dos estudos restantes revisados foram marcados por graves falhas de execução e/ou concepção.

Como você pode ver, a pesquisa agora disponível afirma que, apesar de sua popularidade atual, a *Garcinia cambogia* provavelmente não o ajudará a perder peso, e, portanto, não vale a pena incluí-la em um suplemento queimador de gordura.

EXTRATO DE CHÁ VERDE

O extrato de chá verde é um produto à base de plantas derivado de folhas de chá verde. Ele contém uma grande quantidade de uma substância conhecida como catequina, que é responsável por muitos dos benefícios do chá para a saúde, um dos quais diz respeito à perda de peso.

A pesquisa mostrou que a suplementação com extrato de chá verde reduz a massa total de gordura, acelera a perda de gordura induzida por exercício e pode reduzir a gordura abdominal, em particular. O principal mecanismo pelo qual ele realiza isso é a inibição de uma enzima que degrada as catecolaminas.

Isso também faz o extrato de chá verde trabalhar em sinergia com a cafeína: a cafeína aumenta os níveis de catecolaminas e o extrato de chá verde prolonga a quantidade de tempo que elas passam no sangue.

COMO USAR O EXTRATO DE CHÁ VERDE PARA PERDA DE GORDURA

Levando em conta as dosagens que se mostraram eficazes em estudos clínicos, vemos que de 400 a 600 miligramas de catequina por dia é a faixa regular.

Não importa quando se toma o extrato de chá verde. A pesquisa mostrou que a absorção é mais rápida quando as pílulas são tomadas em um estado de jejum, mas os níveis de catequina no plasma permanecem elevados por várias horas após a ingestão, esteja o indivíduo alimentado ou em jejum.

AÇAÍ

A açaí-mania passou, mas a fruta continua a ser muitíssimo popular no mundo dos suplementos de emagrecimento.

Serei breve, citando apenas o Centro Nacional para Medicina Complementar e Alternativa norte-americano:

> Não há nenhuma evidência científica definitiva com base em estudos em seres humanos para apoiar o uso de açaí para alguma finalidade relacionada à saúde.
>
> Não há estudos independentes que tenham sido publicados em revistas especializadas que fundamentem as alegações de que os suplementos de açaí sozinhos promovam a rápida perda de peso. Pesquisadores que investigaram o perfil de segurança de um suco enriquecido com açaí em animais observaram que não houve alterações no peso corporal em ratos que receberam o suco.

Não desperdice seu dinheiro com produtos de açaí se você estiver tentando perder peso.

EXTRATO DE CAFÉ VERDE

O extrato de café verde é um suplemento derivado de grãos de café verde. Eles são semelhantes aos grãos de café comuns, mas têm altas quantidades de uma substância conhecida como *ácido clorogênico.*

Uma recente meta-análise disponível de cinco testes de extrato de café verde em humanos demonstrou que altas doses de ácido clorogênico via extrato de café verde (de 400 a 800 miligramas de ácido clorogênico por dia) podem induzir à perda de gordura, mas os pesquisadores observaram que os estudos que afirmam isso tinham alto risco de viés devido às fontes de financiamento (empresas com fins lucrativos que produzem extrato de café verde).

O extrato de café verde pode ajudar a perder peso se tomado em doses suficientemente elevadas, mas até que mais pesquisas sejam feitas — pesquisa particularmente imparcial — o seu valor final como um suplemento de perda de gordura é duvidoso.

CARNITINA

A carnitina é um composto que o organismo produz a partir dos aminoácidos lisina e metionina e que desempenha um papel vital na geração de energia celular.

Embora não haja evidência científica de que a suplementação de carnitina possa ajudar na recuperação muscular após o exercício, ela não teria nada a oferecer em termos de perda de peso?

Bem, ela tem um mecanismo de interesse: a carnitina aumenta a oxidação da gordura nos músculos. O que isso significa é que a carnitina parece aumentar a velocidade com que o tecido muscular queima gordura como combustível em vez de glicogênio. Teoricamente, isso poderia resultar em perda de gordura adicional durante o exercício.

Porém, a pesquisa vigente sobre esse mecanismo não é empolgante.

Há evidências de que a carnitina pode reduzir a massa gorda e aumentar a massa muscular nos idosos, mas esses efeitos não foram observados em testes com mulheres na pré-menopausa com sobrepeso. A pesquisa em animais também não demonstrou nenhum benefício de perda de peso quando simplesmente combinou-se a carnitina com uma dieta de restrição calórica.

Baseado no que sabemos atualmente, a menos que a capacidade do seu corpo de oxidar a gordura seja prejudicada por uma doença ou disfunção, os efeitos metabólicos da carnitina não são suscetíveis de ajudar com a perda de gordura.

5-HTP

O aminoácido 5-HTP é encontrado em alimentos como leite, carne, batata, abóbora, e várias verduras. Ele é convertido em serotonina no cérebro, que é um dos principais neurotransmissores envolvidos na sensação de alegria.

A pesquisa mostra que, quando tomado com alimentos, o 5-HTP aumenta a sensação de saciedade e, assim, ajuda a controlar a ingestão de alimentos. Além disso, estudos têm demonstrado que o mecanismo de saciedade do 5-HTP pode reduzir os desejos de carboidrato, em particular.

COMO USAR O 5-HTP PARA PERDA DE PESO

Doses clinicamente eficazes de 5-HTP estão na faixa de 150 a 500 miligramas, que devem ser tomadas com as refeições. Como a sinefrina, de uma a três porções por dia é o usual, dependendo da tolerância.

FORSCOLINA

A forscolina é encontrada na erva indiana *Coleus forskohlii* e tem sido muito utilizada pela medicina ayurvédica para tratar distúrbios cardíacos e respiratórios.

A suplementação com forscolina aumenta o plasma do sangue e os níveis intracelulares de uma molécula conhecida como o CAMP (monofosfato cíclico de adenosina), que funciona como um "retransmissor de mensagem" intracelular vital para vários processos bioquímicos, incluindo a regulação do glicogênio, do açúcar e do metabolismo lipídico.

O CAMP e o trifosfato de adenosina (ATP — a forma mais básica de energia celular no corpo) interagem de uma maneira simples e poderosa na célula. O ATP elevado indica um estado de energia abundante e o organismo vai mirar no armazenamento e na construção de tecidos. Mas quando o CAMP está alto, significa uma falta de ATP e, portanto, inicia-se um processo para produzir mais ATP pela queima das reservas de energia.

A forscolina ativa uma enzima conhecida como adenilato ciclase, que converte o ATP em CAMP, assim aumentando a proporção a favor de CAMP e iniciando o processo de queima de energia.

Além disso, os efeitos da forscolina são amplificados pelos efeitos de sinefrina.

Isto não é mera teoria abstrata, no entanto: a pesquisa mostra que a suplementação com forscolina acelera a perda de gordura e aumenta os níveis de testosterona.

COMO USAR A FORSCOLINA PARA PERDA DE PESO

Embora se desconheça um intervalo clinicamente eficaz, que é provavelmente vasto, sabe-se que de 25 a 50 miligramas de forscolina tomados uma vez por dia é eficaz.

IOIMBINA

A ioimbina é uma substância que se encontra na planta *Pausinystalia yohimbe* e a pesquisa mostra que ela ajuda a bloquear um mecanismo nas células de gordura que impede a perda de peso, o que por sua vez acelera a perda de gordura.

Há um problema, porém: você deve estar em um estado de jejum para que ela funcione. O pico de insulina que ocorre depois de comer uma refeição anula completamente os efeitos benéficos da ioimbina.

A ioimbina é um acelerador eficaz de perda de gordura, mas eu não aprecio a sua inclusão em suplementos queimadores de gordura, porque algumas pessoas se sentem agitadas com seu uso. Assim, eu acho melhor comprá-la e usá-la separadamente.

COMO USAR A IOIMBINA PARA PERDA DE PESO

Eu recomendo que você comece com 0,1 miligrama por quilograma de peso corporal para avaliar a tolerância. Se você se sentir bem, aumente para a dosagem clinicamente eficaz de 0,2 miligrama por quilograma.

Como com tudo o mais, doses excessivas de ioimbina podem ter efeitos colaterais negativos. Também constatou-se que a ioimbina aumenta a pressão arterial. Portanto, se você tem pressão arterial elevada, eu não recomendo.

ÓLEO DE PEIXE

O óleo de peixe é uma grande fonte dos ácidos graxos ômega 3 (ácido eicosapentaenoico, ou EPA, e ácido docosa-hexaenoico, ou DHA), que são um tipo de gordura essencial, o que significa que não podem ser sintetizados pelo organismo e devem ser obtidos da dieta.

A pesquisa mostra que a suplementação com óleo de peixe pode:

- aumentar a síntese de proteína muscular;
- reduzir a dor muscular, a inflamação e a ansiedade;
- reduzir a pressão arterial, a depressão, os efeitos negativos do estresse, o risco de doença cardiovascular e renal, o acidente vascular cerebral e a síndrome metabólica;
- melhorar a captação de glicose e a sensibilidade à insulina em pessoas com resposta de insulina e metabolismo prejudicados e preservá-la nos metabolicamente saudáveis;
- melhorar a memória e o desempenho cognitivo;
- ajudar a prevenir o ganho de peso;
- acelerar a perda de gordura.

Como você pode ver, este é definitivamente um suplemento que vale a pena tomar, especialmente considerando-se o fato de que a dieta ocidental média é muito pobre em ácidos graxos ômega-3.

No entanto, nem todos os óleos de peixe são iguais. Há dois pontos importantes a considerar:

COMO O ÓLEO FOI PROCESSADO.

Hoje há duas formas de óleo de peixe no mercado: o triglicerídeo e o etil éster.

A forma triglicerídeo é o óleo de peixe em seu estado natural, e a forma etil éster é uma versão processada da forma triglicerídeo que inclui uma molécula de etanol (álcool).

Embora muitos estudos demonstrem os benefícios da suplementação com etil ésteres de ácidos graxos (FAEE), a pesquisa mostra que a forma triglicerídeo é mais bem absorvida pelo organismo.

Uma das razões para isso é que a forma etil éster é muito mais resistente ao processo enzimático pelo qual o corpo decompõe o óleo para uso.

Outra desvantagem para a forma etil éster é que durante o processo digestivo o organismo o converte de novo na forma triglicerídeo, o que resulta na liberação da molécula de etanol. Embora a dose seja pequena, aqueles que são sensíveis ao álcool ou dependentes dele podem ser afetados negativamente. Além disso, a pesquisa forneceu evidência de toxicidade e lesão celular e orgânica resultante da ingestão de FAEE.

SAIBA O TEOR DE EPA E DE DHA EM CADA PORÇÃO.

Devido à variação da qualidade dos óleos de peixe no mercado, é importante que você verifique quantos miligramas de EPA e de DHA existem em cada porção.

Suplementos de baixa qualidade podem ter quantidades mínimas como 150 a 200 miligramas por 1 grama de gordura, o que os torna praticamente inúteis, pois você teria que tomar muito todos os dias para obter ômega-3 suficiente (o desejável é um mínimo de 2 a 3g de ômega-3 por dia).

Um óleo de peixe de alta qualidade é bem mais caro do que um de baixa qualidade, mas quando você constata o quanto está recebendo de ácidos graxos ômega-3 pelo dinheiro investido, o preço faz mais sentido.

Por exemplo, aqui está o rótulo de um produto de óleo de peixe barato, de baixa qualidade (etil éster):

100 cápsulas
Porção de 1 cápsula
Doses por embalagem: 100

Quantidade por porção		%Valor Diário*
Calorias	10	
Calorias da gordura	10	
Gordura Total	1g	2%
Colesterol	5mg	2%
Óleo de peixe	1g	**
Total ácidos graxos ômega-3	300mg	
EPA (ácido eicosapentaenoico)		
DHA (ácido docosa-hexaenoico)		**

*A porcentagem de Valores Diários é baseada em dieta de 2.000 calorias
**Valor Diário não estabelecido

Outros ingredientes:
Gelatina, glicerina, esmalte resinoso, etilcelulose, revestimento entérico, (alginato de sódio, ácido esteárico), tocoferóis mistos, vanilina

ALÉRGICOS:
CONTÉM INGREDIENTES DE PEIXE (ANCHOVA, CAVALINHA, SARDINHA)

Este produto custa cerca de US$ 11 e vem com 100 cápsulas, o que significa que você está recebendo 30 gramas de ácidos graxos ômega-3 por frasco e paga cerca de US$ 0,37 por grama.

Aqui está o rótulo de um óleo de peixe triglicerídeo de alta qualidade:

120 cápsulas
Porção de 2 cápsulas
Doses por embalagem: 60

Quantidade por porção		%Valor Diário*
Calorias	18	
Calorias da gordura	18	
Gordura Total	2g	3%
Gordura Saturada	0,1g	1%
Gordura Trans	0g	†
Vitamina E	30 UI	100%

Peso	Volume	%
Ácidos graxos ômega-3		
EPA (ácido eicosapentaenoico)	650mg	35%
DHA (ácido docosa-hexaenoico)	450mg	25%
Outros ômega-3	180mg	10%
Total ômega-3	1280mg	70%
Ácido oleico (ômega-9)	56mg	3%

*A porcentagem de valores diários é baseada em dieta de 2.000 calorias
†Valor Diário não estabelecido
Menos de 5mg de colesterol por porção

Outros ingredientes:
Óleo de peixe de profundidade purificado (a partir de anchovas e sardinhas), cápsula de gel mole (gelatina, água, glicerina, óleo natural de limão), óleo natural de limão, D-alfa tocoferol, extrato de alecrim.

Não contém glúten, levedura, derivados do leite, corantes ou sabores artificiais. Contém vitamina E derivada de óleo de soja refinado.

Este produto custa cerca de US$ 40 e vem com 120 cápsulas, o que significa que você está recebendo cerca de 77 gramas de ácidos graxos ômega-3 por frasco e pagando cerca de US$ 0,52 por grama.

Então, como você pode constatar, a diferença de preço inicial de US$ 11 *versus* US$ 40 não é tão grande quando você olha para o que está recebendo: US$ 0,37 por grama de óleo de baixa qualidade que não proporciona todos os benefícios pelos quais você procura *versus* US$ 0,52 por grama para o óleo da mais alta qualidade no mercado.

Assim, eu recomendo que você pague um pouco mais por um óleo de peixe de alta qualidade.

COMO USAR O ÓLEO DE PEIXE PARA MELHORAR O DESEMPENHO E A SAÚDE EM GERAL

A pesquisa indica que a quantidade ideal de ácidos graxos ômega-3 para uma pessoa comer em uma dieta normal de 2.000 calorias é de 1,3 a 2,7g por dia, e que pouco mais de 6,5g por dia é o limite máximo recomendado.

Note que eu disse gramas de ácidos graxos ômega-3, e não gramas de óleo de peixe. Esta é uma distinção importante, porque 1 grama de óleo de peixe não é 1 grama de ácidos graxos ômega-3.

ESPIRULINA

A espirulina é uma alga atóxica, azul-esverdeada e rica em nutrientes. A pesquisa mostra que a suplementação com espirulina pode:

- reduzir o dano muscular causado pelo exercício;
- melhorar o desempenho do exercício;
- aumentar a força;
- melhorar os níveis de colesterol e triglicerídeos;
- reduzir a pressão arterial;
- melhorar o controle do açúcar no sangue;
- reduzir a inflamação sistêmica;
- melhorar os sintomas de alergia;
- melhorar a sensibilidade à insulina.

Como você pode ver, ela proporciona benefícios semelhantes aos do óleo de peixe, mas com alguns brindes adicionais diretamente relacionados com o exercício e em particular com o levantamento de peso.

COMO USAR A ESPIRULINA PARA MELHORAR O DESEMPENHO E A SAÚDE GERAL

A dosagem comum observada em estudos é de 1g a 3g por dia, embora seja possível encontrar vantagens adicionais em até 10g por dia, que é a dose elevada recomendada para os seres humanos.

É importante notar que algumas pessoas apresentam reação alérgica à espirulina. Se você tiver qualquer tipo de reação negativa, como inchaço da face, vermelhidão da pele ou diarreia, pare de usar a espirulina.

A REGULARIDADE É A CHAVE

A regularidade é tão importante para a suplementação quanto o treino e a alimentação. Você tem de tomar seus suplementos com regularidade para obter os seus benefícios.

Para facilitar, basta incluir o seu regime de suplementação em seu plano de refeição diária para que não esqueça.

O FUNDAMENTAL

Nós falamos sobre a maioria dos tipos populares de suplementos, mas você poderá encontrar muitos mais nas prateleiras de sua loja de suplementos local. Faça um favor à sua carteira, porém, e ignore todos, especialmente os que soarem extravagantes.

Você pode obter ganhos incríveis sem nenhum suplemento que seja, mas se estiver disposto a gastar algum dinheiro para tirar o máximo proveito de seu treinamento, adicionar os suplementos certos fará sentido.

No caso de você não querer inserir tudo o que eu recomendo neste capítulo (e eu entendo perfeitamente — não é barato), aqui está como eu os classifico por importância geral e mérito:

- Vitamina D;
- Multivitamínicos;
- Óleo de peixe;

- Proteína em pó (se necessário para atingir as suas necessidades diárias de proteína);
- Espirulina;
- Creatina;
- Reforço pré-treino ou impulsionador de óxido nítrico;
- Glutamina.

E se você está fazendo dieta para perda de gordura, eis como eu iria classificar os suplementos de perda de gordura:

- Cafeína;
- Queimador de gordura (se adequadamente formulado, uma vez que irá conter a maior parte das substâncias abaixo);
- Sinefrina;
- Ioimbina e ACR (se você estiver treinando em jejum);
- Extrato de chá verde;
- Forscolina;
- 5-HTP.

E mais uma vez, consulte o relatório gratuito se você quiser ver quais marcas e produtos eu uso e recomendo especificamente.

PARTE VI

O INÍCIO

23

Daqui em diante, seu corpo irá se transformar

Seu amor pelo que faz e a disposição para se esforçar quando os outros não estão dispostos a se mexer — isso é o que o tornará excelente.

— LAURENCE SHAHLAEI

ENTÃO, É ISSO! Acho que nossa missão está cumprida, certo? Chegamos ao fim.

De jeito nenhum.

Agora, você entrou num processo — é isso mesmo, o processo já começou — de provar para si mesmo que pode transformar seu corpo mais depressa do que acreditou que seria possível. No espaço dos primeiros 3 a 4 meses de treinamento, você saberá com *certeza absoluta* que pode seguir o que aprendeu neste livro e conquistar o corpo dos seus sonhos.

É muito bom constatar que você tem o poder de mudar seu corpo — para ficar maior, mais magro e mais saudável — e que está no controle de seu organismo, e não o contrário.

Por mais que se considere um sujeito "normal", prometo que você não apenas é capaz de criar um corpo extraordinário, mas de criar uma vida extraordinária também. Não se surpreenda se sua recém-conquistada autoconfiança se generalizar e atingir outras áreas de sua vida, inspirando-o a ir atrás de outras metas, alcançá-las e melhorar também em outros aspectos.

Desse ponto em diante, você só precisa trilhar o caminho que apresentei e, em doze semanas, irá se olhar no espelho e pensar: "Fico feliz por ter feito isso", e não um "Eu gostaria de ter feito isso".

Meu objetivo é ajudar você a alcançar sua meta e espero que este livro o auxilie.

Se trabalharmos juntos, em equipe, podemos e iremos ter sucesso. Assim, gostaria que você fizesse uma promessa, agora que deu início à sua transformação. Você pode prometer a si mesmo — e a mim — que me dirá quando tiver alcançado sua meta?

Veja como podemos nos conectar:

Facebook: facebook.com/muscleforlifefitness
Twitter: @muscleforlife
Instagram: instagram.com/muscleforlifefitness
G+: https://plus.google.com/+MikeMatthews

E por último, mas não menos importante, o meu site: www.muscleforlife.com. Se você quiser me escrever, meu endereço de e-mail é mike@muscleforlife.com. (Tenha em mente que eu recebo muitos e-mails todos os dias e respondo a todos pessoalmente; por isso, deixe a sua mensagem que eu responderei o mais breve possível!)

Obrigado mais uma vez. Espero notícias suas e lhe desejo o melhor!

PARTE VII

PERGUNTAS E RESPOSTAS

CONSIDERAÇÕES FINAIS

24

Perguntas frequentes

Nestes tempos em que se acredita que há um atalho para tudo, a maior lição a ser aprendida é que a maneira mais difícil é, em longo prazo, a mais fácil.

— HENRY MILLER

P: NÃO CONSIGO ACHAR TEMPO PARA FAZER EXERCÍCIOS, MAS QUERO ENTRAR EM FORMA. O QUE POSSO FAZER?

R: Não conheço ninguém que consiga achar tempo para se exercitar. Nunca ninguém veio me dizer, por exemplo: "Mike, estou com muito tempo livre ultimamente. Acho que vou passar algumas horas na academia todos os dias para entrar em forma. O que é que eu deveria fazer enquanto estou lá?".

É sempre o oposto: a maioria das pessoas tem uma vida superocupada e frenética e todos acham que não têm tempo para fazer nada novo. Só que isso simplesmente não é verdade. Por mais que muita gente goste de pensar que é ocupada demais para fazer exercícios, não é isso o que realmente acontece.

As pessoas que tiveram sucesso na transformação de seu corpo têm somente 24 horas por dia para fazer tudo o que precisam, assim como você e eu. E elas também trabalham para se sustentar, têm família, levam uma vida social e mais um monte de atividades para manobrar. Mas veja só: elas conseguiram planejar o dia e acharam um jeito de reservar 45-60 minutos para se exercitar. Algumas decidiram assistir menos TV; outras, como eu, acordam uma hora mais cedo todos os dias. Outras ainda deixam o cuidado dos filhos com seus cônjuges por uma hora após o jantar e até mesmo revezam a cada dois dias para que ambos possam entrar em forma.

O ponto é que se você quiser arranjar uma hora para o exercício de 3 a 5 dias por semana, eu tenho certeza de que conseguirá fazê-lo.

P: ESTOU NA FAIXA DOS 40-50 ANOS. AINDA POSSO ME BENEFICIAR DE UM PROGRAMA COMO ESTE?

R: Toda semana eu recebo e-mails de alguns caras me perguntando se é tarde demais para construir músculos e ficar em forma.

A maioria fica agradavelmente surpresa quando eu explico que de modo algum é tarde demais e que eu costumo trabalhar com caras de 50 e até 60 anos que rapidamente constroem músculos e entram na melhor forma de suas vidas.

Porém, como as pessoas de mais de 40 anos devem construir seus músculos? Certamente elas não podem treinar e comer como os jovens de 20 anos, certo? Bem, você talvez se espante ao saber que não há tantas mudanças quanto se imagina.

Uma das primeiras coisas que eu mostro àqueles que temem que a idade esmague seu sonho de entrar em forma é um estudo realizado por pesquisadores da Universidade de Oklahoma. Nesse estudo, 24 rapazes (de 18 a 22 anos) e 25 homens de meia-idade (de 35 a 50) seguiram a mesma rotina de levantamento de peso durante oito semanas.

Os pesquisadores usaram escaners DEXA para medições pré e pós-rotina e descobriram que os homens de meia-idade construíram a mesma densidade óssea que seus colegas muito mais jovens! Na verdade, os homens de meia-idade construíram um pouco mais, em média, mas não o suficiente para ser estatisticamente significativo.

Os ganhos de força foram parecidos. Os homens de meia-idade ganharam uma média de 6kg de força no supino e 18kg no *leg press*, e os rapazes ganharam uma média de 3kg de força no supino e 25kg no *leg press*.

Pessoas de 60 anos para cima também foram avaliadas. A pesquisa mostrou que elas, do mesmo modo, podem construir uma quantidade significativa de massa muscular e força e que essa é uma ótima maneira de combater a espiral descendente de saúde que costuma ser associada ao envelhecimento.

Essas descobertas estão de acordo com as minhas experiências trabalhando com centenas de homens e mulheres com idade entre 40 e 70 anos. Um por um, eles foram capazes de construir músculos visíveis, emagrecer e melhorar sua saúde geral e seu bem-estar. O importante é que se pode entrar em ótima forma em qualquer idade.

Se você está na meia-idade e se animou ao saber que não é tarde demais, provavelmente está se perguntando qual é a melhor maneira de começar. Felizmente, a rotina não muda muito por causa da idade, mas há alguns pontos que você deve saber.

EU SOU UM GRANDE DEFENSOR DO LEVANTAMENTO DE PESO PESADO, MAS TALVEZ VOCÊ PRECISE IR COM CALMA.

O levantamento composto pesado é a melhor maneira absoluta para construir músculos e força, mas ele também exige muito do seu corpo, tanto de seus músculos como do sistema nervoso.

Não tenha medo de levantamento de peso pesado, mesmo se estiver com seus 50 ou 60 anos. Porém, se você não é um levantador de peso experiente, eu recomendo que comece o seu treino na faixa de 8 a 10 repetições e fique aí até os exercícios se tornarem muito confortáveis.

Você poderá então ir para a faixa de 6 a 8 repetições e trabalhar com isso até que seja completamente estável e confortável. Você poderá então ir para o intervalo de 4 a 6 repetições, mas não é obrigatório. Veja como seu corpo se sente.

Devo dizer que muitos homens de meia-idade consideram útil revezar as escalas de repetição no seu treino. Ou seja, uma semana eles treinam na faixa de 10 a 12 repetições; na semana seguinte, na faixa de 6 a 8 repetições; na próxima, de 4 a 6 repetições; e na próxima, de volta para o intervalo de 10 a 12 repetições.

NÃO IGNORE PROBLEMAS NAS COSTAS, NOS JOELHOS, NOS OMBROS OU EM OUTRAS PARTES DO CORPO.

Se você tiver quaisquer problemas na lombar, não faça o levantamento terra, a menos que receba instrução de um fisioterapeuta para fazê-lo. O mesmo vale para problemas de joelho e agachamento, bem como problemas no ombro e prensagem (supino e desenvolvimento militar).

Trabalhe de acordo com tais limitações: não tente superá-los ou você poderá acabar machucado e fora da academia por meses.

CERTIFIQUE-SE DE DESCANSAR ADEQUADAMENTE.

Embora a idade não prejudique o processo de recuperação tanto quanto alguns imaginam, ele se torna mais lento à medida que envelhecemos.

A solução é simples: certifique-se de dormir muito bem, comer bastante proteína e tirar uma semana de folga dos exercícios a cada seis a sete semanas, em vez da recomendação habitual em prazos maiores, de oito a dez.

Isso é tudo para o treino. Em termos de alimentação, eu tenho algumas boas notícias para você: não se preocupe com o seu metabolismo — está tudo bem.

Uma preocupação comum entre as pessoas de meia-idade é que seus metabolismos fiquem muito lentos, tornando a perda de peso ou o crescimento muscular quase impossível.

Bem, é verdade que o envelhecimento provoca alguma desaceleração metabólica, mas muito dela é causada pela perda de massa muscular. Músculo queima calorias e como nós naturalmente perdemos músculo à medida que envelhecemos, nossos corpos passam a queimar cada vez menos calorias ao longo do tempo.

A boa notícia, porém, é que você pode reverter totalmente esse processo com treinamento de resistência regular. Seu metabolismo pode voltar a ser tão robusto como era décadas atrás.

P: EU VIAJO MUITO. AINDA ASSIM, É POSSÍVEL SEGUIR ESTE PROGRAMA ADEQUADAMENTE?

R: Claro que sim, mas isso pede que você se organize. Hospede-se num hotel próximo de uma academia decente (a maioria dos hotéis conta com instalações semelhantes às de uma academia, mas elas são inadequadas para o tipo de treinamento que você estará fazendo) e planeje em que horários fará seu treino. Para a maioria dos viajantes, isso significa bem cedo pela manhã ou após o jantar. Leve os suplementos na bagagem e apenas siga as sequências normais de exercícios.

Se você não puder treinar numa academia enquanto estiver fora da cidade, faça uma rotina de peso corporal no seu quarto de hotel para ajudar a manter a força.

Eu faço assim:

Flexões à exaustão (com uma das mãos, se possível)

Descanso de 60 segundos

Puxadas à exaustão (eu levo comigo uma daquelas barras que se instalam no batente da porta)

Descanso de 60 segundos

Agachamento por 30 segundos (uma perna só, se possível)

*Burpees** por 30 segundos

Steps à exaustão

Descanso de 90 segundos

* No exercício *burpee*, o movimento começa com um agachamento seguido de um rápido movimento de colocação das mãos no chão à frente do corpo e chute que posiciona as pernas para trás. Então vem o movimento de flexão e ajuste das pernas na posição de agachamento.

Abdominais à exaustão
Descanso de 60 segundos
Começar de novo com as flexões

Eu pratico por 20 a 30 minutos e considero eficaz para manter a minha força e tornar menos chocante o retorno ao levantamento de peso.

Seguir uma dieta pode ser um pouco mais complicado quando a gente viaja, mas ainda podemos fazer o que é preciso. Antes de chegar, localizo opções mais saudáveis nas imediações e elaboro o cardápio que vou consumir enquanto estiver viajando.

P: EU NÃO SINTO DORES COM ESTE PROGRAMA COMO SENTI COM OUTROS. ISSO É RUIM?

R: A maioria das pessoas acha que músculos doloridos são um bom sinal — isso significa que seus músculos estão crescendo.

Intuitivamente, faz sentido. Estamos treinando para danificar nossos músculos e lesão muscular leva à dor muscular; assim, portanto, pouca ou nenhuma dor significaria pouco ou nenhum dano e, por consequência, pouco ou nenhum ganho, certo?

Acontece que não é assim tão simples.

Treinos que causam muita dor muscular não resultam necessariamente em crescimento muscular, e treinos que causam pouca ou nenhuma dor podem resultar em crescimento muscular significativo.

Por exemplo, se você faz uma hora de corrida morro abaixo, suas pernas estarão muito doloridas no dia seguinte, mas essa corrida definitivamente não vai construir pernas grandes e fortes. O alongamento envolvido nos *flys* com halteres podem causar dor, mas eles não acrescentam praticamente nada em termos de massa se comparados a algo como o supino inclinado, que talvez cause menos dor.

Para citar pesquisadores da Yokohama City University:

> Por causa de correlações geralmente equivocadas entre DMT [dor muscular tardia] e outros indicadores, podemos concluir que a DMT é um refletor insatisfatório de lesão e inflamação muscular induzidas pelo exercício excêntrico e alterações nos marcadores indiretos de lesão muscular e inflamação não são necessariamente acompanhadas de DMT.

Em outras palavras, os músculos danificados não necessariamente doem e os músculos que doem não estão necessariamente muito danificados.

A fisiologia exata por trás disso ainda não é totalmente compreendida (crescimento muscular é um processo muito complicado), mas um estudo realizado por pesquisadores da Universidade Concórdia demonstrou que pelo menos um pouco da dor que sentimos decorre do tecido conjuntivo segurando juntas as fibras musculares, e não das fibras em si.

Também sabemos que quanto mais os músculos são expostos a certos tipos de estímulos, menos doloridos eles se tornam como resultado. Mas isso não significa que eles não se tornarão maiores e mais fortes.

Eu só fico muito dolorido de um treino se não tiver treinado na semana anterior. Quando estou na minha rotina normal, fico levemente dolorido apesar de trabalhar duro na academia.

Assim, o importante em relação à dor muscular é: ela não nos diz muito em termos de estarmos fazendo ganhos. Não pense que a dor excessiva significa maior crescimento muscular e não se preocupe se você não estiver ficando dolorido.

P: MOSTREI ESTE LIVRO A UM PERSONAL TRAINER E ELE NÃO GOSTOU. DISSE QUE EU DEVIA FAZER OUTRA COISA. ELE TEM RAZÃO?

R: Estou certo de que o treinador tem a melhor das intenções e que ele só está tentando ajudar, mas infelizmente uma parte dos instrutores simplesmente não sabe do que está falando. Muitos deles, inclusive, nem está em forma e só ficam ensinando o que aprenderam em manuais, sem saber se aqueles métodos são, de fato, os mais eficientes.

Se você seguir o que escrevi neste livro, terá uma espetacular evolução em sua força e em sua massa muscular, isso eu posso garantir. Dezenas, ou até centenas, de milhares de homens no mundo todo seguem programas de treinamento como esse e os resultados que exibem falam por si mesmos.

P: UM CARA ENORME NA ACADEMIA RECOMENDOU QUE EU TRABALHE EM UMA FAIXA DE ALTA REPETIÇÃO. E AGORA?

R: Como você sabe, a ciência não é categórica sobre a "perfeita" faixa de repetições para a hipertrofia (crescimento muscular). O que os cientistas podem concordar é que o ponto certo fica em algum lugar entre 4 e 8 repetições.

Quando você vê caras enormes fazendo rotinas de alta repetição, não está vendo o quadro completo.

O que falta? Faltam as drogas.

Isso pode parecer um pouco cínico, mas é verdade, infelizmente. A menos que estejam treinando para se tornar halterofilistas, caras com esteroides fazem rotinas de alta repetição e baixo peso (para eles) por várias razões.

Primeiro, elas ajudam a prevenir lesões, pois os esteroides fazem seus músculos crescerem muito mais fortes do que seus tendões e ligamentos podem suportar. Assim, o cara pode sentir que consegue lidar com 220kg no supino ou no agachamento, mas seus tendões e ligamentos não conseguem e uma lesão horrível pode resultar disso.

Em segundo lugar, é fácil, preferem escolhas rápidas. Quando estiverem envolvidos com as drogas, bastará tomar uma bomba por dia para crescer.

Mais uma vez, a maneira mais simples de resolver por si mesmo esse tipo de debate interno é fazer este programa de honestas oito semanas de trabalho duro. Tenho certeza de que você não irá se arrepender.

P: EU NÃO DEVERIA TREINAR CADA GRUPO MUSCULAR DUAS OU TRÊS VEZES POR SEMANA PARA MAXIMIZAR O CRESCIMENTO MUSCULAR?

R: Assim como as escalas de repetição "ideais", a frequência de treinamento ideal é um assunto muito debatido. Tudo se resume a intensidade do treino e volume. Quanto mais leve o peso e menor o número de séries, mais vezes você poderá treinar o grupo muscular.

No caso de *Malhar, secar, definir*, você bate forte em seus músculos, com cerca de 50 a 60 repetições por treino, com todas as repetições recrutando ao máximo as fibras musculares (devido à carga). A menos que você tenha uma recuperação sobre-humana, não será capaz de fazer os mesmos exercícios mais do que uma vez a cada cinco a sete dias, razão pela qual a prensagem adicional é limitada a 3 séries e na faixa de 8 a 10 repetições.

O importante é que a *intensidade* semanal e o *volume* são mais relevantes do que a frequência quando olhamos para ciclos de treinamento de cinco a sete dias, e todos que seguem o programa fazem ganhos rápidos de força e tamanho. Mesmo levantadores de longa data.

P: POSSO FAZER ESSE PROGRAMA EM CASA?

R: Sim.

Tudo de que você precisa para seguir o programa é uma power cage ou rack de agachamento e bancada, uma barra com anilhas, um conjunto de halteres (eu prefiro reguláveis) e um banco ajustável. Você também pode obter um banco de utilidade para o seu desenvolvimento militar, para que possa fazer o exercício sentado em vez de em pé.

Com este equipamento, você só não conseguirá fazer alguns exercícios, como puxada alta, *tríceps pushdown*, mergulho, *leg press* e elevação de pernas na cadeira do capitão. Mas você poderá substituí-los por outros exercícios "aprovados", como puxada com peso, tríceps testa alternado, mais de supino com halteres e supino com barra, mais de agachamento e elevação de pernas.

Você também tem a opção de incluir exercícios extras como os que estão na página deste livro no site da Editora. Baixe gratuitamente o plano de exercícios e suplementos.

P: TENHO MUITA DIFICULDADE EM AUMENTAR A MASSA MUSCULAR. SERÁ QUE ESSE PROGRAMA SERVE PARA MIM?

R: Sem dúvida. Eu não acredito no mito do *hardgainer.* Durante todos os anos em que atuo nessa área, nunca conheci um sujeito que não ganhasse músculos se estivesse comendo e treinando adequadamente. Na maioria dos casos, não estavam levantando peso para chegar ao máximo ganho muscular possível e não estavam comendo do jeito certo (e, às vezes, isso significava que tinham de comer 4.000 calorias por dia só para ganhar de 250g a 500g por semana!).

Então, se você teme que seu corpo seja geneticamente destinado a ser pequeno e fraco, ou mesmo falso magro, sossegue. Seu corpo contém os mesmos programas genéticos que o meu que resultam em crescimento muscular e perda de gordura. Se eu fiz mais progressos com o meu físico do que você com o seu, foi só porque eu tenho uma melhor compreensão de como encaixar todas as peças do quebra-cabeça: isto é, eu sei mais sobre treino adequado, comer e descansar. E só.

Assim, é verdade que a genética pode tornar mais fácil ou mais difícil construir músculos e perder gordura.

Algumas pessoas têm naturalmente níveis elevados de testosterona e de hormônio do crescimento, o que significa um crescimento mais rápido do músculo e um corpo mais magro em geral. Os corpos de algumas pessoas mobilizam reservas de gordura de forma mais eficaz do que os de outras, tornando a perda de gordura algo muito fácil.

A genética também desempenha um papel no formato de seus músculos. Nem todos os caras podem ter aquele peitoral quadrado perfeito ou o pico do bíceps absurdo, e nem todas as mulheres podem ter um bumbum perfeitamente redondo que desafia a gravidade.

Mas nada disso são verdadeiras limitações.

E daí se você constrói músculos ou perde gordura mais lentamente do que outra pessoa? Contanto que você veja melhorias regulares e chegue aonde quer chegar, o tempo a mais é irrelevante. Grande coisa se você não pode ter a mesma "estética" do seu modelo de capa favorito de *fitness*.

Você ainda pode ter uma aparência impressionante e se sentir forte, e é isso o que importa.

Independentemente da "qualidade" de sua programação genética, você pode construir o corpo dos seus sonhos em poucos anos e mantê-lo para o resto de sua vida.

P: EU SÓ TENHO ACESSO A HALTERES. AINDA POSSO FAZER O PROGRAMA?

R: Trabalhar apenas com halteres é difícil, porque você não pode fazer agachamento ou levantamento terra de forma eficaz.

Em uma rotina ideal, para pressionar peito e ombros você precisará tanto dos halteres quanto da barra.

Se eu puder convencê-lo a ter uma aparelhagem apropriada em casa ou treinar em uma academia em vez de ficar só com os halteres, você irá agradecer.

Agora, se não for possível, você poderá se concentrar nos exercícios com halteres dados na seção "exercícios aprovados" do livro. Por exemplo, um dia de peito ficaria assim:

Supino inclinado com halteres: aquecimento e 6 séries de 4 a 6 repetições
Supino reto com halteres: 3 a 6 séries de 4 a 6 repetições

Embora isso possa parecer redundante e ineficiente, é um ótimo treino de peito. Eu o pratiquei por quase seis meses alguns anos atrás e fiquei agradavelmente surpreso ao constatar o quão bem o meu peitoral respondeu.

Para o seu treinamento de perna, você pode trabalhar com exercícios como estocada com halteres, agachamento goblet e agachamento com uma perna (pistola), que são um desafio mesmo sem peso.

Para as costas, eu recomendo fazer um monte de remadas com halteres e puxadas com pegada aberta e fechada com peso.

P: DEVO TOMAR SUPLEMENTOS EM MEUS DIAS DE FOLGA?

R: Sim. Tome tudo o que você normalmente tomaria, à exceção dos produtos pré-treino e/ou impulsionadores de óxido nítrico em seus dias de folga.

P: ESTOU DOENTE. DEVO IR TREINAR MESMO ASSIM?

R: Eu entendo muito bem o desejo de se exercitar quando se está doente. Depois de estabelecer uma boa rotina de exercícios, você não irá querer mexer com ela.

Treinos intensos, porém, irão piorar a doença, porque eles reduzem temporariamente a função imunológica, o que proporciona mais tempo aos invasores para causar estragos em seu organismo.

Dito isso, pesquisas com animais mostraram que o exercício leve (de 20 a 30 minutos de corrida leve em esteira) realizado enquanto infetado com o vírus da gripe aumenta a função imunológica e acelera a recuperação.

Efeitos semelhantes foram observados também em estudos em seres humanos, e é por isso que eu recomendo não mais que três sessões de 20 a 30 minutos de cárdio leve quando você estiver doente (você não deve ficar muito sem fôlego para falar).

P: PARA MIM É DIFÍCIL PREPARAR REFEIÇÕES SAUDÁVEIS AO LONGO DA SEMANA. O QUE FAZER?

R: Uma solução simples é preparar a comida toda no domingo e levar a refeição de cada dia para o trabalho. Esquente num forno convencional ou de micro-ondas por alguns minutos e pronto!

P: EU DEVERIA USAR UM CINTO DE PESO?

R: Eu não sou fã de cintos de peso.

Eles não evitam lesões a menos que você já esteja machucado. O cinto só o ajudará a levantar mais peso e isso poderá se tornar um problema real se você o incluir na sua série.

P: MEUS AMIGOS, TODOS FORA DE FORMA, SEMPRE QUEREM QUE EU COMA COISAS QUE NÃO SÃO SAUDÁVEIS QUANDO ESTOU COM ELES. O QUE FAZER?

R: Não caia nessa armadilha que, para início de conversa, fez com que eles ficassem fora de forma. Quando for comer junto com pessoas que não comem bem, você deve tomar cuidado para não seguir os maus hábitos alimentares deles e usar isso como desculpa para fazer o mesmo.

Lembre-se de que ao se manter na sua busca por um corpo mais saudável, mais bonito, mais vigoroso você poderá inspirá-los a fazer o mesmo! Ou, se necessário, alimente-se antes de ir para a sua reunião ou só coma com eles quando você puder ter uma refeição de trapaça.

P: EU PRECISO IR À EXAUSTÃO EM TODA SÉRIE?

R: Você não tem que ir à absoluta exaustão a cada série. Eu raramente vou.

O que eu busco é chegar ao ponto em que me esforço para terminar uma repetição e sei que não conseguirei fazer a próxima sem ajuda (a repetição antes da exaustão).

Se você sente que pode não conseguir e quiser ir de qualquer maneira, isso é bom, mas você não tem que treinar assim em toda série.

P: NUNCA CONSEGUI SEGUIR NENHUM PROGRAMA DE EXERCÍCIOS. POR QUE DEVERIA TENTAR O SEU?

R: Nada é mais desanimador do que "se matar" na academia todo santo dia e não perceber nenhum resultado. De longe, esse é o principal motivo pelo qual as pessoas abandonam seus programas de exercícios. Bom, no caso desse, ele funciona mesmo. E, o que é melhor, rende resultados rapidamente.

Imagine que, em 3 meses, você ganha 4,5 kg de massa muscular magra e que seus amigos e a família comentam o tempo todo como sua aparência melhorou. As garotas começam a virar a cabeça. Os homens que você conhece perguntam o que foi que você fez. Você se sente forte e cheio de energia, melhor do que em muito tempo.

Bom, isso está totalmente ao seu alcance. Você só precisa começar.

P: EU GOSTO DE ÁLCOOL. ISSO PODERÁ SER UM PROBLEMA?

R: Como você sabe, o álcool inibe a oxidação da gordura, o que por sua vez acelera a taxa em que seu corpo armazena gordura alimentar como gordura corporal.

Se você quer ser capaz de beber ao fazer dieta e ainda perder peso, não beba mais do que um dia por semana e use as seguintes dicas para se proteger do armazenamento de gordura em excesso:

- Restrinja a ingestão de gordura alimentar naquele dia e não coma nenhum alimento gorduroso enquanto estiver bebendo;
- No dia, obtenha a grande maioria das suas calorias de proteína magra e carboidratos (com a maior parte vinda de proteínas);
- Fique longe de bebidas carregadas de carboidrato, como cerveja e outras coisas frutadas. Os vinhos secos são uma boa escolha, assim como os destilados;
- Ao seguir estes conselhos, você poderá desfrutar de algumas bebidas a cada semana sem se sentir culpado ou arruinar o seu regime de perda de peso.

Este livro possui 40 páginas de referências bibliográficas. Elas podem ser acessadas pelo site da Faro Editorial, no pé da página do livro. Escolhemos não colocá-las na versão impressa pois será também uma economia de árvores, e de dinheiro para você, por um conhecimento que pode ser baixado gratuitamente.

Plano gratuito de exercícios e indicações de suplementos

VOCÊ JÁ SABE COISAS que a maioria dos caras nunca vai entender sobre como construir um corpo musculoso, forte e saudável, mas talvez você se sinta inseguro sobre como elaborar um plano de refeição diária ou como combinar diferentes exercícios.

Bem, você quer um programa de treinamento completo e detalhado para seguir no próximo ano que garanta que você ficará maior, mais magro e mais forte do que nunca?

Já cuidei disso para você! Eu criei este relatório totalmente gratuito para ajudá-lo. Nele, eu cobri coisas como:

- quais marcas de suplementos que recomendo e por quê. Ao longo dos anos, já experimentei praticamente todas as marcas que você conhece e descobri aquelas que me parecem as melhores para cada tipo de suplemento que recomendo;
- planos completos de exercícios para todo o primeiro ano de treinamento;
- Entre outras coisas!

Seguindo este programa, você vai construir um físico que é motivo de orgulho. Será um troféu para a sua inabalável dedicação, perseverança e resistência.

Minha missão é ajudá-lo a chegar a esse momento! Isso me faz muito feliz.

Baixe este relatório especial gratuito, siga-o ano a ano e você ficará maior, mais magro e mais forte!

Você o encontra na página do próprio livro no site da editora: www.faroeditorial.com.br

Você me faria um favor?

OBRIGADO por ter comprado este livro. Estou seguro de que, se seguir o que escrevi, você estará a caminho de se sentir e parecer melhor do que em qualquer outro momento de sua vida.

Tenho um pequeno favor a lhe pedir. Poderia gastar um minuto e enviar um comentário para o meu e-mail sobre este livro? Eu leio todas as críticas que me mandam e adoro receber *feedbacks* (esse é o verdadeiro retorno do meu trabalho: saber que estou ajudando pessoas).

Além disso, se tiver amigos ou parentes que você acha que poderiam aproveitar este livro, divulgue e empreste!

Obrigado mais uma vez. Eu espero notícias suas e desejo o melhor para você!

Mike

DIETA DE ACADEMIA

SECAR, DEFINIR OU AUMENTAR A MASSA MUSCULAR?
QUAL É O SEU OBJETIVO?

NESTE LIVRO, apresento mais de 100 receitas voltadas para quem frequenta academia, pratica exercícios, deseja aumentar os músculos ou simplesmente quer reduzir medidas com o auxílio de uma dieta específica.

Para cada resultado você precisa de um grupo de nutrientes. No entanto, a maior dificuldade das pessoas é saber quais são esses alimentos e como prepará-los para que sejam eficientes e garantam os resultados esperados. Às vezes, basta um acompanhamento ou molho errado e você pode jogar por terra os planos de secar e definir.

No livro você encontrará os seguintes temas:

- Receitas de café da manhã para ganhar massa muscular.
- Receitas com frango e peru para secar, crescer ou definir, além de cinco marinados de dar água na boca!
- Receitas com carne, para ganhar massa muscular.
- Receitas com peixes, perfeitas para secar.
- Massas: excelente fonte de fibras e carboidratos de consumo lento.
- Saladas deliciosas com molhos saborosos e pouco calóricos.
- Shakes de proteína saborosos para as refeições após a malhação.
- Barras de proteína feitas em casa e lanches fantásticos!
- Sobremesas para comer sem culpa.
- E muito mais!

Com ele você vai conhecer algumas receitas presentes no meu livro.

E visite minha página para receber as novidades:
www.muscleforlife.com

Um forte abraço (como aprendi no Brasil),
Mike

CONHEÇA TAMBÉM:

ESTE É UM LIVRO REVOLUCIONÁRIO. O PRIMEIRO PROGRAMA DE EXERCÍCIOS VOLTADO PARA ADOLESCENTES.

A faixa entre 12 e 17 anos traz inúmeros desafios e mudanças físicas para um jovem. E também é a fase que pode promover uma qualidade para toda a sua vida.

Quem está acima ou muito abaixo do que se considera o peso ideal e quer ganhar mais disposição, irá encontrar aqui um programa completo e que vai transformar a sua forma física.

Enquanto adultos acima dos 30 anos precisam de 6 meses a um ano para perder o excesso de peso/gordura, um adolescente consegue fazer isso até quatro vezes mais rápido. Isso porque seu metabolismo está na sua melhor forma. Além disso, os resultados alcançados nessa idade terão o poder de definir como será a sua qualidade de vida no futuro.

Não parece excelente?

E você não imagina tudo o que melhora ao mesmo tempo: a sua saúde, seus índices de concentração, sua disposição física e, sobretudo, a sua autoconfiança.

ASSINE NOSSA NEWSLETTER E RECEBA
INFORMAÇÕES DE TODOS OS LANÇAMENTOS

www.faroeditorial.com.br

ESTA OBRA FOI IMPRESSA PELA GRÁFICA
LC MOYSES EM SETEMBRO DE 2019